C. U. Wiesner

Frisör Kleinekorte

Frisör Kleinekorte
seift wieder ein

Herrensalon
W. Kleinekorte

C. U. Wiesner

Frisör Kleinekorte

Frisör Kleinekorte seift wieder ein

Herrensalon W. Kleinekorte

Eulenspiegel Verlag
Berlin

Illustrationen von Karl Schrader

ISBN 3-359-00380-2

Frisör Kleinekorte

Frisör Kleinekorte trauert verlorenen Werten nach

Nehmse Platz, Herr Jeheimrat! Was gibsn Neues aufm Bau? Wieder Nachtschicht gehabt? Na, mit Ihre Lockenpracht is aber auch kein Staat mehr zu machen. Ick glaube, wenn Se dis nächste Mal kommen, hamse ne kalte Platte. Und wissense, woran dis bei Ihnen liegt: Sie ham zu ville männliche Hormone. Aber die Haarwuchsmittel sind ja man auch der reinste Tinneff, da machense bloß die schemischen Fabriken mit reich. Ick sage immer, es gibt nur ein reelles Mittel: dreimal am Tag kräftig bürschten – am besten mit ne janz harte Bürschte.

Ja, wenn ick ein Haarwuchsmittel erfinden täte, was würklich hilft, denn wär ick 'n jemachter Mann. Was ick mit dis viele Jeld anfangen würde?

Jott, wissense, ick bin jetzt an die Zweiundsiebzig, stellnse da noch jroße Ansprüche ans Leben? Tja, ick könnt mir beispielsweise alle vierzehn Tage 'n neuen Anzug bauen lassen, aber dis trägt ja unsereiner nich mehr ab. Und dis Trinken bekam mir früher auch besser. Neulich hab ick mitn alten Kriegskameraden 'n Kleinen jepichelt, nu, dis mögen so Stücker zwölf Spezi und zehn Pils jewesen sind, andern Tag – dotsterbenskrank! Dis is ebent alles nich mehr dis richtige! Moment mal, ick will bloß dis Messer scharf machen. Wissense, man müßte einfach für dis janze Jeld nackte Meechens bestellen und die denn danzen lassen. Und die janzen Pressefritzen, die könnten bei mir aufkreuzen und fotojrafieren, da wär ick jar nich kleinlich.

Ach, man sagt dis alles so, aber dis is heutzutage überhaupt nich mehr drin. Die Menschheit is ja so prüde jeworden. Dis muß so – wartense mal – inne Systemzeit jewesen sind, da kamen doch immer – dis werden Sie jar nich mehr kennjelernt ham – die Hausierer mit ihre Bauchläden. Oben in den Kasten hattense Schnürsenkel, Sockenhalter und hüginische Artikel, und dadrunter war 'n doppelter Boden. Und dadrin lagen denn lauter Fotografien – ick muß ja sagen, sehr freie

Darstellungen. Und die hamse bei uns Frisöre fürn Fumziger abjesetzt. Wir hamse denn weiterverscheuert an die feine Kundschaft: dis Stück ne Mark, und ne Mark, dis war damals noch 'n Stücke Jeld.

Nehmse mal den Kopp 'n bißken höher. Ach, es jab ja noch ville schönere Sachen, dis kennt die Jugend heute jar nich mehr. Was mein Neffe Oswald is, der jetz in Charlottenburg ans Jericht arbeiten tut, der hat, als er noch bei uns nebenan inne Blumenstraße wohnte, 'n richtigen Kinoapparat jehabt, so einen mit bewegliche Bilder, und da

jab es, ick glaube an Dönhoffplatz, son Laden, wo Se echte französische Sittenfülme ausleihen konnten, für eine Mark fumzig die janze Woche. Wenn denn der Sonnabend ran war, wurde die Bude verdunkelt und 'n Bettlaken anne Wand jepinnt. Die Damen saßen nebenan und tranken ihren Kaffe, und wir Herren begaben uns in unserem Kintopp und machten Spannemann bis nachts um zwölfe.

Von diese Erinnerungen lebt man nu heute.

Scharf nachwaschen, Herr Jeheimrat? Was aus den Apperat und die Fülme jeworden is? Na, dis Haus, wo mein Neffe wohnte, wurde noch vierenvierzig runterjebombt, und da liegt dis nu alles mitten unter die Trümmern.

Tja, wenn man bedenkt, was der Krieg so für Werte vernichtet hat!

Frisör Kleinekorte äußert sich zu Fragen der Weltraumschiffahrt

Nehmse Platz, Herr Jeheimrat! Ws gibsn Neues aufm Bau? Wieder Nachtschicht gehabt? Macht nischt, nachts wachsen die Haare langsamer, da sparnse ne Masse Jeld. Fassongschnitt?

Hamse denn heute nacht den Sputnik jesehn? Der soll ja mal wieder über Berlin rüberjondeln. Ick halt ja nich ville von den janzen Spuk. Früher – dis muß so bei Hindenburch jewesen sind – hab ick mir ja auch ab und zu den Kopp verrenkt. Nachn Zeppelin, dis lohnte sich wenigstens. Aber die Menschheit wird ja immer verrückter. Immer höher wollnse hinaus. Erst steigense auf dem Himmaleia und belästigen die Schneemenschen – aber nein, dis jenügt nich: se müssen auch noch partuh bis aufn Mond, und dabei könnse den im Leben nicht erreichen, weil er nämlich nischt weiter is wie ne Luftspiegelung. Was die überhaupt mitten im Himmel zu suchen ham – als ob se es nich erwarten könn. Mann, da kommen wir doch alle noch beizeiten hin.

Nehmse mal den Kopp ’n bißken tiefer.

Nu mach ich mir ja bei alles so meine eigenen Jedanken. Ham Sie zum Beispiel schon mal jelesen, deß die mit ihre Raketen auch nur eine Spur vom lieben Jott entdeckt ham? Is ja auch kein Wunder. Ick sage Ihnen, den Mann hamse einfach verjrault. Auf die Dauer kann dis ja nich jut jehn. Am liebsten wollnse uns ja weismachen, desse eines schönen Tages mit ihre Weltraumdampfer auf die Milchstraße rumsejeln wie bei uns die Weiße Flotte. Aber ich laß mir doch nicht für dumm verkaufen. Höher als zirka hundert Kilometer kann man die Dinger ja jar nicht hochballern. Muß ick doch wissen, wo ick anno vierzehn in Frankreich mit meine Kompanie neben eine schwere Mörserbatterie jelegen habe. Sehnse, dis waren damals die modernsten Steilfeuergeschütze, wo wir hatten. Passense auf: Ick bin der Mörser, un die Bürschte hier is dis Jeschoß. Jetzt schieß ick bis anne Decke – Pardong, Ihnen wollt ick nich treffen, Herr Jeheimrat. Aber hamse jesehn: Ick kann mir noch sone jroße Mühe jeben – dis Ding kommt immer wieder runter, und jenauso isses mit die Raketen.

Rund um die Erde is doch der sojenannte Luftozean – hab ick mal inne »Jrüne Post« gelesen, die war ja damals sehr auf Wissenschaft jeeicht –, und dahinter is jar nischt mehr, da ist die Welt mit Bretter vernagelt, wie ein großer Jelehrter sagt. Und nu kommt also dis Raumschiff, dringt bis anne Oberfläche vor und zieht nu auf den Luftozean hurtig seine Kreise. – Frieda, setz doch mal Kaffewasser auf, ich bedien bloß noch den ein Herrn. – Dis geht natürlich nur so lange, als wie die Schiffsschraube Widerstand jejen die Schwerkraft findet. Nu

hamse doch meistenteils ’n klein Köter als Piloten, was ja an sich ne Affenschande is – unsern Purzel früher is schon immer aufs Kettenkarussell schlecht jeworden. So, nun stellnse sich vor, dis Tier macht ein einzigen Fehler: bums! – schon isses passiert, und da könnse den Hund vorher noch so jut ausjebildet ham. Aber lassense man, der Russe is unberechenbar. Eines Tages schicken die ’n lebendijen Menschen aufn Mond, und denn klappt es, passense auf. Ick? Ob ick mir freiwillig dazu melden würde? Wo denkense denn hin! Komm ick nach drei Lichtjahre wieder auf der Erde – da ist mein Herrensalong PeJeHa, un ick bin Neese!

Frisör Kleinekorte wird es warm ums Herze

Nehmse Platz, Herr Jeheimrat, was gibsn Neues aufm Bau? Wieder Nachtschicht gehabt? Ich werde Sie mal die Haare nich so kurz schneiden, wennse bei den Frost immer ins Freie sein müssen. Heute früh, wie ick die Schallesie hochziehe, war alles voll Rauhreif. Dis sah ordentlich feierlich sah dis aus, wie mit Puderzucker.

Und Schlächter Meusel hat villeicht geflucht, weil sein oller Wartburg nich anspringen wollte. Is ja auch kein Wunder: bei die Temperaturen friert der Ostbenzin glattwech ein.

Ick verheize jetz jeden Tag zwei Eimer Kohlen in den Eiserofen, und kalte Beine kriegt man doch beim Stehn. Aber ick tröste mir immer und sage mir, der Winter is eine Naturerscheinung, und der Mensch is nu mal kein Zugvogel, deß er in dem sonnigen Süden abzittern kann. Und son Winter hat ebent auch sein Gutes. Nehmse zum Beispiel das Weihnachtsfest. Da wird einen doch so richtig warm ums Herze rum. Wenn denn draußen so der Schnee glitzert und so.

Übrigens, is Ihnen dis schon aufgefallen? Früher ham wir an Heiligen Abend immer Schnee gehabt. Ick weiß auch nich, aber seit fümmenvierzig hat sich die Witterung dermaßen umgestellt, als ob uns die Regierung kein richtiges Weihnachtsfest mehr gönnen täte. Sehnse, und dis gehört nu mal zum Deutschen, und dis laßt er sich auch nich nehmen. So was Stimmungsvollet findense bei kein anderes Volk. Der Franzose oder der Russe is da ville zu nüchtern zu. Der Franzose is so oberflächlich, deß er nich mal 'n Weihnachtsbaum kennt, und der Russe, jaja, der hat auch seine schwermütigen Lieder, aber die singt er ebent nich zu Weihnachten.

Machen Sie diesjahr 'n Baum? Ick hab jestern erst meinen jeholt, vonne Schönhauser, aber die waren schon so ausjesucht, deß ick nur noch son ruppigen Besen erwischt hab. Um die paar juten soll es Mord und Dotschlag jejeben ham.

Ick hab ja nu keine kleinen Kinder mehr, aber son Baum jehört einfach zum Fest, schon vonwejen die Erinnerungen. Ick weiß doch, wie ick im ersten Krieg bei die Fümmendreißiger in Frankreich jestanden habe, dis muß so – wartense mal – in Winter fuffzehn muß dis jewesen sind. Da ham wir in unsern Graben jelegen und hatten auch ein kleinen Baum mit richtige Lichter. Und unser Feldwebel, dis war ein Schinder, vor den hamse alle jekuscht, und son junges Bürschchen, den hatte er mal so fertigjemacht, daß sich der Junge 'n Heimatschuß beijebracht hat – aber nu hättense unsern Feldwebel sollen sehn: Wie wir da in Graben »Stülle Nacht« jesungen ham, da sind den Mann die hellen Tränen man immer so runterjelaufen.

Aber so war ebent der deutsche Soldat: außen rauh wie'n Bär und innen 'n weichet Jemüt. Und wenn alle so dächten, denn hätten wir bald Frieden auf der Welt, wenigstens den einen Tag im Jahr. Dis fangt nämlich schon inne Verwandtschaft an. Dis ganze Jahr ham wir mit mein Schwager nich verkehrt, aber gestern sag ick zu meine Frau: Aufn Heiligabend ladste Bertan und Erichen ein und machstse auch ihren bunten Teller. Was meinense, wie feierlich dis immer bei uns wird. Nachmittags jeht meine Frau inne Kirche, da laßtse sich nich von abbringen, nich mal von mir, denn ick bin ja der Leidtragende, weil ick mir so lange um den Braten kümmern muß. Vorigtes Jahr hab ich ihn anbrennen lassen, wegen Fernsehen, da hing aber 'n janzen Abend dis Christkind schief.

Na, diesmal wirdse wohl nich wechkönnen. Ick glaube, die steht die janzen Feiertage nur an Herd. Dis is ja immer die wichtigste Frage, wasse Weihnachten inne Pfanne haben. Dies Jahr wußtense nu nich: Gibs jenug oder nich? Also ich meins gut und werde vonne Markthalle jestern ne jroße Pute mitbringen. Komme nach Hause, schlagt meine Frau die Hände übern Kopp zusammen und zeigt mir son Untier von Jans, was ihr Schlächter Meuseln seine Frau zurückjehängt hatte. Na jut, sage ick, die kriegen wir auch klein, auf einmal klopps, und draußen steht Frau Ladentin mitn fetten Karnickel und sagt, Sie haben doch im Herbst einen bestellt. Is auch ejal, sagt meine Frau, denn hol ich ebent noch 'n schönes Stück Kaßler, und denn ham wir gleich was für Heiligabend; am ersten gibs die Gans, und die Pute muß ebent bis zum dritten Feiertag reichen. Na, macht nischt, dafür brauchste denn keine

Kartoffeln kochen, und mit Boonekamp bin ick einjedeckt. Ich ziehe aus alles meine Lehren. Vorigtes Jahr mußte meine Frau nämlich den Doktor holen. Nich etwa, desse denken, Weihnachten besteht bei uns bloß aus lauter Fressalien. Dis beste is nu mal die feierliche Stimmung. Dis fangt ja schon so immer um Niklaustag rum an. Sagt doch meine Frau: Stell mal ruhig 'n Schuh raus, Vater – macht aber bloß ihren Spaß. Ich werde dis für ernst nehmen, und andern Morgen hat die Katze reinjemacht, und dis war noch 'n guter Piko-Schuh von Jesundbrunnen. Na ja, son Vieh kann dis ja nich wissen. Hunde sind da janz anders. Unser Purzel weiß jenau, wenn Weihnacht is. Denn kriegt er

nämlich ne große runde Leberwurscht janz für sich alleine. Dis Tier kiekt einen denn richtig dankbar an, am liebsten würde er »O du fröhliche« mitsingen. Dis sind ebent alte Familienbräuche.

Sehnse die kleine Krippe da drüben mang die Pomadenbüchsen, die stell ich nu schon dreißig Jahre lang immer an ersten Advent ins Schaufenster. Die hab ick mal spottbillig bei Wertheim jekauft. Dis waren ja damals noch andere Preise. Wenn ick heute meine janze pucklige Verwandtschaft beschere, jehn mindestens dreihundert Mark drauf. Aber man soll ja zu son Fest nich aufs Jeld sehn. Ick für mein Teil bin da meistens sehr spendabel und ärgere mir bloß über den Tinneff, den die anderen mir immer andrehn. Wenn man dis so zusammenrechnet – von die abjetragenen Sachen aus Frankfurt mal abjesehn –, bin ick die Sippe höchstens 'n Fuffzigmarkschein wert. Na ja, der Ärger verjeht auch, schließlich is ja nur einmal Weihnachten.

Früher waren die Menschen nich halb so matrijell wie heutzutage, wo sojar die Kinder schon Ansprüche stellen. Und denn wundern sich die Leute, desse nich mehr so die alte deutsche Weihnachtsstimmung haben. Nehmse mir zum Beispiel. Ick bin in janz kleine Kreise groß jeworden. Vater war in Brandenburg Kutscher bei die Adler-Brauerei, und Muttern mußte fürs Millitär waschen. Aber die Herzlichkeit bei uns damals, die könnse heute suchen. Über ne Pudelmütze oder 'n Paar neue Holzpantinen haben wir uns am Heiligabend mehr jefreut als sone Jören heute über ne elektrische Eisenbahn.

Dis eine Jahr werd ich nie vergessen: Vater kommt und kommt nich, dis Festessen schnurrt inne Röhre ein, Muttern hat jeweint und jesagt, nu müssen wir ebent den Baum alleine anstecken. Und jrade wie die Lichter brennen, jeht die Türe auf. Aber statt dis Christkind kommt der Olle rein, stinkhagelblau, haut den Weihnachtsbaum vom Tisch und schreit, er hat den janzen Schwindel satt. Aber dis war halb so wild. Andern Morgen hat er uns Kinder jenommen und is eigenhändig mit uns inne Kirche marschiert, denn über sein Familienleben hat ihm ebent nischt rüberjegangen. Sehnse, und dis isses, was uns heute so fehlt. Wollnse zur Feier des Tages 'n bißken Pomade rein haben? Jut, denn feucht icks nur an. So, und denn wünsch ick Sie ein recht frohes Weihnachtsfest.

Frisör Kleinekorte wettert gegen die Klatschmäuler

Nehmse Platz, Herr Jeheimrat! Was gibsn Neues aufm Bau? Wieder Nachtschicht gehabt? Wissense, ick sage immer, die Nacht is die jeheimnisvollste Tageszeit. Da passieren die schrecklichsten Dinger. Ick könnte Ihnen villeicht Schoten erzählen, bloß aus unsere Straße. Wenn man abends ausm »Blauen Affen« kommt und geht so mang die Häuser lang ... also nich, daß ick absichtlich in die Parterrefenster reinkucke, aber was Se da so manchmal zu hören kriegen! Ick sage mir immer, 'n richtiger Frisörmeister muß verschwiegen sind, sonst verjrault er sich die Kundschaft. Jott, es gibt natürlich Kunden, die erzählen einem sonstwas, aber darauf darf man ja nischt jeben. Es wird ja so ville jeredet und jeklatscht. Der dicke Kustak aus Nummer siebzehn is in diese Beziehung wie son olles Weib. Fragt er mir doch neulich, ob es sich schon rumjesprochen hat, was bei Zahnarzt Stippekohl jede Woche für dolle Orgeln jefeiert werden. Nu will man ja nich unhöflich sind. Nee, sag ick also, aber erzählnse mal! Na, janz Jenaues wußte er auch nich. Bloß, deß Stippekohlen seine Sprechstundenhilfe, diese aufjedonnerte Rothaarije, schon mal morgens um sechse aus Stippekohls Wohnung jekommen is. Und dabei hat Stippekohl schon die zweite Frau, und dis letzte Kind, dis soll auch nich ... aber ick würde nie darüber reden. Und wie schnell hamse jemand den juten Ruf verdorben. Nehmse zum Beispiel Ihnen. Seit Se letztes Mal hier waren, sind Ihre Haare schon wieder weniger jeworden. Ich weiß schon jar nich mehr, wie ich se Ihnen legen soll. Als Frisör denk ick mir natürlich mein Teil, aber da kommt auch nich ein Sterbenswörtchen über meine Lippen. In mein Beruf könnse sich eine ganz wissenschaftliche Züchologie nur aus die Haare von einen Menschen bilden. Denkense bloß mal an Bäcker Stackebrandt. Der laßt sich seit vorigten Winter bei mir die Haare rot färben und obendrein noch ondulieren.

Na schön, der Kunde is König. Aber Stackebrandt jeht nu schon auf die Sechzig zu – und denn macht er sone Zicken, wo die Schulmeechens hinter ihm herlachen. Zu mir sagte er mal – janz im Vertrauen –, er fühlt jetz so was wie ein zweiten Frühling, aber mit wem, sagt er nich. Nu bin ick ja nich dusselig. Und dabei is der Mann von die Witwe Lüdicke noch nich mal 'n Jahr unter der Erde. Und was war dis für ne Seele von Mensch! Die Olle soll ihm ja dotjeprügelt haben, weil er ihren Köter hat verjiften lassen. Und dis war wirklich dis Beste für den armen Harras. Der konnte doch kaum noch kriechen.

Nehmse mal den Kopp 'n bißken höher. Ick meine, son Tratsch kann janze Existenzen rujenieren. An Schuster Hämmerling werdense sich nicht mehr entsinnen? Den hattense doch damals mitn Hackebeil erschlagen, mit die stumpfe Seite, glaub ick. Und den Mörder hamse nie jefaßt. Nu munkeltense damals alle, dis wär der Klempner Jülicher jewesen. Ick sage Ihnen, dis dauerte nich lange, da blieb Jülichern die janze Kundschaft wech, und er kriegte lauter anonyme Drohbriefe. Eines Tages hamse ihm rausjetragen, mit die Beine zuerst – da hatte er den Jashahn aufjedreht. Dis war natürlich nich richtig, trotzdem ich heute noch steif und fest in ihm den Mörder sehe. Wissense, der Mann hatte einfach 'n zu unheimlichen Blick, der konnte keinen jrade ankucken.

Und ick bin nu mal 'n Mensch, der sich so über alles seine Jedanken macht. Nur bereden laß ick mir nich. Da kann ick denn tücksch wie 'n Affe werden. Dis war – wartense mal – dis muß so Ende der zwanziger Jahre muß dis jewesen sind, da hatte ick mal ne richtiggehende Affehre und wurde beinah zu ein leidjeprüftes Opfer von sone ollen Tratschweiber. Da hatte nämlich die damalige Hauswirtin, dis olle Aas, inne janze Straße verbreitet, ick hätte da son kleines Täterätä – wie der Franzose spricht – mit unsere Untermieterin. Immer wenn Muttern zu Hause nach Pietzkau fuhr, würde ich mir mit die ... also Sie verstehn mir schon. Nu bin ick ja noch zu retten, sagte ick damals, und werd mir doch nischt anfangen mit sone ... Jott, ick finde jar keine Ausdrücke ... also mit so eine vons Warrittee. Aber wie dis so is, bald fragte mir die Kundschaft aus, ob ick auch wirklich in künstlerische Kreise verkehre. Ick war ja tatsächlich mal ein doller Pussierstengel, aber ick und diese Schickse? Ick also hin beim Rechtsanwalt, und denn mußte die Hauswirtsche öffentlich widerrufen. Sehnse, und da war ich auch wieder der Jeplättete. Nächste Woche stand im Jeneralanzeiger: Hiermit nehme ich die Verleumdung gegen Herrn Frisörmeister W. Kleinekorte zurück und erkläre öffentlich, daß er kein Verhältnis mit seiner Untermieterin Fräulein Schmidt-Birelli habe. – Da hättense mal die Kundschaft erst sehn sollen. Die ollen Lebejreise ham mir so lange auf der Schippe jenommen, bis ick ... ick mach bloß mal die Tür zu, dis weiß Muttern nämlich bis heute noch nich.

Jott, jetzt muß ick Sie noch mal einseifen, die olle Seife, die's bei uns jibt, trocknet einem immer ein beim Erzählen. Sehnse, damals waren ebent noch strenge Sitten. Und heute? Mir hat neulich – Namen nenn ick nich – einer erzählt, desse nächstens bei uns von Staats wegen die freie Liebe wieder einführen. Ick sage: Aber, Herr Doktor Stippekohl, dis liegt unsere Fungzionäre jar nich, die lassen doch in diese Beziehung höchstens in jewisse Romane oder ins Fernsehn den Deibel

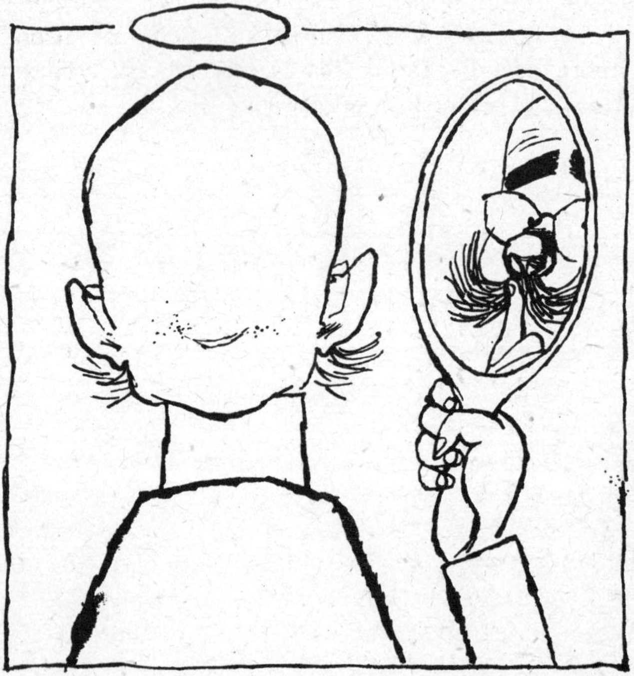

danzen. Doch, sagt er, er hat es aus höchste Kreise, aber ick soll es für mich behalten. Nu kuck ich jede Woche inne »für dich«, ob schon was drinsteht. Man weiß ja nich, obs stimmt. Aber wenn ... denn steh ick da als oller Knacker. Und wat bin ick denn? Ein Zaunjast an Amors jroßen Paradiesjarten. Na, is auch ejal. Sehnse mal da draußen, die kleine, pummlige Schwarze. Die soll ja – also ick kann mir dis jar nich vorstellen – die soll nämlich – wissense, so was Unnatürliches jabs zu unsere Zeiten noch jar nich – wie jesagt, die soll – obs stimmt, weißt man ja nich jenau – erzählt wird jedenfalls, desse gleichzeitig mit ihren Mann – Sie können ja nun denken, ick habe ne perverse Fantasie – also gleichzeitig mit ihren Mann soll die die Prüfung als Elektrikerinschenjör gemacht haben. Sone Frau kann ja nich mehr normal sind. Aber dis geht ja unsereinen nischt an, und darum red ick auch jar nich darüber. So, ick muß Ihnen noch den Kragen abbürschten. Was ick Ihnen hier erzählt habe, bleibt natürlich unter uns, sonst heißt es noch, Frisör Kleinekorte is auch so einer. Und wenn ick eins aufn Dod nich ausstehen kann, denn isses Klatsch und Tratsch. Hamse schon jehört, deß die Tarife fürs Frisörhandwerk erhöht werden sollen? Nee, ick auch nich. Na, Spaß muß sind.

Frisör Kleinekorte war in Pietzkau

Nehmse Platz, Herr Jeheimrat, was gibsn Neues aufm Bau? Wieder Nachtschicht gehabt? Wird höchste Zeit, deß ick auf Ihren Kopp die Frühjahrsfurche ziehe. Nur 'n kleiner Scherz von mir, damit Se nich denken, ick lese keine Zeitung. Da könnse nämlich jeden Tag was vonne Landwirtschaft drin lesen, und wenn Se jute Augen ham, werdense noch Meisterbauer. Is natürlich auch bloß Spaß, denn vons Studieren lernse bestimmt nich, wie man ein Kuhstall ausmistet.

Wenn ick mir so in Jedanken zurückerinnere, denn kann ick nur immer mitn Kopp schütteln, was die heute aus dis Landleben jemacht ham. Dagejen issen Frisör doch viel was Solideres. Für unsereinen hat sich doch in die letzten fumzig Jahre nischt jeändert. Wer 'n dreckigen Kopp hat, laßt ihn sich ebent waschen, und wen der Bart sprießt, kriegt ihn bei uns balbiert. Und was hamse aufs Land? 'n neues Leben und alles wissenschaftlich. Mir könnses ja erzählen, wo ick bloß 'n einzigen Vater jehabt hab.

Bin nämlich neulich in Pietzkau jewesen, bei den Sohn von ein Kriechskameraden, wo wir nach fümmenvierzig immer raus hamstern jingen. Den sein Bengel is nu auch schon wieder jroß und studiert auf Zücholojie. Und da kommse die Sache schon näher: Die Leute hamse einfach 'n Floh im Ohr jesetzt. Anstatt von den Herrn Züchologen jeh ick womöglich noch Kartoffeln buddeln. Aber bei mir nich, Sie! Ick sage immer, die sollen man die rausholen, die se reinjelegt ham, die wissen am besten, wo se liegen.

Ach jut, desse mir auf dis Thema Kartoffeln bringen. Was mir betrifft, ick habe jenug einjebunkert, aber nehmse zum Beispiel Doktor Petersen. Wie soll denn der Mann ne ruhige Hand bei's Zähneziehen ham, wenn ihn seine Frau zweimal inne Woche Reis kochen muß? Son sentementaler Intiljenzler is doch bloß 'n halber Mensch, wennse ihn auf einen Schlage seine gewohnte Nahrung entziehn. Oder füttern Sie etwa Ihren Kanalljenvogel mit saure Jurken, wenns mal jrade kein Vogelfutter jibt? Sehnse, und jenauso isses mit uns: Der Deutsche brauch nu mal seine Kartoffeln, sonst laßt er nischt mit sich anfangen.

Aber ich wollt Ihnen ja aus Pietzkau erzähln. Also dis Dorf kennse nich mehr wieder: Kino, Kinderjarten, die Jören mitn Bus zur Schule, alle vierzehn Tage dis Fischauto, HO, Konsum – und alles maschinell.

Ick sage zu mein Bekannten, wenn ihr nu schon kein richtiges Landleben mehr habt, denn zieht doch gleich inne Stadt, denn reißen wir euch zuliebe den Asphalt auf und pflanzen Lupinen aufn Alex. Wissense, früher hamse den Bauern schon von weiten erkannt, aber heutzutage ... Also Sie werdens nich für möglich halten, treff ick doch in Pietzkau inne Kneipe 'n Melker, und der hat mein jrauen Anzug an! Jenau disselbe Muster. Und was mein Bekannter is, der hat ne Dreiundfumzigerröhre und ick als Berliner nur ne Dreiundvierziger! Und damit jeht ebent die janze schöne Romantik, wie Se se aus Janghofern seine Bauernromane kannten, glattwech zum Deibel.

Die ElPeJe is ja nischt mehr heilig, bei die Indier wenigstens noch die Kühe, aber in Pietzkau melkense die armen Tiere sojar auf elektrisch. Jar nich auszudenken, wo dis noch hinführen soll. Aber eins muß ick ja mein Bekannten lassen: jesundstoßen tut er sich. An die inwidielle Wirtschaft verdient er nämlich mehr wie inne Jenossenschaft. Nu steckt er natürlich auch mehr Zeit rein. Und ich werd Ihnen was sagen: Wennse mir doch mal breitschlagen für die PeJeHa, mach icks jenauso; meine Trinkjeldkundschaft schneid ick weiter inwidiell, auch wenn wir dreist 'n Anbauplan ... ach nee, ick komme doch heute nich vonne Landwirtschaft los, nur weil ick so ville Zeitung lese.

Anbauplan und Futterplan is sowieso Quatsch, oder wollen Sie den lieben Jott vorschreiben, wenns regnen soll? Meine Karnickel inne Laube sind auch ohne Plan immer noch fett jeworden, und 'n Plan macht meine Frau höchstens, wenn dis Tier schon abjezogen is: sonnabends Kopp und Bauchlappen, sonntags die Keulen und montags den Rest ins Gemüse. Und mit mein Jarten isses jenauso. Vielleicht laß ick mir vorschreiben, wo ick die Petersilie reinbringe und wieviel Erdbeeren ick mir leisten dürf. Soweit kommts noch! Aber dis soll ja auch nicht meine Sorje sein, wenn die sich ihr stilles Landleben mit aller Jewalt verbubanzen wollen.

Ick bin ebent nu mal son Mensch, der sich um alles so seine Jedanken macht. Manchmal stell ick mir vor, wie dis so in fumzig Jahren auf die Dörfer aussieht. Passense auf, denn hat jedes Kaff seine eigene U-Bahn, und damit erntense die Kohlrüben von unten. Und Kühe jibs jar nicht mehr, weil die Leute denn lauter Trockenmilch fressen. Aber mit eins tröst ick mir, und dis stimmt mir direkt heiter. Wenns denn soweit is, denn tut sich der Bauer und der Städter jar nich mehr unterscheiden, und in den Moment wissen die Zeitungsfritzen nicht mehr, wasse über der Landwirtschaft schreiben sollen, ja, und denn – Sie werden noch mal an meine Worte denken – müssense endlich mal über was anderes schreiben. Und denn schreibense nämlich die nächsten zehn Jahre jeden Tag übers Frisörhandwerk. Oder glauben Sie etwa, deß ick mir bis dahin verändert habe?

Frisör Kleinekorte sieht das mit seinen Augen

Nehmse Platz, Herr Jeheimrat! Was gibsn Neues aufm Bau? Wieder Nachtschicht gehabt? Na, dis muß sind, sonst kommt der Staat nich auf seine Steuern. Aber wennse son anständigen Zug jemacht ham, denn nehmse man hinterher ne Kopfmassage; dis helft am besten gejen den Brummschädel. Wissense, wie se ebent so reinkamen und ausjesehn ham wie Braunbier und Spucke, da hab ick mir schon beinah mein Teil jedacht. Es heißt ja: die Leute müssen jetz ville mehr arbeiten als wie sonst. Mit ruhige Kugel schieben is nischt mehr. Robert Köppen vons Elektrowerk hat mir wollen erzähln, desse dis janz von alleine machen und desses uns denn besser jeht und pipapo. Ick hab bloß immer jenickt. Als Frisör streit ick mir nich mit die Kundschaft. Aber janz unter uns: Jeglaubt hab ich den nicht dis Schwarze untern Nagel.

Die janze Schose is nischt weiter wie ne neue Schampanje. Oder traun Sie den Arbeiter zu, desser von selber mehr wurackt? Robert Köppen meint ja, dis hat was mit ein neues Bewußtsein und den Friedenskampf zu tun oder wie die Fremdwörter alle heißen. Na, dis kennse ja alles. Also, was mir betrifft, ick hab mein Frieden, und mein Reden is immer: Hauptsache, es jibt kein Krieg; denn kann von mir aus alles so bleiben. Sehnse, der Arbeiter stellt heute ville zu hohe Ansprüche. Früher kam der Pudding in Keller oder aufn Balkong heute musses partuh 'n Kühlschrank sind. Stellnse sich mal die Kälte in Berlin vor, wenn sich nun jeder son Ding anschaffen wollte! Aber wartense mal, deß ick Sie nischt Falsches erzähle: Der Arbeiter soll ja heute jar nich mehr verdienen, bloß mehr tun und inne selbe Zeit. Und dabei hat es inne Systemzeit immer jeheißen, Akkord is Mord. Und was sagt Robert Köppen? Bei uns macht sich sowieso keiner dot. Na, ick wüßte ja was Besseres: inne selbe Zeit für dieselbe Arbeit mehr Jeld; aber da wollnse auch nich ran. Und dis nennt sich nun Arbeiterstaat. Da sollnse man lieber mit die mehr so künstlerische Berufe anfangen. Nehmse zum Beispiel dis Ballett in Friedrichstadt-Palast. Wenn die inne selbe Zeit fürs selbe Jeld noch 'n bißken mehr zeigen täten, denn könntense sojar Matrijal einsparn, und ick würde mir gleich 'n Abonnemang leisten.

Manche Künstler sind ja da schon einigermaßen auf Draht. Ladentins Jüngster hat mir doch neulich janz schön verladen. Schleppt der Bengel mir abends mit in ein Konzert. Operettenmüllodien verspricht er mir, und was muß ick mir anhören? Jatzmusik! Für ein Deutschen is dis ja zuerst ziemlich unjewohnt, dieser Radau wie die Neger in Urwald. Und als die jungen Leute dann auch noch Scharlsten und Jüterbog jedanzt ham, bin ich lieber jegangen. Aber wennse nu mal

mitn Sinfonieorschester vergleichen, denn hamse auf ein Blick die ganze neue Schampanje mit mehr arbeiten und so. Du mußt noch ville mehr auf der Pauke hauen, hab ich zu Ladentins Ältesten jesagt. Nee, der is nich Fungsjonär; der kommt nächstens ins Sinfonieorschester anne Schießbude, wie die Jugend von heute dis Schlagzeug nennt. Und er sollte sich mal 'n Beispiel nehmen an die fleißigen Jatzmusiker. An ein Abend fuffzehn Nummern mit fünf Mann, und die Stücker siebzig von son Orschester kriegen mit Ach und Krach dreie inne selbe Zeit fertig!

Ick will damit nur sagen, irgendwo hat Robert Köppen nämlich recht. Ick komm die Brüder jetz mit ihre eigene Waffen. Passense auf! Jeden zweiten Dienstag erscheint Werkdirektor – na, ick will den Namen jar nich nennen – Dingsda und laßt sich bei mir die Haare schneiden. Nu is Dienstagvormittag immer Flaute im Laden. Herr Kafforke bedient alleine. Jetz will aber Direktor Matzke nur von mir bedient werden, weil Herr Kafforke ihn einmal verschnippelt hat und ich ihn immer sein Dutzend Haare so fein als Sardellenbrötchen lege. Wenn ich nu Direktor Matzke bediene, steht aber Herr Kafforke als stille Reserve rum. Is doch logisch, wat? Sehnse, und seit vorigte Woche machen wir die neue Schampanje mit. Da hab ich nämlich Direktor Matzke klarjemacht, deß sein Schofför unjenutzt draußen in den Wolja sitzt. Und wenn Herr Kafforke den in dieselbe Zeit noch mitbedient, denn brauch der Mann nich noch mal extra inne Dienstzeit zum Frisör. Auf die Art wird die Arbeitskraft besser ausjenutzt, in mein Betrieb und in Direktor Matzke seinen auch. Na ja, man muß sich ebent anpassen. Wer weiß, was noch kommt. Womöglich kriegen wir eines Tages sojar den richtigjehenden Kommunismus hierher, wie inne Sowjetunion. Robert Köppen sagt ja, da solls in zwanzig Jahren alles ohne Jeld jeben. Na, denn aber ohne mir! Ick rasier doch die Kunden nich für umsonst!

Frisör Kleinekorte
hört den Frühling rauschen

Nehmse Platz, Herr Jeheimrat! Was gibsn Neues aufm Bau? Wieder Nachtschicht gehabt? Wissense, was mir betrifft, ick kann in sone Mainacht manchmal kein einzigen Schlaf finden, trotzdem ick nu schon so oller Zausel bin. Denn liegt man wach und stimuliert so vor sich hin und fragt sich, ob man seinerzeit auch tief genug in das jüldene Füllhorn der Jugend reingelangt hat, wie der Dichter spricht. Wenn ick mir so dagejen die heutige Scheneration betrachte – was haben denn die von ihr junges Leben? Rabottern, nischt wie Rabottern und hinterher nischt wie Danzen, Kintopp, Schemiezirkus ins Klubhaus, pullitische Technik und Studien, und wo bleibt die Büldung?

Da warn wir noch janz andere Kerle. Wenn wir unsere zehn Stunden runterjeschnippelt hatten, denn hieß es: Probieren jeht über Studieren, und jrün is der Lebensbaum in Schlächter Meusel sein Schaufenster. Und dis erinnert mir noch heute an die Zicken, die Ejon Meusel und ick als junge Spunde jedreht ham. Mit Ejon hab ick ja zusammen jedient. Eigentlich wollten wir immer beis Jardedükohr jehn, Ejon als Kesselpauker – dis hatte er so im Jriff von sein Hackebeil her. Aber denn hamse uns doch nich genommen, weil wir so kleine Forzkruken warn, und darum kamen wir denn bei die fümmendreißiger Stoppelhopser. Jott, ich will damit nischt gejen meine Miletärzeit jesagt ham. Damals is man mehr rumjekommen wie heute.

Wir lagen die ganze Zeit hinter die Westfront, und ick war Bursche bei ein jewissen Hauptmann von Heideschnarz. Dis war eine Seele von Mensch. Sobald der einen jeschnasselt hatt – der Mann trank nur Schampus –, sang er die schönen Lieder von Herbert Löns und dis Meechen Rosemarie, die sieben Jahre lang nach ihm geschrien hat. Dazu rollten ihm die hellen Tränen die Backen runter, und wenn er sich abjewischt hatte, sagte er: »Ja, Kleinekorte, der Weltkriech is ein Klein-Paris und büldet seine Leute!«

Jott, und der is auf so tragische Art und Weise ums Leben jekommen: durch ein deutsches Seitenjewehr. Schält sich ein französischen Appel – Pommdeterr, wie der Franzmann sagt – und kriegt eine bildschöne Blutverjiftung. Sehnse, wahllos tritt der Heldentod den Menschen an.

Und dis jeht mir so alles in eine Mainacht durch den Kopp, wenn aufm Hinterhof die mickrige Linde rauscht, die undichte Dachrinne droppt und Frau Hinze mit ihren Ollen meckert, weil dis arme Schwein mondsüchtig is. Manchmal halt ichs jar nich mehr aus in sone Mainacht und jeh auf den Balkong nachkieken, wie die Kresse wächst. Ach, es is doch was Feines, wenn im Frühling so die ersten Säfte sprießen und

dis alte Herz sozusagen wie ne Lenzpumpe schlägt! Übrigens würde ick Ihnen heute Birkenwasser empfehlen. Neulich hab ick mal inne Innung an eine Jesellenprüfung teiljenommen. Stellnse sich vor, es jibt doch jetz sogar Meechen, die sich in unseren Beruf auf Herren schmeißen. Und diesmal war sone Kleine dabei – wartense mal, ick mach bloß die Tür zu, Muttern is nämlich nur manchmal schwerhörig. Also icke und fuffzig Jahre jünger, da wäre ick Ihnen glatt zu einem rasenden Uhland jeworden und hätte mir selber jewendet wie einen alten Anzug.

Jott, was war ick für ein Springinsfeld, dis sehnse mir ollen Ehekrüppel jar nich mehr an. Aber es jab eine Zeit, da war ick wie Joethe und brauchte eben so ab und zu meinen Jux prima Nacktes. Und denn hab ick sojar konnten dichten. Bloß da hamse die Jugend noch nich so verwöhnt wie heute. Sonst wär ick damals vielleicht im Winterjarten als Lürikabend aufjetreten. Manches von heute erinnert mir direkt an meine eigenen Musenküsse. Nehmse beispielsweise folgende Verse – über die Ohren muß ick Ihnen noch ausrasieren –:

Im Frühling, wenn die Stare pfeifen,
tu ich froh mein Jackett abstreifen
und wandre mit Bravour
hinaus in die grüne Natur.

O holdes Fräulein Schmidt,
warum sind Sie nicht mit?
Alleine ist es ein Dilemma!
Drum komm mit mir nach Werder, Emma!

Ach ja, wissense, Werder is dis einzige, woran ick mir im Frühling noch klammere. Ich sage nur: Baumblüte! Vorigte Woche war ick auch dies Jahr wieder draußen und wandelte auf die Spuren von meine eigene Jugend. Ick wurde ja damals zu eine richtigjehende Sturm-und-Drang-Tonne, wenn ick die schneeweiße Pracht auch nur vom Dampfer aus erblickte. Werder hat ja nu Tradition. Wird schon in dis Lied von den Prinzen Eujen erwähnt: Zelte, Posten, Werderrufer und so. Und was hat der Staat dazumal noch für seine Leute jesorgt: Vonne Bismarckshöhe runter hamse die Jäste jetragen und direktemang aufm Bahnhof in die Jüterwagen. Die waren mit Stroh ausjelegt, und wennse denn aufm Potsdamer Bahnhof wieder zu sich kamen, brauchtense bloß noch Ihren Anzug abwischen, rein ins Taxi, und schon warnse wieder zu Hause. Dis war ebent noch wirklich Sorge um den Menschen.

Mit dis besagte Frollein Schmidt hab ick damals beinah eine echte Amure erlebt. Weil uns in Werder zu ville Flaschenscherben rumlagen, ham wir Ejon Meuseln abjehangen und sind mit den Dampfer Friedrich der Jroße nach Ferch rüberjemacht. Wie wir, die Emma und ick, uns noch mit den Ober rumstreiten, ob es vier Flaschen Erdbeerwein waren oder fünfe, da sehn wir grade noch die Rauchfahne von Friedrich den Jroßen. Sangzussi, sag ick zu Emma, auf deutsch: Mach dir man nischt draus, Motteken! In ein janz kleinen Jasthof sind wir denn jelandet. Heute is so was nur möglich, wennse vom Fülm sind. Sonst heißt es doch fürn jewöhnlichen Sterblichen: Janz ohne Ausweis jeht die Schose nich. Ach, und ein Klavierspieler hat so empfindlich dis Frühlingsrauschen von Binding jespielt. Ick hätte bloß nach dem ollen Obstwein nicht mehr so ville Konjack durften trinken. Und seit die Emma in diese Nacht auf so rätselhafte Art verschwunden is, kann ich keine Klavierspieler mehr leiden. Sehnse, dis waren ebent noch starke Jefühle! Und was is heute in Werder? Heute wird nur noch jesoffen!

Frisör Kleinekorte als Theaterkritiker

Nehmse Platz, Herr Jeheimrat! Was gibsn Neues aufm Bau? Wieder Nachtschicht gehabt? Was mir betrifft – ick hatte jestern welche. Nee, nee, nich, was Sie denken, ick bin ja schließlich 'n oller Mann. Nein, ich war bei Willem Tell. Muß Ihnen ja ein Begriff sein, sind doch auch 'n jebüldeter Mensch, wat? Nu jeh ick ja nur alle Jubeljahr ins Theater, und seit ick Fernsehen habe, nich mal mehr inne Operette. Was machense aber, wenn Ihre Röhre im Eimer is wie meine, und die ham jrade keine neue? Denn suchense sich Ablenkung.

Also Ladentins Jüngster wird mir erzählen, desse den Tell ins Deutsche Theater spielen, und er kann uns Karten besorgen, weil er doch mang die Statisten mit rummimt. Jut, sag ick, eh ick mir schlagen lasse, und jrade dis Stück hat ja noch 'n bißken wat für sich. Erstens isses von Schillern, und der war sowieso ville deutscher wie sein Freund Joethe, und zweitens erinnert mir der Tell immer so an meine Jugend. Da ham wir ihn mal inne Schule jelesen, aber richtig mit jeteilte Rollen. Und ick kriegte die Hauptrolle, nämlich den Jeßler. Und trotzdem ick son ruppiger Lorbaß war, war dis totenstill inne Klasse, wie ick mit mein' Stimmbruch loskrähte: »Ick bin ein ville zu milder Herrscher!« In den Augenblick knallt was anne Backe, und ick kann nur noch rufen: »Dis war Schmidts Jeschoß!« Der, wo den Tell spielte, hat nämlich Schmidt jeheißen und mir mit's Katapult 'n Kupferpfennig aufjebrannt. Dafür hat ihn denn Lehrer Buchholz mächtig verpolkt. Heute isser schon lange unter die Erde. Und sehnse, nu werdense verstehen, warum ick jerne wieder mal in den Tell jejangen bin. Aber glaubense, dafür könnt ick mir ohrfeigen. Ick werd Ihnen auch sagen, warum. Sie können doch hier hinkommen, wo Se wollen – die verhunzen ebent alles, sojar Schillern.

Jrade dieses berühmte Trauerspiel hab ick mündestens zweimal in mein Leben jesehn, einmal mit den jroßen Matkowsky vorn Weltkrieg und denn noch mal – wartense mal, dis muß so nach dreißig gewesen sein, da hatte ein Herr Fehling dis arrangschiert, und dis war nu wirklich ein Erlebnis jewesen. Aber heutzutage? Wissense, dis fangt doch schon mit die Kostüme an. Ick schmeiß mir extra in mein juten Anzug, Vorkriechsware, sag ick Ihnen – meine Frau hat ihn sojar auf den Balkong jehangen zum Auslüften. Ick sah aus wie Jraf Rotz auf Urlaub, jebiegelt und jeschniegelt! Hätt ick natürlich nie anjezogen, wenn ick jewußt hätte, in was für armselige Klamotten die meisten auf

die Bühne rumlaufen. Also man stach ja direkt ab jejen die Leute. Als ob die Schweizer nu wirklich so arme Deibel wären!

Nehmse zum Beispiel die Uhrenindustrie und den Schweizer Käse. Könnse mir doch nicht erzählen, deß sich son reiches Volk keine bessern Sachen leisten kann! Und die Dekoration hättense erst sehn solln! Jut, desse Matrijal sparen wollten, leuchtet mir ja zur Not noch ein, aber deß die komischen bunten Dreiecke dahinten Berge sein sollten, hab ick mir erst mühsam mußten zusammenreimen. Nich mal die Welt der Berge ist ihnen mehr heilig. Und was is der Schweizer ohne seine Alpen, denkense bloß an Luis Trenkern!

Ick hab zu Hause ein echtes Öljemälde vons Matterhorn. Wennse sich dis ne Weile betrachten, denn atmense sozusagen reine Höhenluft. Aber hier könntense höchstens kleine Kinder mit bange machen. Und überhaupt der janze Anfang. Stellnse sich vor, man sitzt und wartet, daß der Hirtenknabe dis schöne Lied singt: »Mit den Feil, den Bogen...« Ja, Pustekuchen! Erst ville später singt es der kleine Sohn von dem Tell. Aber denn wollnse schon jar nicht mehr hören, weil Se sich so drüber jeärgert ham. Damals bei Fehling war wenigstens noch was los, da kamense mitn richtigen Kahn anjefahren und ham Ihnen ein Unwetter hinjelegt ... also ick hab damals hinterher 'n Taxi genommen, weil ick dachte, ick kriege draußen auch noch was ab. Und was meinense, wie damals die Leute jeweint haben, wie der Melchior seinen alten, blinden Vater über die Szenerie jezottelt hat. Und hier is der jar nich erst aufjetreten. Na, wer weiß, wem den seine Nase nich paßt!

Und jetz hörnse zu, jetz kommt dis Schönste, nämlich der berühmte Schuß auf den Appel. Da wolltense dis Publikum ablenken und ham links auf die Bühne ordentlich Radau jemacht, damit man nich nach rechts kieken sollte. Könnse ja nu bei Kleinekorten nich mit landen, ick bin ja in solche Sachen ein Fuchs. Und darum hab ick auch als einzigster jesehn, deß der Appel aus Pappmaschee war, wojejen se sich früher noch 'n echten Boskop leisten konnten. Und so wars mit dis janze Stück, nischt mehr von unsern juten alten Willem Tell mit sein friedliches Landvolk. Nein, lauter jereizte Leute, wo die janze Zeit nischt anders im Kopp hatten, als wie se ne richtigjehende Revolutzjohn jejen Jeßlern anzetteln konnten. Und dabei war dis son netter junger Mensch – wissense, der in die Liebe und der Kopilot den Kopiloten jespielt hat, jar nich son finsterer Bösewicht wie damals. Un den knallnse ab und sind noch froh darüber.

Der einzige Lichtblick war der Studinger. Der hat mir noch son bißken an früher erinnert. Na ja, kurz und jrün, Sie finden einfach keine Worte. Könnte Ihnen ja noch ville mehr erzählen. Manche Schauspieler hatten nich mal ne anständige Perücke, trotzdem wir unsern janzen Haarkehricht für sone Zwecke abliefern müssen. Na, am besten, Sie kieken sich dis mal selber an – aber wartense mal, Sie werden jar keine Karten kriegen. Ick hab nämlich vorhin inne Zeitung jelesen, deß dis Stück schon für die nächsten Monate ausverkauft ist.

Frisör Kleinekorte kann, wenn er will

Nehmse Platz, Herr Jeheimrat! Was gibsn Neues aufm Bau? Wieder Nachtschicht gehabt? Na, da kriegense ja nächstens sogar Extrazulage, aber nur jede dritte Nachtschicht, hat inne Zeitung jestanden. Woher ich dis weiß? Glaubense etwa, ich les keine Zeitung? Ick muß mir doch verorientieren. Dis mach ich morgens gleich nachs Frühstück. Da leg ich dis »Neue Deutschland« im Laden aus, und bei die Gelejenheit flieje ick immer mal so rüber. Jott, nich desse denken, ick hätte was mit die Partei; ick würde erst eintreten, wenn se ne Extrapartei für die selbständigen Frisöre aufmachen täten, aber unser Obermeister sagt ja, dis lohnt den Aufwand für die paar Männeken nich mehr.

Sie können sich schon immer da drüben hinsetzen, Herr Kafforke kommt heute später. Auf die Leute is auch kein Verlaß mehr. Stellense sich vor, vorjestern war der Mann auf ne Versammlung vonne Natzjonale Front. Andern Tag will er mit mir anfangen zu diskutieren. Hättense mir mal sehen sollen! So ville wie der wußt ick auch vonne Pulletik. Woher? Na, aus die Zeitung. Nich, deß ick alles für bare Münze nehme, aber man muß ja wegen der Kunden. Der eine will es so und der andre so, und was meinen Sie, wie ick kann, wenn ick will!

Robert Köppen ist doch 'n janz Fortschrittlicher, noch von früher, wissense. Wennse alle so wären wie der, hätt ick jar nischt gejen den Staat, und der hat mir schon aus Spaß jefragt, ob ich nich Abjeordneter werden will. Über den Mann staun ick immer. Der rackert sich noch dot auf seine vielen Posten, und alles für Jotteslohn. Trotzdem is der janz menschlich jeblieben und fragte neulich sogar nach meinen Sohn – nicht der, wo jetz Schemiker in Halle is, nee, der andere, der stiftenjegangen is. Ich sage, dem jehts jut, weil er doch Heizungsinschenjör in die Villa von einem Frankfurter Textilfritzen is. Nu hätt ich ihm natürlich den Brief von unsern Gustav zeigen können, aber man hat ja auch sein Stolz. Nur zu Ihnen bemerkt: Meine Frau und ick hat dis helle Wasser in die Augen jestanden, wie wir dis jelesen haben. Der Junge hat mächtiges Heimweh, und wegen die paar Mark Steuerschulden auf sein Klempnerladen hätt er damals nich brauchten abhaun. Jetz schreibt er immer, wärste man auch rüberjekommen, Vater, denn wären wir hier nich so alleine. Aber sagense selber, ick bin hier mit mein Geschäft alt jeworden, da verzicht ick lieber auf Italien und fahr ins Handwerkererholungsheim.

Dies Jahr war ick in Sperlingerode, aber ick habe die Nase pleng. Wir beiden ollen Leute kamen uns da vor wie bei Jraf Rotz auf Hochzeit. Also dis Heim is pikobello, könnse nischt gejen sagen. Auch die Verpflegung – mir paßt keine Hose mehr; aber diese illustrierte Jesellschaft! Wennse hinten aufm Parkplatz kieken, dachtense, sie sind aufm Kudamm.

Klempner Dassel is Ihnen doch auch 'n Begriff? Kurz vorm Dreizehnten hat er hier auf denselben Stuhl jesessen. Eh se mir inne PeJeHa kriejen, hat er rumjeweint, dreh ick 'n Jashahn auf. Heute is er da son Stücke Obermimer, und den Jashahn bedient er nur noch mitn Fuß – ach nee, beim Wolja heißt es wohl Jaspedale. Nach fümmenvierzig hat der mit nischt anjefangen. Mit schwarzjebrannten Fusel ist er über Land jejangen. Und wo der dis Matrijal für seine ersten Melkeimer her hat, da käm er jetz noch ins Kittchen für. Und heute? Wissense, den hats bloß noch leid jetan, deß er seine jroße Motorjacht nich in die Sperlingeroder Berge hat konnten mitnehmen.

Hat er mir ins Heim jroßkotzig zum Konjack anne Bar einjeladen. – Jott, die Leute stinken einfach vor Jeld, und denn wollt seine Jattin mit mir fürn Jroschen fillesofieren. Wenn sie ihr Einkommen in West hätten, sagt doch diese aufjedonnerte Pudelzicke zu mir! Sie, die hab ick aber Feuerwerk jejeben. Du Hinterteil, hab ick jesagt – ich war natürlich noch ville ordinärer –, euch PeJeHa-Fritzen jeht doch hier jar nischt ab, an eure Stelle würde ick die janze Regierung jeden Abend ins Nachtjebet inschließen. Wissense, was die Olle mir antwortet? Ihr fehlt die Freiheit. Fehlen tutse dir nich, aber dir pieptse, hab ick jesagt. Mischt sich noch der Knilch, also ick meine jetz Dasseln selber, ins Jespräch. Er kann ja zur Wahl, meint er, leider nur die Natzjonale Front wählen und nischt anderes. Sindse sprachlos, wa? Nu hab ick den erstmal aufjeklärt. Wartense mal, ick muß 'n bißken leiser sprechen, sonst denkt Muttern, ick bin pullitisch auch schon abjefärbt. Also der Dumme, hab ick jesagt, is der kleine private Handwerksmeister, auf den seine Knochen jeht es euch bei der PeJeHa doch nur jut. Die PeJeHa jeht es jut, und den Arbeiter hat der Staat jekauft. Is doch logisch. Wenns den Arbeiter besser jeht wie früher, is er für den Staat, und jenau dis will der Staat.

Bei die Kinder fangt es heute doch schon an. Von mein Ältesten, den Schemiker, die Jören waren dies Jahr dreimal auf Urlaub. Einmal vonne Schule ins Jebürge, einmal mitn Betrieb anne Ostsee und einmal

mit de Familie nach Bulgarien. Da kann ich mir doch bloß an Kopp fassen. Son heutiges Kind weiß ja jar nich mehr, wo es zu Hause is, weil ihm dabei nämlich die sojenannte Nestwärme abjeht.

Nehmse mal den Kopp 'n bißken höher. Ich sag dis ja auch bloß zu Ihnen. Wenn ich mit solche Leute wie Klempner Dasseln rede, sprech ick in so ein Fall wie Robert Köppen bloß von Errungenschaften, denn kennse mir jar nich wieder. Sone Protzköppe müßte man einfach verbieten, aufn Staat zu schümpen. Sollen sich doch mal umkieken, wenn se mit ihren Wolja die Gejend verpesten. Überall wachst dis Neue. Moderne Maschinen auf die Äcker – ja, dis Ding ziept 'n bißken, is ja auch schon zwanzig Jahre alt, mir schenkt keiner ne neue Haarschneidemaschine –, luftige Wohnungen und Kinderjärten mitten aufs Land, Erdöl aus die Kuhkoppel, und in Cottbus machense nächstens zwölfmal soviel Strom, wie alle Frisöre von Leipzig, von die übrige Industrie nicht zu reden, verbrauchen können.

Woher ick dis alles weiß? Na, ick sagte doch, ick les ja notjedrungen jeden Tag die Zeitung. Aber ehrlich jesagt, der Sozialismus hat ebent auch seine Schattenseiten. Wie meine Frau diese Woche noch ne Flasche Kaffeesahne vom Konsum haben wollte, sagt der Konsum, sie hat doch jestern schon eine weg. Und da mußten wir unsern Besuch Kaffe mit blanke Kuhmilch vorsetzen. Und dis laß ick den Staat dies Jahr empfindlich fühlen, und deshalb jeh ick statt um sieben erst um halb achte zum Wahllokal, denn irjendwo hat son Selbständiger auch noch sein Stolz. Aber erzählnse dies um Jottes willen nich mein Sohn, den Schemiker, wenn der mal hier is. Sonst sagt der, Vater wird langsam alt.

Frisör Kleinekorte berichtet über ein Kunsterlebnis

Nehmse Platz, Herr Jeheimrat! Was gibsn Neues aufm Bau? Wieder Nachtschicht gehabt? Ick sage immer, der Mensch muß arbeiten, aber er brauch auch seine Freude. Was hamse denn am Ende von Ihr bißken Leben jehabt? Nee, der Mensch lebt nicht von Brot alleine, er muß auch mal an was Höheres denken. Nehmse mir zum Beispiel. Gestern war ich ins Konzert statt zum Frühschoppen, in ein richtiggehendes Sinfoniekonzert mit Mattinee, und dazu bin ick jekommen wie die Jungfrau zum Kind.

Dis war nämlich so: Ladentins Ältester von nebenan, wo meine Frau Patentante von is, der is jetz fertig mit sein Musikerstudium und jab sein Debüt als Sinfoniker. Jott, ick seh den kleinen Bengel immer noch vor mir, wie ihn der Olle ans Klavier ranjeprügelt hat; na, und nu wußten Landentins jar nich, wohin mit die Freikarten, also ham sich meine Frau und ich erbarmt und sind mit Ladentins losjezittert.

Wissense, man kommt sich ja als kleiner Handwerker 'n bißken poplich vor, wenn man die janzen dicken Autos da bekiekt vor die Komische Oper, aber wir ham ja früher auch mal bessere Zeiten gesehn und gewaltige Kunsterlebnisse jehabt: die großen Sterne am Warritee, Fritzi Massary und so – wird Ihnen ja kein Begriff mehr sein – oder Max Hansen, der zweihundertmal den schönen Sijismund im „Weißen Rössel" gesungen hat, oder die Tillerjörls mit die Rewüen im Wintergarten; damals war ebent noch was los in Berlin! Heutzutage kann man ja nur mitn Kopp schütteln, was die fürn neumodischen Geschmack inne Musik ham.

Zuerst spieltense ne Uwatüre, aber da gibs nu auch sone und solche. Ich weiß nich, obse die von Dichter und Bauer kennen, wo drin vorkommt: Du hast mein Weib verführt. Da konnte man sich doch wenigstens was bei denken. Aber versuchense dis heute mal. Hier die Uwatüre war von ... wartense mal – von Beethoven war die. Die soll er geschrieben ham für ein Theaterstück, und sehnse, wenn man nu dis Theaterstück nich dazu sieht, denn is dis jenauso, als wenn beim Fernseher dis Bild wechbleibt, und die quasseln weiter; da gehnse ebent nich richtig mit. Vielleicht liegt dis auch daran, deß der Beethoven total blind war und die ganze Musik sozusagen ausm Gedächtnis gemacht haben soll; nu machense dis erst mal nach! Und nachher hamse ja noch ganz schön losjeschmettert, wissense, dis klang wie deutsche Eichen und so.

Inne Pause ham wir uns mächtig jeärgert, weil se nich mal Bockwurscht ans Büffeh hatten, und die belegten Brötchen waren man auch schon von vorgestern. Nach die Pause, wie wir wieder rein sind, wurde es nu janz und jar verrückt. Da machtense ein Konzert für ein Geijenviertelosen. Also der kommt auf die Bühne, und der Kapellmeister hat ihn gleich begrüßt, der muß ja den Mann irgendwie gekannt haben. Aber denn jings los, ich sage Ihnen, 'n Tollhaus is jar nischt dagejen, der Viertelose hat bloß immer rauf und runter jefiedelt, und die Kapelle hat jespielt, was se wollte, der Kapellmeister kam jar nich mehr mit. Ich konnte mir bloß noch an Kopp fassen. Ich will mal sagen, Musik soll einen an die Seele gehn, aber die jing mir an die Nerven; denkense, ich hab mir eine Müllodie merken können? Die müssen heute ebent alles verhunzen, sogar die Musik, und alles für unsere Steuergroschen! Meine Frau meinte, man jut, deß wir die Karten nich selber bezahlen brauchten.

Die nächste Nummer war ja wieder ganz nett. Da kamen noch 'n paar Musiker auf die Bühne, und Ladentins Ältester war diesmal auch mit von die Partie. Jetz spieltense was aus der neuen Welt, aber ick müßte lügen, wenn ick noch wüßte, was. Jedenfalls wars von ein Polen, ein jewissen Worschak. Nu ham wir ja bloß noch auf Ladentins Ältesten jespitzt, aber der hat klein und bescheiden neben den Kesselpauker jesessen und nich Muck jesagt mit seine beiden Schlagbecken inne Hand. Dis is da genau wie beim Frisörlehrling, den lassense ins erste Jahr auch nicht gleich anne Dauerwelle ran, da könnte ja dis größte Mallör passieren. Aber ick kann mir vorstellen, wenn der Junge sich jut entwickelt, denn kann er nächstens Jahr vielleicht schon son Schello bedienen.

Na, wir dachten schon, es kommt jar nischt mehr, der Kesselpauker hat man auch sehr müde rumjegrummelt – auf einmal, was soll ich Ihnen sagen, duckt sich Ladentins Ältester... Ich kenn doch sein Jesichte, wenn der als Bengel was im Schilde jeführt hat. Ich stoße sofort Muttern an, und Mutter stößt Frau Ladentin an, da springt der Junge auch schon von seinen Stuhl, und – pschsch! – knallt er mit aller Jewalt die Becken zusammen und zeigtse auch noch hoch, damit jeder sehen sollte, deß ers gewesen is. Nu setzense sich mal in son Menschen rein: er weiß, seine Eltern sind da und Onkel Kleinekorte, dis hätten Sie jenau nich anders jemacht. Frau Ladentin sind die hellen Tränen jekommen. »Unser Junge!« konntese bloß noch sagen.

Ich hab mir ja trotzdem mein Teil jedacht: Dafür hamse ihm nu studieren lassen, wo er doch viel lieber Schiffskoch werden wollte. Aber wissense, es war ebent doch ein großes Erlebnis, vor allem, wenn se nu den Künstler als Mensch kennen, und die Sinfonie war auch ganz anständig. Wenn man sich so überlegt, hab ich hinterher zu Muttern gesagt, deß dis nu ein Pole war und sone gute Musik erfunden hat...

Frisör Kleinekorte in Weimar

Nehmse Platz, Herr Jeheimrat! Was gibsn Neues aufm Bau? Wieder Nachtschicht gehabt? Apropoß Jeheimrat – zu die Kundschaft sage ich dis ja bloß immer aus Spaß. Wissense, der Mensch freut sich doch, und wie leicht kann man dem Menschen ne Freude machen, sagt sich sojar die Regierung.

Bei den ollen Joethe war dis ja ähnlich. Der wär nämlich ein würklicher Jeheimrat und noch dazu ein großherzoglicher, davon hab ick mir jetz selber konnten überzeugen.

Sie werdens nich glauben, aber vorigte Woche Sonntag hab ich persönlich auf die Spuren der Klassik geweilt. Mehr so rein zufällig. Fritze Ladentin, was mein Nachbar is, die ham 'n Betriebsausflug jemacht. Nu konnte aber seine Frau nicht, und da hat Fritze jesagt, denn soll ick man mit nach Weimar.

Na, für Büldung war ja Kleinekorte schon immer zu haben. Und dis piekfeine Hotel Elephant, wo wir drin gewohnt ham – hahaha, immer standesgemäß. Ladentin hat villeicht Augen jemacht, so was hat doch der früher nie kennenjerlernt. Jedenfalls hab ick da dreimal im janzen jebadet. Richtig jekacheltes Bad, und alles im Preis mit drin!

Nu war im Pojramm eine Führung durch Weimar vorjesehen. Ick sage zu Ladentin: Da jehn wir nich mit. Sone Rumhammelei liegt mir nich. Wir machen uns lieber selbständig, denn sehn wir mehr. Also Ladentin hatte ja bisher kaum was von Joethen jelesen. Nich, deß er 'n Pachulke wäre, nee, aber ebent doch 'n sehr einfacher Mensch und ohne Beziehung zu höhere Dinge. Ganz im Gejensatz zu mir. Ick hab ja immerhin eine zehnbändige Joetheausjabe im Schrank. Die hab ick vor Stücker dreißig Jahren in ein Preisausschreiben jewonnen. Da sollte man ein Reklamevers für Oppels Haarnähröl machen, und da hab ick folgendermaßen jedichtet:

Gehn dir einst die Haare aus,
und hast du nur noch Stoppeln,
mach dir einfach gar nichts draus,
nimm das Haarnähröl von Oppeln!

Natürlich hätte Joethe dis besser hinjekriegt. Aber der befaßte sich ja mit so was weniger, weil er immerfort in höhere Religionen schwebte. Weiß ick alles aus den Roman von Elsa von Wüstenfels: »Und leise rauscht die Ilm«, eine Art Selbstbiographie von den berühmten Olympiker. Hat mir jute Dienste jeleistet auf unsern Rundjang auf eigene Faust.

Die jeben sich da von Staats wejen jroße Mühe um die beiden Museums, wo er und Schiller bei Lebzeiten drin jewohnt ham. Aber auf die janzen Erklärungen könnse nicht viel jeben, dis steht ebent bei die Wüstenfels ville jenauer drin. Nehmse zum Beispiel dis Joethehaus am Frauenplan. Die Wüstenfels schreibt immer von die schöne braune Fassade. Und der Professor da sagt, die hamse abjekloppt und janz hell jestrichen, weil se bei Joethen auch schon so jewesen is. Also es jibt doch nischt, was die heute nich umkrempeln. Ick frage den Mann, wo denn die uralte Buche is, unter die Joethe noch eigenhändig jesessen hat. Sagt er, die hamse umjehaun, weil Joethe schon dot war, wie der Baum jeflanzt wurde, und dis sei alles nur eine Lejende. Na, der Professor muß es wissen, der hat ja damals schon jelebt!

Sonst isses da sehr feierlich. Die ham alles so jelassen wie bei Lebzeiten, und wie ick da so in seine Räumlichkeiten stand, wurde mir janz anders. Ick mußte direkt an die jroße Joethefeier damals im Handwerkerverein denken, wie unser Obermeister am Schluß von seine Rede ausjerufen hat: »Denn er war unserer!«

Der Mann, ick meine jetz wieder Joethen, war ja ein richtiges Universalschenie. Müssense sich mal vorstellen: Minister, Bergbau-, Theaterdirektor – und obendrein hat er noch jedichtet: den Erlkönig und die Jungfrau von Orleangs, um nur dis Wichtigste zu nennen. Und jesammelt hat der einfach alles: Bilder und Kunst und Steine und Holzstücke und dote Vögel, also jeden Dreck, und der konnte nischt wegschmeißen. Die janzen Schubfächer sind noch voll, und da hat der Staat nu auch wieder sein Jutes von, indem er dafür Eintritt nehmen kann. Der Professor sagt zwar, der Staat schustert Millionen zu, um dis alles zu pflegen. Aber dis könnse mir nich weismachen. So teuer sind die paar Reinemachefrauen bestimmt nich.

Nu interessieren mir ja weniger die Museums als vielmehr Joethe als Mensch. Ich stell also den schlauen Professor eine Fangfrage. Sagense mal, hat denn der jroße Meister nu was mit die Frau von Stein jehabt oder nich? Sagt der: »Sie hat ihm geistig beflügelt.« Nu steht aber in dem Buch von der Wüstenfels, er hat ihr immer so kleine Briefe jeschrieben. Jetzt soll er uns mal son Brief zeigen. Sagt er: »Wenn Sie Spezialstudien treiben wollen, müssen Sie ins Joethe-Schiller-Arschiv jehn.« Jut, sag ick, komm, Fritze! Ladentin war aber schon ziemlich sauer und sagt, ick soll nich immer so dusselig quatschen, und ick werde

ihm den janzen Joethe schon vermiesen. Nu hör mal, sag ick, wenn der große Olympiker sojar den Kaiser Napoleong sümpatisch war, denn wirst du oller Boofke hier anfangen zu meckern, wat? Jut, wir also hochjetigert zu dis Arschiv. Da war ein Herr Doktor Reuter, ein sehr jebüldeter Mensch, bloß deß er dis Buch von der Wüstenfels nicht kannte. Und der hat gesagt, weil ick selber ein Orginal bin, will er mir mal ausnahmsweise ein paar Orginalstücke zeigen. Nu nehmse man heute noch ne Haarwäsche, damit ick ihnen zu Ende erzählen kann.

In dis Arschiv is alles von Marmor, weil der nich brennt, falls es da mal brennt. Und da hamse alles, was Joethe, Schiller und noch ne Menge anderer Dichter mit der Hand jeschrieben haben, sorgfältig aufbewahrt. Aber die Briefe an die Frau von Stein waren janz anders, als ick mir dis vorjestellt habe. Holder Engel und son Schmus. Na, die dollsten hat uns der Doktor bestimmt nich gezeigt. Aber ick laß mir schlagen, wenn die nischt mittenander hatten. Schon wo sie so dicht zusammen wohnten. Joethe hatte doch ne massive Jartenlaube im Park, und da hat er auch Jemüse jezüchtet und die Frau von Stein welches von abjegeben. Vormittags hat er ihr denn Spargel und Salat jeschickt, und abends is er heimlich selber rumjekommen.

In dis Arschiv könnse auch lesen, was Joethe so alle Tage für sein Haushalt ausjegeben hat. Nu denkense villeicht, son jroßer Olympiker hat nur von Jötterspeise jelebt, haha, aber nein: Fadennudeln, Weißkohl, Frikassee, jenau wie unsereiner. Und Kartoffeln müssen damals auch schon knapp jewesen sein. In einem Monat nur ein paar Pfündeken Kartoffeln, trotzdem der sich bei sein Einkommen sicher mehr leisten konnte. Der Doktor Reuter sagt, dis Arschiv wäre dis wertvollste inne Welt, Stücker siebenhunderttausend Handschriften. Ab und zu kaufense im Ausland immer noch einzelne Briefe, und dieses kostet Dausende. Trotzdem se von das Zeug schon so ville haben! Aber für uns Frisöre mal ne Ladung Julius Wolffs Schuppenpomade ausm Westen einführen, da heißt es denn, Devisen sind knapp. Dabei hatte Joethe ein Herz für den Handwerker. Mit ein Berliner Maurermeister, ein jewissen Zelter, hat er sich sojar geduzt, damit der ihm immer Teltower Rübchen schickte.

Wie wir nu vons Arschiv wieder runter sind, ham wir uns erst mal inne Lagerbierhalle verzogen und ne Molle jezischt. Sagt Fritze Ladentin, jetz wolln wir noch ins Schillerhaus mit rankieken. Jeh man alleine, sag ick, dis is mir zu ville Klassik auf einmal, holst mir nachher hier wieder ab. Und denn hab ick da so jesessen und vor mir hin stimuliert. Und immer noch ne Molle und noch 'n Korn, denn was der Mensch braucht, muß er haben. Fritze Ladentin sagt, wie er wiederjekommen is, bin ick voll wie dausend Mann jewesen, und er hat sich richtig mit mir scheniert vor seine Kollegen. Aber seit ick Joethe jründlich studiert habe, weiß ick, der hat auch jerne einen jefiffen. In dis Jedicht an sein Schwager Kronos wünscht er sich nämlich, deß ihn der Wirt schon gleich anne Kneipentüre empfange. Also, sie müssen sich ebent mal so richtig mit die Klassik befassen, denn sehnse alles in ein jünstigeres Licht.

Frisör Kleinekorte badet in den Wellen der Kultur

Nehmse Platz, Herr Jeheimrat! Was gibsn Neues aufm Bau? Wieder Nachtschicht gehabt? Na, dis sieht man doch an Ihren bleichen Täng. Sehn ja ums Jesicht rum aus wie die Weiße Frau ihr Nachthemde. Kiekense mir mal dagejen an! Die Kunden sagen immer, ich hätte was von einen braunjebrannten römischen Adelonis an mir. Jannimed mit Kamm und Schere sozusagen. Ich war nämlich inne Sommerfrische. Dis erste Mal seit fümmenvierzich auf Usedom. Jott, wissense, wir sind ja früher jedes Jahr nach Ahlbeck jefahren. Dis war doch dis Seebad kommilfoo für den Berliner. Wernse ja selber wissen, wennse dis »Weiße Rössel« ins Metropol jesehn ham. Aber heutzutage lassense ja keine Frisöre mehr rin nach Ahlbeck. Ich mußte froh sein, deß mir mein ehemaliger Jehülfe, der jetz beis Reisebüro is, zwei Plätze für Ückeritz besorgt hat. Wer hat denn damals von Ückeritz gesprochen! Heute wimmelts da vor lauter Arbeiter, ick meine, es jibt da auch anständige Leute drunter, aber eins nehm ick sie übel: Wie ick mal wieder meine kleine Molle inne Bahnhofskneipe zischen war und 'n bißken angeschickert ins Quartier trabte – Jott, im Urlaub will man sich ja mal was antun –, sagt son junger Flaps zu sein Meechen: »Kiek mal, der Olle is noch vonne Glatzkoppbande übriggeblieben.« Nich, desse nu denken, ick hätte mir da als Anderthalbstarker aufjeführt, nein, ich habe auch die Natur jenossen und manchen Sonnenunterjang mang die alten Buchen belauscht. Wie ick da so stand, und dis Meer rauschte so herrlich, hab ick mir immer jeärgert, desses kein Räucheraal jab.

Aber mein bestes Erlebnis war eine richtiggehende Kulturveranstaltung vonne Jastspieldirektion am fuffzehnten Juni. Die ollen Kotletten werd ick man 'n bißken abkratzen, wat? Also ich brauch bloß dran zu denken, denn könnt ick stantepede nach Ückeritz zurückpilgern. Desses so was Pösievolles in unsere porfane Zeit noch jibt!

Dis Unternehmen hieß »Berliner Schlagerkabarett«, und der Herr Direktor erinnerte mir mächtig an den Damensalongbesitzer Schönling, weil der aufs Innungsvergnüjen auch immer so in Fahrt kam, wenn er seine Kakteels jekippt hatte. Bloß der konnte auch wie'n Hahn krähn und die Leute Eier aus die Nase ziehn, im Gejensatz zu dem Herrn Direktor hier, der dafür das Projramm jeschrieben und obendrein verinscheniert hatte und selber noch die meisten Faxen machte. Mir nahm der Mann ja gleich für sich ein, indem er sagte, er bringt kein Holzhammer mit, wie dis so bei uns üblich is, sondern laßt nackte Tatsachen sprechen. Vor allem die Damens sprachen mir unjemein mit ihren wackelnden Hintern an. Die eine spielte ne Nutte und wedelte mächtig ihren Rock hoch und sang dazu: »Sehn Sie, das ist ein Geschäft, / das bringt noch was ein. / Ein jeder aber kann das nicht, / das muß verstanden sein.«

Na, der Direktor versteht dis janz prima. Die Konzert- und Jastspieldirektion hatte an den Abend eine Ladenkasse von Stücker zweihundert Emm. Und Sie glauben doch nich, deß so ne bejnadeten Künstler wie der Herr Direktor seine drei Damens und der andere

ulkije Zappelfilipp unter dausend Mark auftreten, die Kapelle jar nich mitjerechnet! Aber sehnse, da ist der Staat Jott sei Dank jar nich knickrig und buttert feste zu. Die Piepen, die er da an die wahre Kunst rausschmeißt, brauch er schon nicht mehr in die ollen pullitischen Theater stecken. Ich habe ein ehemaligen Stammkunden bei die Jastspieldirektion in Rostock zu sitzen. Der sagt, dis isses, was die breiten Werktätigen wünschen. Dis Programm geht seit fünf, sechs Jahren weg wie Julius Wolffs Schuppenpomade untern Ladentisch. Sind ja auch schon mehr wie achthundert Vorstellungen. Soll man son popliges Theater erst nachmachen!

Ick werd Ihnen mal 'n bißken Haaröl rinschmieren, denn jlänzt es besser inne Sonne. Also die Truppe is knorke, und dis Programm benennt sich »Rund um den Schlager«, und da jehts auch wirklich rund. Die singen die ollen Kamellen nich nur, die verkleiden sich auch ejalweg. Nee, wat die für feine Jardrobe haben! Den Direktor steht ja der kaiserliche Leutnant am besten, also wie aufn Leib jeschrieben. Da solltense mal sehn, wie der schmarte Schentelmänn alle zweiunddreißig Beißerkens zeigt! Sojar wenn er vonne Arbeitslosenzeit spricht, laßt er sich sein scharmöses Lächeln nich nehmen. Is ja auch kein Grund nich. Erst erzählt er, wie schlimm dis nachm ersten Weltkriech ausjesehn hat, Korruption, Inflation, Schieber und so, und er wird uns dis schon mit harte Tatsachen beweisen. Und denn beweist ers ausjerechnet mit Bananen und die janzen flotten Schlager. Kennse den noch? »Wo der Fakir auf das Gong haut, / wo man Weiber vom Balkon klaut, / ist viel heißer noch das Temperament.« Oder: »Schmeiß doch deine Kleider weg, / denn sie haben keinen Zweck! / Wenn er uns erst packt, / der wilde Takt, / dann tanzen wir nackt!«

Nun sagense bloß, da kann die Jugend nischt von lernen! Nackicht baden find ick ja eklig, aber nackicht danzen! Also wie ick in Frankreich war – nee, ick brems mir schon, wegen die beeden Kinder, die da noch aufs Haareschneiden warten. Ach Jott, die joldenen Zwanziger! Ich brauchte bloß die Augen zumachen, denn fühlte ick mir wie einst im Mai. Nein, damals jabs doch noch Humor, der von Herzen kam, und dis verdankten wir an diesen Abend die Konzert- und Jastspieldirektion. Ich habe mir halbdot jelacht, wie die sangen: »Warte, warte nur ein Weilchen, / dann kommt Haarmann auch zu dir. / Mit dem kleinen Hackebeilchen, / macht er warme Wurscht aus dir. / Aus den Augen macht er Sülze, / aus dem Hintern macht er Speck, / aus den Haaren macht er Filze, / und den Rest, den schmeißt er weg.«

Wat kiekense denn so entsetzt? Dis warn ebent schwere Zeiten, wie der Herr Direktor sehr richtig bemerkte. Und später kamen noch schwerere. Dis deutete der Jatztrompeter diskret mitn Stücke Horst-Wessel-Lied und 'n Stücke Fliegeralarm an. Danach sang dis eine Mächen die erste Strophe von »Lilli Marleen«, wohingejen sich der Herr Direktor als Landser vermummelte und sagte, er hat es satt mit Hitler seine Uniform. Und neben mir sagte son junger Meckerkopp, er hat dis satt mit die janze Vorstellung und den dummen Unsinn.

Is ja immer schon mein Reden, deß die heutige Jugend nich mehr für tiefe Erlebnisse empfindlich is. Dabei war der Abend lehrreicher wie ein janzes Sinfoniekonzert. In die eine Abteilung vons Programm brachtense nämlich internationale Schlager, und dazu spielten sich kleine Zehnen ab. Aus dieselben jing so dis janz Spezielle von die einzelnen Völkerschaften draus hervor: Alle Schotten sind jeizig, alle Französinnen ham ihren Jalan im Schrank, wenn der Olle abreist, und alle Amerikaner klauen und sitzen ins Kittchen. Jott, nu hab ick mir wieder festjequasselt. Jedenfalls wünsch ick Ihnen jute Erholung an die Ostsee, und gehnse ruhig mal zu's Berliner Schlagerkabareh! Wennse den Herrn Direktor treffen, grüßense schön und bestellnse ihm, deß sein Programm haarjenau nach Frisör Kleinekortens Jeschmack jewesen is!

Frisör Kleinekorte äußert Herbstgedanken

Nehmse Platz, Herr Jeheimrat! Was gibsn Neues aufm Bau? Wieder Nachtschicht gehabt? So ne Nachtschicht dauert ehmt jetz länger als wie im Sommer, weil nämlich die Tage wieder kürzer werden. Aber dis is nu mal der ewige Kreislauf von die Mutter Natur. Der Dichter drückt sich da mehr porfaner aus und spricht von einen jüldenen Herbst. Wie sagt doch ein gewisser Rülke: Bald siehste, wenn der Nebel fällt, ettzetterapepe, und warte man, balde, denn schweijen alle Vögelein. Ja, die kleinen Piepmätze, die sind nu auch schon wechgemacht, wohingejen unsereiner hier im rauhen Norden bleibt, und wer jetz kein Holz hackt, hackt sich keines mehr. Obses glauben oder nich: in Herbst werd ich immer zu ein richtiggehenden Dichter. Denn kommen einen so die Ahnungen, und man frägt sich, wofür man so lange geklebt hat, wenn man eines Tages in die Grube fährt, und den Rest von die Rente schluckt der Staat.

Wissense, ich war ja ziemlich lange krank, dis seh ich schon an Ihren vermanschten Fassongschnitt. Sie sind bestimmt bei die PeJeHa »Jerhart Hauptmann« fremdjegangen und ham jar nich mehr jedacht, desse noch mal unter Kleinekortes Messer werden landen. Also alles, was recht is, ick war dichte am Abkratzen, oder besser jesagt: Ich stand vor dem Tor des Todes, und da macht man sich so seine Jedanken.

Früher, wie ick jung war, hatt ick noch 'n Jemüt wie'n Fleescherhund. Aber wennse denn reifer werden und die Jahre verjehn und sehn immer wieder die jelben Blätter von die Bäume fallen, denn denkense zwangsläufig über manches anders. Dis Leben braust dahin wie ein Jebürgsstrom: mal rauf, mal runter. In die Jugendjahre schäumt es wie ein Nikaraguafall, und im Alter könnse bloß noch sagen: Still ruht der See. Waren ja alle riesig nett zu mir ins Krankenhaus, sojar der Herr Scheffschirurch mit sein scharfes Schrapnell. Son Mann muß ja ebenso ne ruhige Hand ham wie'n guter Frisör, bloß deß er ebent mehr Jeld kriegt. Und trotzdem war ick heilfroh, wie ick wieder nach Hause jekonnt habe. Jott, wissense, was meine Frau betrifft, die is ja versorgt, aber der Laden, Mann! Vierzig Jahre sitz ick hier drinne, jedes Stück steht noch jenau wie am Anfang, abjesehen von die Decke – die hab ich so um achtunddreißig rum mal weißen lassen. Und denn kommt womöglich eines Tages die PeJeHa und macht alles auf neumodisch. Und dabei hat der Kunde dis gar nich gerne, er will sich ja auch bei sein Bartkratzer 'n bißchen wie zu Hause fühlen.

Meine Kinder ham ja leider kein Interesse für dis alte, ehrbare Handwerk, trotzdem se natürlich auch anständige Menschen jeworden sind. Der eine is Schemiker und hat 'n Solovertrag, um mir mal jewählt auszudrücken. Un der andre is im Westen und bekleidet 'n verantwortungsvollen Posten bei ein Fabrikanten: als Heizungsaufseher und Jartenbauinschpektor in den seine Villa. Der schenkt ihm sojar seine jetragenen Anzüge und redet wien Mensch mit ihm. Aber so wat dürfense ja hier keinen erzählen, und schon jar nich meine Nichte. Die is nämlich inne Partei, und was ihr Mann is, der is noch schlimmer: der spielt sojar im Kulturbund ne Rolle.

Also nich, desse schlecht zu mir sind, nein, dis nich, im Gejenteil: herzensjut sindse. Aber wenn ick sie mal ein Brief von ihren Kuseng Justav zeige – also verstehnse mir richtig: von mein Sohn, der bei den Fabrikanten in Frankfurt arbeiten tut –, denn sagen die beiden bloß, es is ne Schande, und unser Justav hätte noch seine Klempnerwerkstatt in Potsdam konnten haben, wenn er nich abjehauen wäre. Aber ick hab da mein eijenen Standpunkt zu. Sehnse, der Justav war schon als Kind 'n bißken schwierig, und wenn er nu mal die Freiheit zum Atmen braucht wie ein Fisch dis Wasser, denn soll er in Jottes Namen bei sein Fabrikanten heizen. Steht sich doch nischt aus, und hier wäre er bestimmt schon inne PeJeHa und würde »Rote Dachrinne« heißen oder so. Und dafür is der Justav ville zu sensibel. Der war ebent immer jerne sein eijener Herr, und der Fabrikant soll ja ne Seele von Mensch sind. Neulich hat er mein Jungen vier Zijarren jeschenkt, aber die juten, die er selber raucht. Und ins letzte Päckchen lagen zweie davon für mir bei. So is mein Junge! Jewiß, der Otto, also der Schemiker, is auch gut gejen mir. Der hat mir sojar ne janze Kiste von die jarantiert echten Hawannas mitjebracht, aber was macht den Otto schon ne Kiste Zijarren aus bei sein Einkommen! Nehmse mal Ihrn Kopp ne Idee höher! Jott, man kommt ebent immer wieder auf die verdammte Pulletik. Und wer is schuld an die Pulletik? Nur die Pulletiker. Aber sagense dis beispielsweise meine Nichte. Denn jeht die hoch, und dabei hatse nich mal Vorteile von ihre Partei. Bloß dauernd Versammlungen. Passense auf: Die beiden ham doch im Juli jeheiratet, also jenauer jesagt, sie ham sich zusammenschreiben lassen, weilse nich mal inne Kirche sind – jut, laß ick auch noch jelten. Aber denkense, daß die Partei sie schon ne Wohnung verschafft hat? I wo! In eine Kochstube hausense, und ne Wohnung kriegense nächsten Sommer erst. Ick hab ihnen ja fürn Überjang meine Laube anjeboten, weil ich ja kaum noch rauskomme. Da hättense immerhin zwei Räume, im Winter 'n Kanonenofen, und im Sommer wärnse ins Grüne. Aber Pustekuchen! Damit isses nu auch Essig. Hörnse mir auf mit unsern Staat! Von mir aus hätt ick ruhig ins Krankenhaus konnten dotjehn, denn wär mir dieser Ärger erspart jeblieben. Wat denn? Dis wissense noch jar nich? Also vorigte Woche hat mir einer aus unsere Kolonie erzählt, deß wir nächstens mit unsere Laube runter sollen. Und warum? Bloß weilse ausjerechnet da 'n paar Neubaublöcke hinsetzen wollen. Sehnse, und nu weiß ick auch, warum mir schon die janze Zeit so herbstlich ums Jemüte is.

Frisör Kleinekorte besucht den Weihnachtsmarkt

Nehmse Platz, Herr Jeheimrat! Was gibsn Neues aufm Bau? Wieder Nachtschicht gehabt? Also ich würde Ihnen raten, gehnse morgen vorher mit aufn Weihnachtsmarkt vorbei, denn kommse erst so richtig in Stimmung und strahlen nachher wie dausend Kerzen. Sehnse, trotzdem ick nu Tag für Tag mit son scharfes Werkzeug umgehe, hab ick mir mein weiches Herz bewahrt und bin immer einer von die ersten, die es auf dem Weihnachtsmarkt zieht, und dis seit Jahren. Mir wird denn immer so nach meine Kindheit zumute, wenn uns Vater an die Hand jenommen hat und uns die Wunder der Christnacht schon 'n bißken hat vorschmecken lassen.

Wir Jören kriegten denn ne Portion Türkschen Honig und konnten auf der Eisbahn. Und unser Oller, sowie der seine paar Köm jenascht hatte, wurde dis ein richtiger Mensch, und statt zu laufen, durften wir sojar mitte Droschke nach Hause fahren, und dis war denn bei Vatern meistens bitter nötig, weil der kaum noch jradestehn konnte. Der Alkohol war dunnemals ebent die einzige Freude von son armen Deibel, und Muttern konnte bloß noch die Hände übern Kopp zusammenschlagen, wenn ihr Jötterjatte mit uns kleine Würmer anjeschossen kam. Aber diese janze Romantik ist durch die moderne Technik ratzekahl vor die Hunde jegangen. Der Mensch ist dauernd in Eile und hat keinen Blick mehr für den lieben Nächsten.

Da erinner ick mir an ein jeradezu rührendes Bild. Von unsern Nachbarn die Kleinste, im janzen warns Stücker neun, die stand gleich vornean bei die jroße Tanne auf unsern Weihnachtsmarkt zu Hause und verkaufte Lametta. Dis war ... wartense mal – in den kalten Winter neunundneunzig muß dis jewesen sind. Da hat die Kleine dajestanden mit ihre rote Neese und immer vor sich hin jeheult, weil se son Kribbel inne Ohren hatte. Da ist ein feiner Herr vorbeijekommen, mitn Biberkragen, hat ihr 'n Joldstück inne Hand jedrückt und jesagt, sie soll nach Hause jehn. Was meinense, wie da zwei Kinderaugen jeleuchtet ham! Nu werdense mir verstehn, wenn ick sage, die Zeiten ham sich jeändert und sind fürchterlich unprosaisch jeworden. Oder können Sie sich vorstellen, deß heute noch einer ein frierendes Kind 'n Joldfuchs inne Hand drückt? Aber wie jesagt, ich laß mir dis nich nehmen und werd also zu Fritze Ladentin, was mein Nachbar is, sagen: Fritze, dis Christkind ist nahe, komm mit nach die Karl-Marx-Allee!

Was nu den Weihnachtsmarkt betrifft, so wissense immer gar nich, wo Se zuerst hin sollen. Dis eine Karussell spielt »O Tannenbaum« und dis andere »Einmal weht der Südwind wieder«. Da jeh ick schon lieber nach meine Nase, und darum ham wir uns erst mal 'n paar Puffer als Unterlage jeleistet. Fritze Ladentin, der von Natur aus ne richtigjehende Jlückspielernatur is, hat gleich 'n paar Lose aus son Kochtopp jefischt, woraufhin wir jeder ein Stoffmatrosen und ein Frottihandtuch jewonnen ham. Nu mußt ick mir ja rewangschieren, und da sind wir denn janz jroß beis Jlücksrad rausjekommen. Fritze hat zwei Frottihandtücher und ein Stoffmatrosen erjattert und ick ein Frottihandtuch und zwei Stoffmatrosen. Also, wenn wir, um mir mal dichterisch auszudrücken, Muttchen Fortuna noch weiter versucht hätten, denn hätten wir am Ende unsere janze Volksmarine mit nach Hause schleppen müssen.

Sollen die Kotletten jrade oder schräg? Darum ham wir lieber erst mal 'n soliden Grog runterjekluckert und sind an der Rutschbahn jejangen, den Tobebogen, wie es amtlich heißt. Da kommt es bloß auf den richtigen Standpunkt an; denn haltense es da stundenlang aus, ohne desse kalte Beine kriegen. Lauter kleine Meechens vom Fließband kommen da runterjeschneit, und 'n paar ham Jott sei Dank noch 'n bißken Schamjefühl und laufen nich wie die Kerle mit lange Hosen rum. Aber dis werdens erst bejreifen, wennse in mein jesetztes Alter kommen.

Fritze Ladentin hat es zu lange jedauert, weil er unbedingt noch anne Schießbude wollte. Ick sage, jut, jeh man los, sage ick. Aber mach mir nich verantwortlich, wenn du noch 'n Dutzend Seeleute jewinnst, und wir treffen uns denn in »Oberbayern«. Wissense, ich hatte nämlich langsam jenug von den Trubel. Achterbahn und Autofahren is nicht mehr fürn ollen Mann. Ick also rin nach »Oberbayern«. Da war eine Alpenluft drin, die hättense nur mits Hackebeil auseinanderjekriegt, aber die Kapelle mit ihre Zuckerwatte am Hut spielte janz zackig »Ja, ja der Schantiwein« und andere spanische Weisen. Und die Kellnerinnen erinnerten mir mächtig an die Heimatfilme, die ich immer an Jesundbrunnen jesehn habe: echte Dirndels, und jar nich ohne. Frollein Zenzi, sag ick, bringse mir 'n doppelten Enzian. Nu wartense man, Vater, sagt die in ihr jeflegtet Bayrisch, ich bin doch kein Rennauto, wat?

Wie's denn weiterjejangen is, weiß ick nich mehr so jenau. Mir wurde immer weihnachtlicher, und dis olle Bier lief rin wie dis reine Öl. Ick bin erst wieder zu mir jekommen, wie mir Fritze Ladentin ins Taxi gelotst hat und jesagt hat, es is ne Schande, und er hätte mir erst beim Kindersuchdienst wiederjefunden. Muttern hat die Hände übern Kopp zusammenjeschlagen und jefragt, wo ick denn bloß herkomme. Schlagfertig, wie ick nu mal bin, hab ick gleich losjeschmettert: »Vom Himmel hoch, da komm ick her...“ So, nun sindse wieder schmuck. Frohe Feiertage, und besaufense sich nicht zu sehr!

Frisör Kleinekorte war wieder mal in Pietzkau

Nehmse Platz, Herr Jeheimrat! Was gibsn Neues aufm Bau? Wieder Nachtschicht gehabt? Kann ick verstehn, weil ick bei mir auch sone Art Zweischichtenbetrieb einjeführt habe: tagsüber Herrenfrisör und nach Feierabend Hausfrau. Muttern hamse vorige Woche ins Krankenhaus reinjefahren. Aber Jott sei Dank nischt Ernstliches, 'n kleiner Appenzickendings, wie der Mediziner sagt, zu deutsch: der Blinddarm mußte raus. Wartense mal, ick will bloß die Haare noch inne Ecke fegen! Ja, wo se nu wech is, tutse einen ja mächtig fehlen. Jott, und denn macht man sich so seine Jedanken und sagt sich, manchmal bist wirklich 'n richtiget Aas jewesen, womit ick jetz also meine Wenigkeit meine. Sehnse, der olle Kittel, den ick umbinde, is auch nich mehr taufrisch, und dabei is Muttern, wennse hier is, jrade in diese Beziehung sehr eigen, immer propper und akkurat. Ofte jenug hatse mir müssen 'n Eisbeutel aufn Kopp mußten packen, wenn ick son Kleinen zu ville abjebissen hatte. Und denn seh ick immer noch den stummen Blick von einen lautlosen Vorwurf in ihr Auge. Andere haben jekeift, und meine hat mir 'n strammen Kaffee jekocht, Jott, nee, wennse doch bloß alles jut übersteht!

Dis verjeßtse mir ja nie, deß ick ihr vons Land inne Stadt reinjeholt habe, wo se denn zuerst bei mein damaligen Meister Mehlhaase in Stellung jegangen is. Durch mir hatse doch erst mal richtig die Segnungen einer jroßstädtischen Ziehwillisatzjohn teilhaftig jeworden. Jeordneter Haushalt und keene Schweine futtern. Hach, und wat hatse mir immer fürn schönen Jullasch jemacht! Kennenjelernt hab ick ihr in Pietzkau, durch ein Kriechskameraden, wo ick nachm ersten Weltkriech immer auf seine Klitsche besucht habe und mit den se zuerst jegangen is. Den sein Sohn hat nu heute schon wieder jroße Kinder. Aber hinfahren tun wir jedes Jahr noch. Dieses Ostern bin ick wieder mal mit Muttern rausjemacht. Hat sich ja alles mächtig verändert.

Der Willi, was der Junge is, dis is nämlich ein Fuchs und laßt sich vonne ElPeJe nich die Butter vonne Stulle nehmen. Der sagt sich dreiste, Organnisatzjohn is alles. Er will kein Ärjer mit die Jenossenschaft, weil er denn nich auf seine Piepen kommt. Und auf die andere Seite ist er son juter Landwirt vom alten Schlage, deß er natürlich seine inwidielle Wirtschaft mächtig auf Zack hat. Und dis alles durch ein janz kleinen Trick. Seine Frau, wissense, son richtiges Arbeitstier, die wurackt von früh bis spät auf Willis Hof. Willi is ja nun

nich sone Matzbläke, deß er ihr aufs Feld vonne Jenossenschaft schickt. Sagense doch selber, was verdient denn sone Frau inne Pietzkauer Feldbaubrijade? Also Willi meint, da würdense nich mal ihm hinkriegen. Und nu soll er dis seine Frau zumuten? Willi weiß ja jenau, warum er als Viehzüchter in Stall jejangen is. Der hat sich jesagt, eh se mir hier rauskriegen, besuch ick sogar 'n Lehrjang. Nu hat ers seit dem Kriech 'n bißken mit die Nieren, und da muß er sich warm halten, und darum is son Spezialist wie Willi im Stall unentbehrlich.

Was nu die Frauen in Pietzkau betrifft, so verstehe ick jar nich, was die meckern. Früher hat es jeheißen, die Frau jehört an Kochtopp, und jetzt hamse die Gleichberechtigung und dürfen allemann aufn Acker, und nu is es sie auch nich recht. Dabei sindse da mang ihre Furchen völlig unabhängig, weil sojar der Brijadier Weiberröcke trägt, und von die Männer kommt bloß ab und zu mal der Ackergnom raus und spricht ein aufmunterndes Wort. Und Willi sagt ja, deß es ebent mehr so weibliche Arbeiten sind wie Stroh bansen, Dünger streuen und so. Andersrum wäre dis sonst genauso als wie, ick wasche ab, und meine Frau jeht inne Kneipe. Is natürlich nur ein Vergleichnis, wenn ick mal so sagen darf.

In Pietzkau – ick war mit Willin 'n bißken den Mistgestank runterspülen – jehn doch, sage und schreibe, sojar jewisse Frauen inne Kneipe. Dis sind denn solche, die dis Maul janz schön vollnehmen. Die eine hat es nich mal scheniert, deß Willi jrade Stadtbesuch hatte. Direkt in meine Gejenwart musse sich doch mit ihm aufbieten! Und dabei darf die nu schon im Kuhstall arbeiten! Peestse doch Willin an, weil er in seinen Stall den Mist mit son kleinen Düngertrecker, oder wie dis Dings heißt, rausfährt, und sie muß sich in ihren Stall noch mit die Schubkarre abrackern. Aber Willi hat ihr tüchtig Feuerwerk jegeben. Er hat ihr einfach bewiesen, desse nischt von Technik versteht, und sie ham schon jenug kaputte Maschinen rumstehn, da brauchense nich erst die Weiber zu. Sehnse, ich laß meine Frau auch nicht an der Haarschneidemaschine ran. Da hab ich meinen Ehrgeiz. Alles kannse hier reine machen, aber nich die Maschine.

Willi sagt ja, mit die Frauen aufs Land is es immer 'n bißken anders, dis hängt schon mit die weibliche Biologie und Züche zusammen. Kiekense sich bloß olle Bienkoppen von Strittmattern an: Wennses sich jenau betrachten, hat sich doch der Mann über die janzen Weiber richtigjehend zu Dode jeärgert. So is ebent nu mal dis Leben. Nehmse zum Beispiel die Frage mit den Vorstand. Ham sich die Pietzkauer Frauen aufjeregt, weil se nich mit in Vorstand sind. Nu hamse die Karnickelberta, die sowieso zu nischt anderes taugt, mit reinjenommen. Aber denken, se, die sagt mal 'n Ton? Seit se die einmal tüchtig anjehustet ham, weil se partuh studieren wollte, wo se ville zu dusselich zu is, sagtse jar nischt mehr und spielt die beleidigte Leberwurscht. Sehnse, und mit sone Menschen müssen die da draußen nu mitten aufs platte Land den Sozialismus aufbauen! Pardong, dis is nur 'n kleiner Kratzer, da jeh ick Sie gleich mitn Alaunstift rüber. Aber die Sorgen hat ja nu Willis Frau Jott sei Dank nich. Die steht frühmorgens auf, melkt die inwidielle Kuh, kocht Schweinefutter, mistet aus, macht den Haushalt, und wenn se auch abends dotmüde in ihr selbstgestopptet Federbette fällt, denn weißse wenigstens, dis hatse wirklich für sich selber jetan, und Willi hat sich sojar schon ein Motorrad konnten leisten.

Nee, also wie ick jestern bei Muttern ins Krankenhaus war, hab ick jesagt, inne Stadt is man auch janz schön, und ran müssense da draußen wohl doch ville mehr als wir. Aber dis is schon immer so jewesen. Brauchense bloß mal dis »Erbe von Björndal« zu lesen und »Ewig singen die Wälder«, und da feift ebent 'n andrer Wind. Ick sage zu Muttern, wenn du denn am Freitag rauskommst, bringste erst mal die Wirtschaft und den Laden auf Vordermann, bügelst mir 'n paar Hemden, und denn kochste uns 'n juten Westkaffe, und wir beiden Ollen fühlen uns wieder glücklich wie Pielemann und Bauze.

Frisör Kleinekorte als Kriminalexperte

Nehmse Platz, Herr Jeheimrat, was gibsn Neues aufm Bau? Wieder Nachtschicht gehabt? Sehnse, die einen arbeiten, und die andern machen sich schlaflose Jedanken. Also nich, deß ick richtigjehende Sorgen hätte – aber ick stimuliere schon seit Tagen vor mir hin. Meine Frau sagt bloß immer, der Herr Leisejang hat mir 'n Floh im Ohr jesetzt. Leisejang ist doch Reschissör ins Fernsehen – oder wartense mal: ich glaube, der is sojar Aufnahmeleiter und dürf immer bei die Krimis Großaufnahme leiten, damit jeder sieht, wie dis Opfer mit die Augen rollt. Jott, jetz hab ick Ihnen wohl den Kittel zu fest umjebunden, kriegen ja gar keine Luft mehr. So, nu is besser.

Kurz und jrün: Leisejang sagt, desses jar nich so schwer is, son jlasharten Schriller zu schreiben. Bei Fernsehens, sagt er, hat jeder eine Schangse, und was die Dramaturgiker sind, sagte Leisejang, die nehmen jetzt schon beinah jeden Quatsch, weil die juten Dichter nischt mehr einfällt. Kommse mal bei uns, sagt er, bringse ne Art Expresso mit, da muß drinstehen, wie ville Dote und 'n bißken wat gejen irjendeine Gesellschaft, und denn flimmern wir schon ein anständiges Verdrehbuch draus zurecht. Ick werd ja den Verdacht nich los, der Mann wollte mir bloß verasten. Aber bei mir nich! Wollnse die Kotletten schräg oder gerade? Jeder trägt es eben verschieden.

Also nu hab ick mir jesagt: Wichtig ist, deß ick erst mal ne jute Idee für dis Expresso finde, welche die Leute so kalt überm Rücken läuft, desse verjessen, nachn Kanal sieben rüberzuschalten. Denn gejen unsern Pojramm könnse reden, wasse wollen, aber was son richtigen Krimi betrifft – da lassen sich unsere Kriminaldichter nich lumpen. Unsere Schauspieler sind auch nich von Pappe, und wenn die einen Jängster die Joldplomben polieren, sieht der Mann hinterher jenauso schön bedrüselt aus wie drüben. Natürlich ist bei unsere Krimis noch ne Portion Pulletik mittenmang, dis könnse sich ebent nich abjewöhnen. Nehmse zum Beispiel den Fülm »Tote essen keine Salzjurken«. Dis hatte sojar noch einen andern Vorteil: es blieb alles 'n bißken unklar, sozusagen ein Nebel der Jedanken, wie der Dichter spricht. Und dis is jut so, man jrault sich ville besser, wenn man nischt Jenaues nich weiß. Jott, dis Leben is ja so ernst, besonders für unsereinen, der dis Banner von die Handwerkerselbständigkeit immer noch drohend über die janze PeJeHa schweben laßt, als der Letzte seines Stammes. Nu sagense selber, warum soll ick mir nich 'n paar Jroschen durch ernsthaftes Dichten dazuverdienen? Nehmse noch ne Koppwäsche?

Bei ein Krimi is dis Wichtigste die Spannung, ick würde da sojar die Hochspannung benützen. Nu müssense nich denken, deß ick ein feuriger Hase auf dis Jebiet bin. Ick hab mir schon immer mit solche Sachen befaßt. Vor allem inne Systemzeit, da war oft jenug anne Börse niedrige Beise und ins Pullizeipräsidium ne jewaltige Hose. Da konntense jeden Tag inne Morjenpost 'n interessanten Mord studieren, angroß und angdetalch.

Einmal war ick sojar beteiligt, als Zeuge natürlich. Da hattense bei Fleischer Meuseln nebenan – dis war dunnemals noch der Jroßvater von den heutigen – dis jroße Hackebeil entwendet.

Andern Tag fuhr der dicke Jennat mit sein schwarzen Sechszylinder-Maybach vor, dis war sozusagen der Sherlock Holmes der zwanziger Jahre, und nahm olle Meuseln im Kreuzverhör. Wie lange dis Beil schon weg sei und so. Und denn kam er bei mir und sagte, mit die Waffe is wahrscheinlich ein Mord begangen worden, und ob ick ihr am Tag vorher noch jesehen hätte. Konnt ick natürlich nich sagen, weil ja Muttern immer selber einkauft, und die war jrade bei meine Schwägerin in Treuenbrietzen. Hättense mal sehen sollen, die janze Straße kaufte plötzlich bei Fleischer Maußen. Und dabei stellte sich nachher raus, deß man bloß 'n Arbeitsloser die Mordwaffe jeklaut und bein Altwarenhändler verscheuert hatte. Jott, dis olle Rasiermesser wird auch immer stumpfer, fahrnse mal vorsichtig mitn Finger drüber!

Sehnse, sone erschütternde Erlebnisse jlaubt einen ja heutzutage keiner mehr, weil die Jugend diese zümologische Art von Kriminalität ebent nich mehr kennt. Wer liest denn heute noch den großen Edjar Wällätsch? Gehnse doch mal inne Buchhandlung! Was empfehlen Sie die jungschen Dinger? Brecht. Aber der Mann is fürn anständigen Frisör schon wejen seine verbotene Haarfrisur undiskutabel. Und weiter? Strittmattern und Mausepangs Bellami, und denn is Sense. Tschuldigense, jetzt hab ick Ihnen jeschnitten, kommt bei mir alle Jubeljahre vor. Aber saftige Krimis? Dis hört doch schon bei Scheckschpierens Othellon auf. Die Zeit denkt nur noch an Schemie und Professor Neuberts neumodisches Eheleben. Und darum seh ick ebent meine jroße Schangse beis Fernsehen.

Findense mal ne Fabel, sagt Leisejang. Jut, sag ick, den Mann kann jeholfen werden, und ins Fabulieren war ick schon immer jroß, besonders wenn ick 'n Kleinen jepichelt habe. Und nu haltense sich fest. Vorigte Woche hat mich die Muse vonne Kriminalität 'n dicken Schmatz auf der Jlatze jegeben. Scharf nachwaschen? Passense auf: Ein selbständiger Frisör – also nich, desse denken, ick rede prodomus – findet eines Tages in sein Keller eine Leiche. Nu hat der Frisör natürlich Schiß und denkt, ick wars ja nich, aber man kann nie wissen. Jetz tritt sein Neffe auf, der hat ne kleine Mattscheibe und is Kunstmaler mit jroße Staatsaufträge und so, und der will den Keller von sein ollen Onkel malen. Wie er die Leiche sieht, schreit er: »Onkel Willem, dis is doch meine ehemalige Jeliebte!« Inspektor Warnicke, der sich jrade rasieren läßt, hört den Schrei aus den Keller und untersucht stantepede alle Spuren. Er sieht sofort, deß die Mörder von nebenan, sagen wir mal von Fleischer Meuseln, einen Jang in den Keller jekratzt haben – dis is ein Motiv, was ick von die berühmten Jebrüder Sasse entnehme. Und jetzt kommt dis Verrückte, der Neffe is jar nich der Neffe, und...

Was lachense denn so dusselig? Ick hab nämlich diese Fundsidee schon aufjeschrieben, und gleich nach Ladenschluß jeh ick zur Post und schick dis Expresso nach Adlershof. Und wennse platzen vor Neid, ick bin sicher, die fabrizieren aus meine Anregungen einen siebenteiligen Krimi daraus. Macht zweifuffzig, Herr Jeheimrat.

Frisör Kleinekortes Schulweisheiten

Nehmse Platz, Herr Jeheimrat! Was gibsn Neues aufm Bau? Wieder Nachtschicht gehabt? Ick werd wohl nu auch bald in zwei Schichten müssen arbeiten. Wieso? Wegen die verdammten Jören. Wissense, da heißt es immer, Kinder sind der Sonnenschein von unser Erdendasein. Ja, Kuchen! Nehmse dis mal vom Standpunkt eines schlichten Herrenfrisörs mit insjesamt ein Stück Personal, wenn ick mal Herrn Kafforke so bezeichnen darf. Vormittags sitzense rum und bekieken sich die olle Stuckdecke vom Laden, und bei schönes Wetter stehnse vor die Tür und passen auf, ob Se nich zumindestens 'n vermickerten Rentner bewegen können, desses jrade leer is, und er soll sich man die Glatze aufpolieren lassen. Herr Kafforke lungert rum wie son oller Kater, und meine Frau kocht ihm seinen Kaffe. Jott, der Mann wird bei son faules Leben immer fetter. Denn is Mittag, da jeht Herr Kafforke essen, und ick nehme meine Mahlzeit zu mir. Kaum, deß ick 'n bißken einjedruselt bin, bullert schon der erste Kunde anne Ladentür, und denn beginnt für unsereinen der Hochkonjunktiv, wie man früher, inne Systemzeit, dis Wirtschaftsleben nannte.

Erst kommt die Frühschicht von Arbeit, und im selben Momang kommt die Nachtschicht aus Bette. Bums, is der Laden voll, und es jeht los: schnippelschnippelschnippel – immer runter mit die ollen Loden! Übrigens müssense sich wirklich mal was antun. Wenn die paar Dinger an Ihre Schläfen auch noch ausfallen, rutscht Sie eines Tages noch der Hut über den Ohren. Exlepäng hat keinen Zweck, sagense. Jut, hamse recht, aber ich muß et ebent immer wieder anbieten. Kennse den Witz, wo einen Mann seine Haare wieder jewachsen sind, weil er den Kopp zwischen die ... hurrejottnochmal! Dis is nämlich einer von die Jründe, warum ick ebent nich so jerne Kinder in meine Jeschäftsräume dulde.

Na, schadt nischt, muß ick Sie den Witz 'n andermal erzählen.

Also jut, die beiden Schichten verkrafte ick grade noch so, aber nu kommt jeden Nachmittag dis kleine Kloppzeug anjesockt. Ich hab mir schon eigenhändig ein Schild gemalen: Freitag- und Sonnabendnachmittag kann ich Kinder keine Haare schneiden. – Is doch bloß Notwehr, damit man die arbeitenden Menschen, wo in diesen Staat so groß jeschrieben werden, noch ein einziges Schutzreserveuer bietet. Statt dessen werd ick von die Herrn Eltern aufs jemeinste anjepöbelt. Sag ich neulich zu Herrn Klopprogge, der ja nu zufällig Lehrer is und obendrein zwei Kinder hat: Schickense doch ihre Bengels vormittags, gleich nach der Schule her! Sagt doch der Mensch – nehmse mal den Kopp 'n bißken höher –: »Dis geht nich, die Kinder haben ja bis aufn Nachmittag Unterricht.« Wissense, heutzutage ist ja alles verrückt, aber wasse mit die armen Kinder machen!

Mann, was hab ich noch für ne joldene Schuljugend jehabt! Bißken Lesen und Schreiben und Rechnen, was man ebent so ins Leben

braucht. Naturkunde, wo wir sojar unsern Lehrer den Jarten umjraben durften und 'n Sechser und ne Streuselschnecke für jekriegt haben. Sie, dis waren aber noch Streuselschnecken! Rillijohn bein Paster, wo ick heute noch meine Jesangbuchverse im Schlaf aufsagen kann.

Wenn se man vorne bloß halb so wachsen täten wie hinten, ihre Haare, mein ick. Ja, und vaterländische Jeschichte. Welches Kind lernt denn heute noch die rührenden Begebenheiten vom jroßen Friedrich und den ollen Ziethen? Ick erinnere mir noch jenau, wie der greise Husarenhaudegen mal beis Essen eingenickt is und wie Friedrichen denn meinte, sie sollen ihm man lassen. Sehnse, dis waren noch echte Vorbilder. Fragense heute son Bengel, wen er mal nacheifern will, denn sagt der Jerman Tito oder Täve Schur. Aber dis is die Folge von die sojenannte wissenschaftliche Erziehung. Wir ham keine Wissenschaft jehabt und sind auch ordentliche Menschen jeworden.

Jut, ick jeh ja immer mit die Zeit, und als solcher bin ick auch für den pullitisch-technischen Unterricht. Nur solltense für uns Selbständige auch 'n paar aufjeweckte Kinder abzweigen. Wo Muttern jetz so dis Rheuma hat, könntense bei mir Spiegelputzen und Haarewegfegen lernen. Man weiß ja nie, wie mans im Leben mal braucht. Aber darauf jehn ja die ollen Pauker nich ein. Jott, wie ick die Sorte jenascht habe!

Halben Tag nur arbeiten und immerzu Ferien! Wir hatten mal einen, den ollen Rühmland, der hat uns immer mitn Geijenbogen in Mund rumjefuhrwerkt, wenn wir bei »Heil dir im Siejerkranz« jebrummt haben. Na, wie is denn mit ne kleine Kopfmassage?

Na schön, heute dürfen dis die Lehrer nich mehr, aber was is die Folge? Die ganze Erziehung bleibt anne Eltern hängen. Da steh ick ja nun aufn andern Standpunkt. Wo sich der Staat heute so wichtig macht mit seine Schulen, denn soll er mal die Kinder auch janz alleine erziehn, dafür werden ja die Lehrer bezahlt. Klopprogge sagt, mit manche Eltern hamses in die Beziehung sehr schwer. Die Leute is es einfach schnurzpiepe, ob ihre Sprotten eine fünf nach die andere nach Hause bringen. Nu frage ich Sie, wozu wird denn son Pauker bezahlt? Soll er die Kinder doch feste Nachhilfe geben, wo er sowieso nischt weiter zu tun hat. Ja, sagt Klopprogge, sie haben ebent zu ville Sitzungen und Versammlungen. Na, Sie, den hab ick villeicht Feuerwerk jegeben! Solange wie Sie noch am hellichten Tag beim Frisör gehen können, wird es man halb so wild sind, hab ick jesagt. Solange Sie nich mit ihre Haare rumlaufen wie Justav Nagel, der Naturapostel, glaub ich nich, deß Sie zu ville zu tun haben.

Dis müssense nu mal elektrisch betrachten, wie die Fungzionäre sagen. Der Lehrer denkt doch immer, je mehr er die Kinder zu lernen aufjibt, je desto mehr hat er seine Ruhe. Und da issen Stücke Wahrheit dran. Nur frage ich mir, was wird mal aus die armen Kinder? Dis is ein reines Schenerationsproblem. Die erste Scheneration, zu die ick mir zähle, also die Jroßväter, die rasieren sich noch mit's Messer. Die nächsten, nämlich die Väter, die jreifen zum Pinsel und zur Erfa-Rasierklinge – die erkennse schon von weitem an die Schmisse wie aufn Paukboden. Ja, und denn kommen die Söhne mitn Trockenrasierer, wobei die Jewieften 'n anständigen Frisör noch um vierzehn Tage betrügen, indem desse sich selber Genick und Kotletten wegrasieren. Ja, und nu stellnse sich mal vor, wie sich die Enkelscheneration eines Tages rasiert! Vielleicht ham die denn sone Art Atommeiler unterm Hemdkragen, der jar keine Haare wachsen läßt.

Sehnse, so liege ich oft und stimuliere so vor mir hin, und keiner macht sich sone Sorgen um die Zukunft wie ick oller Mann. Büldung, Büldung – immer feste rin in die kleinen Kinderköppe, und eines Tages treten sie denn mitten rein in der rauhen Wirklichkeit. Und janz im stillen frag ich mir denn mit ein leisen Zweifel: Wie ville von die tüchtigen Jungs wird noch einmal wie unsereinen vons Schicksal die Schangse jeboten, ein selbständiger Herrenfrisör mitn kleinen Salong wie icke zu werden?

Frisör Kleinekorte belichtet sich selber

Nehmse Platz, Herr Jeheimrat! Was gibsn Neues aufm Bau? Wieder Nachtschicht gehabt? In sone heißen Sommernächte, wo man sowieso nicht schlafen kann, denn isses schon besser, man geht auf Arbeit. Darum war ick jewissermaßen auf meine eigene Art ziemlich aktiv und hab mir an der Kunst gewidmet.

Also nich, desse denken, ich kleckse heimlich in Öl – davor hab ick schon jenug echte Jemälde inne Stube; und Öl kann ich nur leiden, wenn Sardinen drinne baden. Über Kunst hab ick überhaupt so meine bestimmten Hypophysen. Nehmse zum Beispiel ein Sonnenuntergang ins Gebürge. Wenn den ein Maler so mit alle Schikanen auf der Leinwand draufbannt, sagen die Leute, die dis nachher beim Glasermeister ins Schaufenster sehen, unter Jarantie: Dis is Kitsch – wobei ick mir als Kenner natürlich ausnehme.

Verstehense mir recht, die Kunst macht immer nur so, wie sie denkt, deß es so richtig is. Und darum bin ich, so wie Sie mir hier sehn, ein glühender Fechter von diese mehr so direkte Kunst. Und dis jeht bei mir so weit, deß ick in jahrzehntelange, aufopferungsvolle Kleinarbeit unsere Badestube in eine bongforzionöse Dunkelkammer verwandelt habe.

Wartense mal, ick muß bloß mal die Küchentüre zumachen. Muttern hat es jar nich jerne, wenn man über diesem Thema spricht. Und dis is wieder unter ein züchologischen Aspekt zu betrachten. Seitdem ick der unjekrönte Krösus vons Badezimmer bin, jehtse nämlich sonnamds immer zwei Ecken weiter für zwei Mark ins Hufeland-Bad baden. Nu hab ick als moderner Mensch versucht, ihr dis mit die neuen Industriepreise recht schmackhaft zu machen. Da sollen doch – wird jedenfalls gemunkelt – die Kohlen für die selbständigen Frisöre teurer werden. Und denn fahren wir immer noch besser, wenn se bei Hufelands mit staatliche Submission badet, als wie wenn ick sonnamd auf eigene Kappe unsern Badeofen heize und mir obendrein meine Dunkelkammer vollkleckern lasse.

Nehmse mal den Kopp 'n bißken höher! Im Sommer kann dis ruhig 'n Stücke kürzer, sonst brüten noch die Libellen da drinne, und Sie schwitzen jenauso wie icke heute nacht beis Vergrößern. Sehnse, ich

sage immer, der Mensch verliert mit die Jahre seine Romantik. Muttern schümpt jetz auf die schöne Dunkelkammer, und dabei hatse verjessen, deß wir uns vor Stücker fuffzig Jahren in eine solche janz wohl gefühlt haben. Dis war bei Meister Mehlhaase inne Bötzowstraße, wo er denn später von den tollwütigen Dackel jebissen worden is. Aber dis war seine Schuld – warum hat er dis Tier so jereizt! Schönen Dank, jebense mal her, die rauch ick nachher lieber mit Andacht.

Also, Mehlhaase fotografierte bei Lebzeiten wie'n Verrückter, und weil er sich jar nich mehr selber durchfand, durft ick immer mitten inne Jeschäftsstunde seine Platten entwickeln, und Muttern, wo ick damals als Dienstmeechen vons Land zu Mehlhaase vermittelt habe, hat mir durften helfen.

Bei Lichte besehen war ick, um mir mal fotografisch auszudrücken, ein richtiger Spätentwickler; aber wie ick Friedan inne Dunkelkammer erst mal auf kurze Brennweite einjestellt hatte, habe ick seitdem nur noch mit Beschleuniger jearbeitet. Und dis führte dann zu mein glücklichstes Jahr. In einen einzigen Herbst; jeheiratet, Jeschäft einjerichtet und ne stabile Plattenkamera anjeschafft. Die kam jrade noch zurecht, um unsern Ältesten eigenhändig aufs Eisbärfell zu verewigen.

Dis muß ick Sie direkt mal zeigen ... hier ... aber fassense möglichst nich mit die Finger drauf. Dis sind doch nu mal die schönsten Erinnerungen. Oder hier: Da hamse ein Jruppenfoto von die Herrenpartie mitn Radfahrverein »Zugvogel«. Damals sind wir mitn Dampfer rausjemacht nach Schmetterlingslust. Blau wie die Radehacken und auch sonst wie die Jerbertölen. Ich staune heute noch, deß dis Bild nicht verwackelt is. Der kleine possierliche Schentelmänn mitn Mennjubart und Vereinsschild um Hals, dis is nich etwa Willy Birgel, dis bin ich selber. Später jabs denn noch ne mächtige Klopperei wegen irjend son Stücke Mallöhr, und Fleischer Meuseln sein Schwager hat vier Wochen ins Krankenhaus jemußt. Aber dis waren ebent noch Zeiten, und der Schnaps damals! Der rannte rin wie die Pullezei inne Häuser, und man is immer wieder jerührt, wenn man son Bild nach Jahren betrachtet.

Und hier – hab ick mit Selbstauslöser aufjenommen –, dis war am fümmunzwanzigsten Jubiläum. Da sehnse noch mein alten Laden inne Blumenstraße, kurz bevor ihn die Bomben in Klump jehauen haben. Den hier werdense nich kenne. Dis is mein Neffe Oswald als Fliegerleutnant mit Ritterkreuz, ein schneidiger Bengel; die Meechens waren reineweg verrückt nach ihm. Hier sehnse ihn noch mal, den da vorne mit die Krücken, 'n bißken unterbelichtet, und der Entwickler taugte damals auch nischt.

Ach, und hier, dis bin ich vorigtes Jahr in Prag, die Goldene Stadt. Mann, war dis eine Hitze! Wir sind jar nich mehr aus die Kneipen rausjekommen. Aber als kunstliebender Deutscher hab ich mir trotzdem noch zu ein Jruppenfoto auf der Karlsbrücke entschlossen. Der mit die drei Kameras, dis is Fleischer Meusel. Uns beide hat der Scheche, wo unser Reisegruppenleiter war, immer scherzhaft als die zwei Söhne des Zeiß bezeichnet. Daran könnse ermessen, wie der sich in unsere altdeutsche Jötterwelt auskannte. Überhaupt war der Mann irjendwie janz passabel, bloß desses mit sein Deutsch manchmal haperte.

Sehnse, und so reiht sich in dis Album Motiv an Motiv, und da kenn ick Leute, sojar mittenmang meine Kundschaft, die sagen, auf sone Art zu fotografieren hat nischt mit Kunst zu tun. Dabei jibt doch die Kamera mit ihr unschuldiges Glasauge nischt wie die nackichte Wirklichkeit wieder, was ich nich wörtlich meine. Man muß bloß die richtigen Motive auswählen in diese Kunst. Dis heißt, künstlerisch jesprochen, nur solche, wo sich die Familie drüber freut und später stolz drauf is. Dieses nennt man inne Kunst Realismus, und da jehören ebent keine häßlichen Erinnerungen rein, und basta! Sehnse, ich bin nu mal von Hause aus son oller Schönjeist, deß ick mir jetz extra ein Büttenrandschneider anjeschafft habe und sojar alle meine früheren Bilder nachträglich – oder wie der Jebildete spricht: posthum – auf Büttenrand schneide. Leider kann man mit sone Apperatur noch keine blöden Köppe verschönern. Aber dis kommt auch noch. Verlassense sich drauf, so wahr ick selbständig bleibe.

Frisör Kleinekorte feiert Jubiläum

Nehmse Platz Herr Jeheimrat ... dingsa! Was gibsn Neues ... hick im ... Verzeihung ... aufm Bau? Wieder Nachtschicht ... Jott, Sie wissen schon. Und nu könnse erstmal ein alten Herrenfrisör zu sein seltenes Berufsjubiläum ... die Firma dankt. Der Deutsche is ebent zu pflichteifrig. Bis mittags is mein Laden auch an diesem Ehrentage auf. Aber Muttern hat jesagt, wehe vergreifste dir heute an ein Rasiermesser! Und darum privatisiere ick nämlich bis mittags bloß, und dafür schneid ick Sie ... hick ... morgen gratis die Haare. Tschuldigense!

Trinkense 'n Schnäpperken auf dis fuffzichjährige Meisterjubiläum! Meister Kleinekorte – prost, Herr Jeheimrat – ein lebendiger Zeuge unserer vaterländischen Geschichte. Deutsches Miserekordia. Jlanz und Elend, Preußens Klingklangkloria, Donner, Blitz und Doria und diverse schlümme Zeiten ...

Vierzehn hats losjejangen. Icke als blutjunger Meister, morjens noch son Ölkopp vons Feiern, und denn bläktense auf einmal ihre Extrablätter durch die stillen Jassen. Erst mußte nur der Thronfolger Ferdenand dran glauben, und denn ... hick ... gleich ... ick ... mit die erste Mobilmachungswelle. Eines Morjens im August habe ick noch nich jewußt, deß ick den Franzosen siegreich schlagen mußte durch die Brust. Aber dis jing ins Auge. Jott strafe England. Und dis lag nur daran, deß die Jeneräle sozusagen die Jeneralität in Rücken jefallen sind.

Hamse mal was von ein jewissen Schlieffen jehört? Der hatte – gießense sich mal selber ein, ick bin heute 'n bißken zittrig auf die Hände, weil einem dis noch nachträglich so aufwühlt. Also Schlieffen wollte kurz jesagt Frankreich ... hick ... aufhauen wie eine Groschengeige, wo der Franzmann sowieso kein deutschen Mumm in die Knochen ... aber die Weiber, sag ick Ihnen! Wenn die mir bloß ankiekten ... also Schlieffen, ick meine, der von Jeneralstab. Stellnse sich mal vor, hier, die Spezipulle, is der Eiffelturm, und hier, die Schere, is unser rechter Flügel unter von Kluck ... hick ... Der kommt aus dis Waschbecken, also von Belgien. Von Bülow is der Aschenbecher, der schwenkt jetz rum. Nu schmeißt von Kluck ... hick ... die janze erste Armee ... tschuldigense, sone Flasche fällt ebent leichter als ne Weltstadt, und meine Kriegsverletzung merk ick nur bei schlechtes Wetter. Lassense doch, kann meine Frau nachher wegwischen. Ick hab hier noch, nur für Stammkunden, einen echten

polnischen Wodka, Wiedehopfka – oder wie der heißt! Die ham sich ja janz jut wieder rausjemacht, und ick hab ja auch nischt gegen die Leute... hick... wir sind doch alle Nachbarn. Denkense nur an den großen Dichter Schopeng. Hitler hat ja die Arbeitslosen bekämpft, könnse nich anders sagen, aber deß er mußte Krieg anfangen... Na, Schwamm drüber, is nu auch schon fümmenzwanzig Jahre her.

Gleich nach mein fümmenzwanzigstes Jubiläum hat es wieder losjegangen, die Leute konnten einen ebent nich in Ruhe feiern sehen. Aber schon Ende vierundvierzig, wie mein Laden runterjebombt wurde, hab ick meine Prophe... habe ick jesagt, diesmal jehts schief. Wie der Feind einen Fußbreit deutscher Erde unter seine Stiefel trat, hättense sollen abtreten, die Blase! Aber Kuchen! In Volkssturm mußt ich noch, und dann bejann mein Widerstand. So mehr innerlich, verstehnse mir recht. Auf Luftschutzwache hab ick immer Witze über Jöbbels sein verkrüppeltes Bumsbein jemacht, und da hat mir ein jewisser Friedhofsinspektor Tennert anjeschissen, aber in letzter Minute war denn plötzlich der Russe da und hat gesagt: »Damoi, Opa, Krieg kaputt.« Man muß ja immer wieder staunen, wie schnell die Brüder Deutsch lernen.

Und heute bin ick natürlich auch für den Frieden und unterstütze die Volkssolidarität. Will ja keiner mehr seine Rübe hinhalten, wat? Jeht ja doch immer wieder schief. Der Jott, der Eisen wachsen ließ, der kann die Deutschen ebent nich verknusen. Also nu jenug von dis Thema. Trinkense ... hick ... aufn ollen ehrlichen Handwerker ... zickezacke ... jestatten: Jefreiter Kleinekorte, im Felde unbesiegt. Prost!

Frisör Kleinekorte auf der Wartburg

Nehmse Platz, Herr Jeheimrat! Was gibsn Neues aufm Bau? Wieder Nachtschicht gehabt? Ach so, Sie waren ja auf Urlaub. Ick nämlich auch. Kleine Spritztour jemacht. In einen nagelneuen Wartburch wie Jraf Rotz persönlich, mit Fleischermeister Meuseln. Der Junior wollte seine alten Eltern aus die Sommerfrische abholen und sagte, komm man ruhig mit, Onkel Willem! Dir tut es auch jut, wenn du mal dein Jeist auslüftest. Und bevor wir Meusels aus Handwerkerheim wechkutschiert ham, ham wa erst maln paar Tage den Thüringer Wald unsicher jemacht. Jott, wann war ick dis letzte Mal in der Gejend? Dis muß ... wartense mal – Oktober neunundvierzig muß dis jewesen sind. Da war jrade irgend sone staatliche Fete. Erster Mai kann es nich gewesen sind, aber jeflaggt war überall, und Reden hamse jehalten, na, is ejal. Zuerst sind wir in Erfurt jewesen. Der Dom und Sankt Severing mögen ja imposante Bauwerke sein, aber Meusels Kernspruch auf Reisen lautet: Die Berge von unten, die Kirchen von draußen und die Kneipen von drinne. Jut, wat? Aber dafür sind wir auf die Gartenausstellung raufjemacht, weil ick doch selber einen Schreberjarten habe. Also, ick sage Ihnen dis Jelände hab ick nich wiedererkannt. Dazumal jabs da auch irgend ne Blumenschau und Bockwurscht auf Marken anne Bretterbude. Und heute? Alles Beton und ville Licht und richtige Jaststätten, wo Se von Fußboden essen können. Und die Blumen! Wie im Westen, besonders die Bejonien! Meusel klärte mir denn allerdings auf, deß dis auch so eine großanjelegte Propagandaauktion vonne SED is. Wat zuckense denn so? Die Schere ziept wohl? Is eben kein Solinger Stahl, die kommt, glaub ick, aus Schmalkalden. Sind wir übrigens auch jewesen. Moment, da wollt ick Ihnen doch was ganz Wichtiges erzählen. Ach so, Leber ham wir jejessen im Ratskeller. Sone Portion! Aber jeder! Meusel hat nur immer mitn Kopp geschüttelt, wie der Wirt da noch mit's Jewicht klarkommt. Und Meusel is 'n Fuchs in solche

Dinge. Nu is der Wirt ja bloß HO, und wer bezahlt die Portion, wennse zu jroß is? Der Staat, und zwar von unsere Steuern. Bei diese Überlegung hats mir jar nich mehr jeschmeckt. Und was Eisenach betrifft – hamse hier in Berlin schon mal sone Burch jesehn wie die Wartburch? Statt dessen nur die herzlosen Neubauten am Alex, wo so jar nischt mehr von die jotische deutsche Seele außen anne Fassade dranklebt. Wenn man mal absieht von dis Haus der Lehrer. Da bleib ick immer wieder vor stehen und fühle mir in meine Kindheit zurückerinnert, wo ick janz verrückt nach die schönen bunten Abziehbilder war. Buchmachers Jemälde sind wenigstens so jroß, deß ick nich immer meine Brille aufsetzen muß. Die auf die Wartburch sind man ville kleiner, aber auch janz nett. Und schließlich konnten die ollen Ritter für die Kunst doch nich sone Summen an ihr eisernes Schienbein ranbinden und mußten sich mehr um ihren Sängerkriech kümmern. Ick persönlich meine ja, dis jing damals nur um den Zaster fürs Auftreten. Oder glaubense, deß sich sone Leute um was anderes streiten können? Und als Kongfranzjee hamse sich damals sojar einen jewissen Klingsporn aus Ungarn jeholt, weilse endlich maln anderes Jesichte sehn wollten. Der olle Luther muß da ooch ne ruhige Kugel jeschoben ham. Wenn ick mir so dagejen unsere heutigen Schriftsteller betrachte, was die dauern rumjachtern und Vorträge halten müssen! Ick würde sagen, die Brüder einfach maln Jahr auf die Wartburch einjespunnt, und die janzen versprochenen Bücher samt den zweiten Teil sind jeritzt. Der Luther war ja ein janz Schlauer. Wenn den sein Verlagsfritze zu ville rinjequasselt hat, denn hat er ihm einfach dis Tintenfaß an Kopp jeschmissen und hinterher behauptet, dis war der Deibel. Nee, keine Angst, dis is keine Tinte, sondern Birkenhaarwasser. Ach Jott, und in Friedrichroda ham wir uns durch Zufall son FDGB-Heim anjesehn. Und da kam es mir jleich wieder hoch. Also nich, deß ick den Arbeiter nischt jönne. Aber als Staatsbürger mit Jrips sage ick mir, son Komfort können wir uns einfach noch nich leisten, solange ick nich maln anständiges Rasiermesser kriege, was so schneidt wie früher. Auweia, tschuldigense, ick jeh mitn Blutstiller rüber. Bloß 'n kleiner Kratzer, weil dis Ding schon so schartig ist. In den Reiseperspektiv von Friedrichroda und Umgebung stand, man soll sich den Schloßpark von Reinhardsbrunn besichtigen, denn da sind so schöne olle Bäume drin.

Nu schwärm ick für olle Bäume und wünsch mir für mein Leben, deß mir auch mal son Birnbaum ausm Sarg wächst wie den Ribbeck ins Havelland. Ick und Meusel also rin durchs Tor, weil der Pförtner jrade mal wohin mußte. Also allens, was recht ist: ein Park, gejen den is der Friedrichshain man bloßn mickriger Schreberjarten. Auf einmal kommt aus den Empfangsraum von dis Schloßhotel ein feiner Mann und frägt, was wir hier suchen. Pilze, sag ick in meine schlagfertige Art. Sagt der, hier is verboten, nur die Hoteljäste vons Deutsche Reisebüro dürfen. Ich frage, warum. Sagt er, weil hier Spitzenintiljenz ihren Urlaub macht und die einfachen Touristen manchmal Zweige abruppen und nach die Forellen tauchen. Manche sind besoffen, und manche

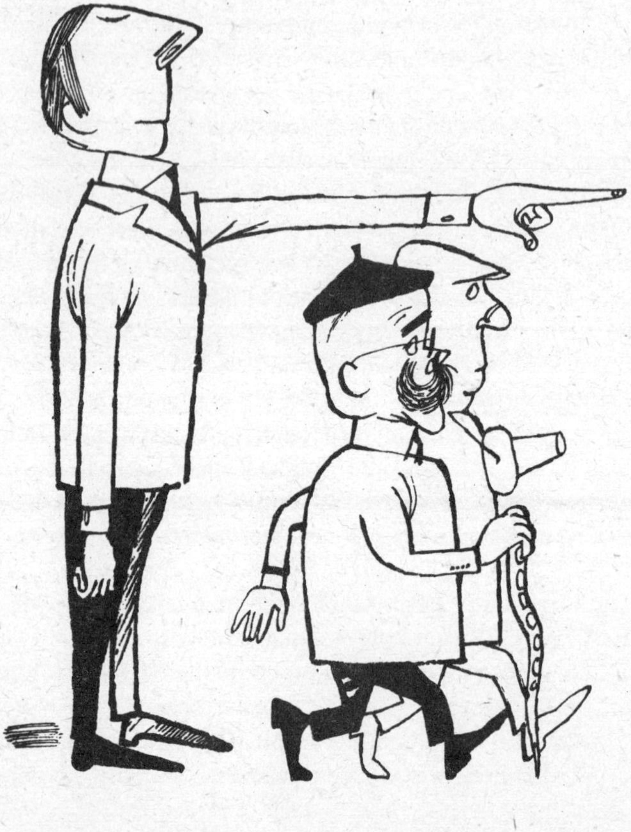

haben auch ein kleines Hämmerchen mit und hacken dis schöne Schloß an, weil se Souvenirs brauchen, sagt er. Na, sag ick, könnse mal sehn, wie ville Jeologen es schon jibt. Meusel wollte stänkern von wejen Spitzenintiljenz und deß er selber auch 'n Wartburch Luxus fährt. Aber ick hab ihn schnell wechjeschoben, denn sone richtige Spitzenintiljenz, da wird mir immer janz jerührt zumute. Sone Leute wolln sich ja auch maln Witz erzählen, wo nich jeder zuhört. Mir jehts genauso. Wenn wir Handwerker an unserem Stammtisch sitzen, denn möcht ick mal den sehn, der uns mitn Hämmerchen beis Filosofieren stört! Ach, und auf die Rückfahrt ham wir in einem Dorf so um Jena rum noch 'n Bier jetrunken, und stellnse sich vor, da hat doch die DEFA damals den Fülm »Mir nach Karnalljen« jedreht. Seit kurzem jeh ick sojar wieder ins Kino und aufn Fußballplatz. Die Fülme sind jetz janz tacko, und der ASK schießt wieder Tore. Bloß, nu hat mir Meusel unterwegens richtig mißtrauisch jemacht. Der vermutet nämlich, des dis bloß ein Blüff von die Natzjonale Front is, weil se doch am fuffzehnten Feiertag mal wieder zeigen müssen, was se alles können. Da is natürlich was Wahres dran, Kammgarn und zahl es, wie der Lateiner sagt. Und je mehr ick darüber stimuliere, desto mehr werde ick stutzig, ob es dies Jahr bei den vielen Sonnenschein in die Urlaubssaison mit rechten Dingen zujejangen is oder ob da nich auch die Natzjonale Front mit ihre neue Technik dran jedreht hat.

Frisör Kleinekorte und sein Enkel

Nehmse Platz, Herr Jeheimrat! Was gibsn Neues aufm Bau? Wieder Nachtschicht jehabt? Ick muß heute auch zeitig inne Federn. Bin nämlich mit Muttern erst gejen Morgen mitn D-Zug aus Halle zurückjekommen. Unsern Jroßen sein Ältester is am siebenten Oktober fuffzehn jeworden, und da hattense Oman und Opan diesmal extra zum Jeburtstag einjeladen. Jott, und nu schlafense mal als oller Mann in son Nachtzug! Dazu jeht einen denn viel zuville im Koppe rum, denn dis waren zwei anstrengende Tage, und man is ja den Trubel jar nich mehr gewohnt. Wie wir in Halle anjekommen sind, hattense schon aufm Bahnhof Jirlanden aufjehangen und ein Transpirent »Fuffzehn Jahre stolze Erfolge«. Ich sage zu mein Sohn, wo uns abjeholt hat: Von wejen bloß Erfolje! Der Bengel hat euch ja auch ziemlichen Ärger jemacht. War nur ein Späßken von mir, denn als aufjeklärter Mensch weiß ick natürlich, desse an denselben Datum bei uns die Republik ausjerufen ham. Aber ick hab ebent schon immer einen jewissen Sinn für weltjeschichtliche Paralilien jehabt, und auf diese Art und Weise ließ ick denn auch meinen Toost auf die Jeburtstagsfeier steigen. Von mein Sohn der Parteisekretär war janz schön jeplättet, weil er dis nämlich auch in seine Festrede hat wollten einflechten. Dis hatte er sich sojar mit Schreibmaschine aufjeschrieben, damit er es nicht verjißt. Nachher hat er aber ein Schnäpperken mit mir jetrunken und jesagt: Na, denn prost: auf alle beiden Geburtstagskinder und auf den goldenen Boden vons Handwerk in unseren Staat! Dis letzte war mir schon wieder 'n bißken zu pullitisch, denn was weiß son Parteimensch schon von meine Sorgen, wo der obendrein noch Schemiker is wie mein Sohn!

Mein Jroßer is ja leider nich Frisör jeworden, wie ich mir dis immer jeträumt habe, aber als Schemiedoktor steht er sich auch janz jut. Jott, wissense, wenn ick noch vor fummzehn Jahren denke, wo dis Jeburtstagskind sein Erdenwandeln anjetreten hat. Mein Ältester, also der Vater von ihm, jing als erwachsener Mensch noch mal auf der Schulbank und machte sein Abitur nach. Meine Schwiegertochter fing auch jrade an zu studieren, und auf einmal war son kleines Balch unterwejens. Mutter hat jeheult wie'n Schloßhund, und ick hab jeschumpen und jesagt, so is richtig, jetzt schaffen sich schon Schulkinder Jören an! Jab doch neunundvierzig nich mal jenug zu präpeln, und in mein vernageltes Schaufenster hatte ick damals nur ein verglastet Kuckloch, durch dis ich immer nach bessere Zeiten Ausschau jehalten habe.

Aber was machense, wenn son Würmeken nu mal da is? Denn stehnse ja nicht einfach rum, denn fassense doch mit zu, indem desse

sich sagen: Irgendwie werden wir ihm schon jroßkriegen. Und was hat der Bengel in die erste Zeit jebrüllt, bei jede Gelegenheit und manchmal janz ohne Jrund. Und heute is dis nu schon ein richtiggehender junger Mann mit proppere Manieren, mit dense sich überall sehn lassen können. Nee, und was hat der Kleene nich alles durchjemacht! Alle Kinderkrankheiten, der Reihe nach, wie ausm Doktorbuch. Bleibense mal solange einjeseift, ick zeig Ihnen mal 'n paar Bilder. Na, sehnse dem dis heute noch an? Viel macht ja auch der Sport bei ihm, da is er janz jroß drin. Also nich, desse denken, er versäumt deshalb dis Lernen! Im Gejenteil, dies Jahr is er sojar in eine weitere Oberschule jekommen, und an seine schemischen Versuche jeht er ran wie Nettel an die Jänse. Kein Wunder! Er will ja auch mal Schemiker werden wie sein Pappa. Natürlich is er alles andere wie ein Musterknabe, und manches an seine Art jefällt mir weniger. Ab und zu jibt er an wie ne Tüte Mücken und läuft mit eine Frisur rum, also wie son Borschtenigel. Junge, sag ich zu ihm, zu meine Zeit trug man als anjehender junger Mann einen akkuraten Scheitel mit orntlich Pomade und 'n kleinen Mennjubart. Da könnteste villeicht sojar Furore machen bei deine Freunde, wenn du als jutes Beispiel eine schöne deutsche Haarmode wieder aufwärmst. So was spricht sich doch rum und wird wieder modern, jenau wie mit die Schlauchhosen. Sagt er: »Ick hab dir ja janz jerne, Opa, aber was wech is, kommt nich wieder!« Und er wird doch nich zum Jespött herumlaufen. »Mit die Hosen isses anders«, sagt er, »aber der Kopf is ja nich bloß fürn Frisiersalong da.« Sehnse, dis lernt die heutige Scheneratzjon alles inne Schule. »Die Jugend soll denken lernen«, sagte mein Sohn an den Abend. Was mir betrifft, also wir ham damals Rechnen, Schreiben, Naturjeschichte, Rillijon und die deutschen Kaiser jelernt, die kann ick heute noch vorwärts und rückwärts. Aber denken? Ick denke immer, dis lernt man alleine, und jeder denkt sich sein Teil, und wennse die janzen Teile von alle Menschen, was die sich so denken, wennse sich dis auf einen Haufen denken, denn hamse ein sojenanntes Denkjebäude vor sich. Und da jehn denn die Filosofen ein und aus und bringen drinne die Verzierungen an oder brechense wieder ab. Und dis soll nu son junger Mensch begreifen! Aber denken? Ick denke immer, dis lernt man alleine, und jeder denkt se an die so für Anforderungen stellen. Ich sage zu mein Enkel: Nu jehste auf hohe Schule und denn anne Universität oder Selma mater, wie der Jebildete spricht, und denn studierste sieben Jahre Schemie und machst dein Examen sojar mit krumme Laute. Und denn kommt der Staat und sagt: Mit sone porfunde Bildung können wir Ihnen prima als Herrenfrisör beschäftigen. Wo doch die Lehrlinge heute schon extra Schemiebücher bloß fürs Haarefärben in ihren jungen Grips hineinfressen sollen. Aber der Bengel muß ebent immer dis letzte Wort haben. Wissense, was der mir jeantwortet hat? Jut, Opa, dann komm ich in deine PeJeHa als Haarfärbe-Inschenjör und konstruiere eine Spritzpistole für anjegraute Köppe. Jott, der liest ebent zu ville subtropische Romane. Jewiß, in zehn Jahren kann sich noch mehr verändern wie in die letzten fuffzehn, aber irjendwo hat die Fantasie doch Jrenzen! Ick und inne PeJeHa? So siehste aus!

Frisör Kleinekorte als Sportskanone

Nehmse Platz, Herr Jeheimrat! Was gibsn Neues aufm Bau? Wieder Nachtschicht gehabt? Stehnse nich alleine mit da. Vorigte Nacht hab ick die Engel singen hören. Und dis kommt alles von den verdammten Sport. Also nich, desse denken, ick hätte 'n Muskelkater jehabt. Bloß vertragen tut man nischt mehr. Und was war ick mal für ne Sportskanone! Nich etwa, deß ick mir jestern überanstrengt habe, aber übernommen, will ick mal sagen. Und alles wegen den verdammten Sport. Unsere Kneipe nebenan is nämlich dis Vereinslokal von... nee, den Namen nenn ick lieber nich... jedenfalls von die Fußballer, ne kleine unbedeutende BeEsJe. Und die ham jestern mit ihre fünf Ehrenzuschauer, wozu ick ebenfalls zähle, ihre zehnte Niederlage in diese Säsong bejossen. Knochenmüller, der große Klassestopper, hat gleich ne Lokalrunde jeschmissen, weil ihm die Flasche von Schiedsrichter wegen faires Umrempeln vom Platz jestellt hat. Wissense, son oller Mann wie ick kann ebent keine harten Sachen mehr verdauen, seit ick nich mehr selber als Sportler aktiv bin. Aber die jungen Spunde – ick muß nur staunen, wo die ihre Kondition zu solche Abende hernehmen!

Also verlangense heute bloß keine Koppmassage von mir, die könnt ick selber jebrauchen. Früher war man ja ein janz anderer Kerrel. Kaum, deß ick meine Lehrzeit runter hatte, und die ersten Jesellengroschen klimperten in meine Tasche, da wurde ick stantepede revolutzjonär: Ick haute bei meinen Lehrmeister in Sack und trat in den natzjonalen Turnverein »Deutsche Eiche« ein, wo mein neuer Meister, ein jewisser Schreyvogel, in Vorstand war. Turnen is deutsche Mannespflicht, sagte der olle Schreyvogel, und der Kaiser braucht kräftige Krieger, und jelobt sei, was hart macht.

Nu war ick man damals bloß son Hämeken, wo Se dis Vaterunser konnten durch die Rippen pusten. Darum mußte ick für jewöhnlich als letzter von unsere Turnriege antreten. Und wenn wir unser »Frisch, fromm, fröhlich, frei!« in die Turnhalle schmetterten, verfing sich mein Athletentenor immer in dis breite Kreuz von unsern Meisterturner Peschke, der später als Fahnenschmied vor Verdöng ins Jras jebissen hat. Aber der Mann war eine Seele von Mensch und hat mir ans Reck hochjehoben, wenn ick meine berühmte Riesenwelle hinlegte. Jott, und heute jelingt mir höchstens noch ne Dauerwelle, hahaha.

Aber daraus sehnse, deß wir damals noch richtigjehende Inwidialisten waren, im Gejensatz zu unsere jetzigen Turner, die nur immer trainieren müssen, deß sie auch ja die ausländischen Punktrichter jenügend auffallen. Son System kannten wir noch nich und hätten wir auch strikte abjelehnt. Bei uns jalt noch dis Wort von Bismarck (oder isses von Kaiser Friedrichen, der nur neunundneunzig Tage regiert hat?): »Deutsch sein heißt, eine Sache um ihrer selbst willen tun.« Übrigens gibs jetz ein neues Haarwuchsmittel. Es hilft zwar auch nich, aber es riecht jut.

Wie ick nu mit meinen Splitter im Arm ausm Kriech kam, hatte sichs ausjeturnt, aber irgendein Sport mußte ja sind. Dis war noch dis beste in diese unruhige Zeiten. Und was unsern Radfahrverein „Zugvogel" betrifft, den ick jahrelang anjehörte, da mußte jeder, der von Pulletik anfing, gleich ne Mark in die Vereinskasse legen. Und ne Mark, dis war damals ebent noch ne Mark. Wie siehts denn heute mitm Sport aus! Alles pullitisch! Denn liegense dauernd die Athleten ins Ohr, deß der Sport nur im Frieden... und so. Also ick kann Ihnen nur sagen, wir hatten damals unsern Frieden und einen selbstjemachten noch dazu. Mit den heutigen Sport hatten wir damals nur eines jemein, und dis war die Parole: »Hinaus in die Ferne!«

Tschuldigense, deß ick von mein Faden abschweife, aber bei mir kommt alle paar Wochen sone Art Schriftsteller, son verkümmerter Jeistesriese, wo sich bei mir einen Römerkopp schneiden laßt. Wie ick den nu frage, ob er auch immer in die Länder hinfahren tut, wo sich seine Bücher abspielen, sagt er janz trocken, er ist doch kein Spitzensportler. Son Quatsch! Als ob Spitzensportler Bücher schreiben. Da konnte ich ihm nur noch auf lateinisch antworten: Mensch, sana in corpus delicti, zu deutsch: Bleibe im Lande und nähre dir redlich!

Jott, wo war ick denn stehnjeblieben? Richtig, in meine Zugvogelzeit. Muttern dürfense ja mit diese Erinnerungen nich kommen. Die mußte, wenn wir unsere Touren machten, immer zu Hause bei die Kinder bleiben, was ja andererseits natürlich is. Geärjert hatse sich bloß über unsere weiblichen Zugvögel, die mit ihre jeschlitzte Radfahrröcke ne mächtig flotte Figur abjaben. Und dabei waren dis janz bescheidene Sportsmeechen, keine Kuckubienen, wie Muttern dachte.

Heute haben sich je diese marzipanierten Weiber so langsam in alle Sportsorten reinjeschlichen, wobei ebent die frauliche Anmutigkeit –

könnse sagen, was Se wollen – doch ein jewissen Schaden nimmt. Lassense mal die Ingrid Krämer noch zwanzig Jahre ihren Köpper von zwanzig Meter runter machen, denn isses eines Tages doch aus mit die Joldmedalljen, wohingejen ick auf meine alten Tage immer noch meinen Spaziergang mache und jeden Morgen fünf Kniebeuge, oder glauben Sie, ick könnte sonst noch täglich mein Frisörgeschäft leiten? Olympiaverdächtig werd ick damit zwar nich mehr, aber fürn jreisen Bartkratzer isses ziemlich beachtlich.

Apropoß: Was mir an die Olympiade nich so richtig paßt, dis is, desse da keine Berufssportler zulassen. Besonders merkense dis bei die Boxer. Mann, was waren dis noch für Zeiten, als hier in Berlin Breitensträter und Samson-Körner sich so Stücker zwölf oder fuffzehn Runden lang die Ohren zu Blumenkohl zermatschten! Nich etwa, deß ick ein brutales Jemüt habe, aber Boxen is ebent ein Sport für harte Männer. Tschuldigense, mir zittert noch so die Hand von jestern, aber ick habe hier 'n juten Blutstiller. Wie da in Tokio der Spanier oder Südamerikaner den Ringrichter vermöbeln wollte, da war auf einmal wieder son bißken von die jute alte Sportpalaststimmung da. Natürlich bin ick auch kein Freund von so was, bloß ein jewisses Publikum will nu mal sone Sachen sehn, und als Ersatz treibt es die Menschen bei uns denn auf den Fußballplatz, wo es wenigstens ab und zu mal knallt.

Jott, ick steh hier und quassele. Und dabei muß ick losjehn und Muttern von Stadtbad Mitte abholen. Die hat doch neuerdings jede Woche ihren Schwimmtag und macht auf diese Weise wett,was se in ihre Jugend versäumt hat. Nu reden Sie mal mit die olle Frau!

Frisör Kleinekorte als rüstiger Reiserentner

Nehmse Platz, Herr Jeheimrat! Was gibsn Neues aufm Bau? Wieder Nachtschicht gehabt? Na, wartense mal, zur Feier des Tages kann Ihnen Mutter 'n echten Kaffe mitbrühen: Jacobs Kaffe – ein Kaffe mit Niwau für höchste Ansprüche. Staunse, was? Wir sind nämlich jestern direktemang von Frankfurt am Main zurückjekommen. Konnt ick doch meinen Justav wieder in die greisen Vaterarme schließen.

Ach, Sie ahnen jar nich, was dis für ein erhebendes Jefühl is, wenn Se gleich in die staubige Bahnhofshalle erst mal sone richtige Neese voll freie Westluft inhalieren! Und die Luxusvilla, wo Justav drin wohnt! Natürlich nich seine eigene, sondern von den jroßen Textilfabrikanten Emmerich & Co., wo er die Heizung leitet und den Rasenmäher fährt. Also, unter uns jesagt, son Stücke besserer Hausmeister. Aber einjerichtet is der, womit ick wiederum Emmerich & Co. meine, sehr jediegen. Meistenteils Stihlmöbel, manche Stihle sojar mit krumme Beine, aber dafür verjoldet.

Und die dicken Teppiche müßtense erst mal sehn! Und was noch schöner is: Justav braucht in seine Sutterängwohnung jar keine. Da lauft die janze Familie auf Falke-Plüsch – der Teppich im Schuh, ne janz dolle Erfindung, und obendrein sparnse noch den Staubsauger ein. Und wenn Justav heizt... nich etwa als Kuli, da könnte er bei die moderne Ölheizung sojar im Schmoking heizen. Apropoß Öl: Ick mach Ihnen nachher mal original Brisk-Pomade rein. Da glänzense wie ne Speckschwarte und stinken wie'n Wiedehopp oder besser jesagt wie Emmerich und Co. persönlich.

Sehnse, dis is nu mal der Vorzug an die westliche Demokratie: Der Arbeitgeber verwendet heutzutage dieselbe Pomade wie der Arbeitnehmer, und daher spricht man von Sozialpartnerschaft. Was meinse, wie sozial sich Emmerich & Co. benimmt. Also nich nur, deß er Justaven seine jetragenen Anzüge vermacht und ihm reichlich mit jute

Zigarren versorgt, nein, der Mann hat mir sojar eingeladen, weil er doch selber keine Rentner mehr kriegt.

Jott, wissense, 'n bißken komisch wird einen, wenn Se in die ihre freie Welt son richtigjehenden Müllionär so Auge um Auge gejenübersitzen, trotzdem der Mann sojar selber Brötchen holt. Justav hat mir vorher die Hölle heiß jemacht mit seine jutgemeinten Ratschläge: Also, Vater, hat er jesagt, deß du nich dis Wort DDR aus Versehen hinfallen laßt, wenn Herr Emmerich mit dir spricht. Da is er sehr empfindlich, und dis wirkt sich denn auf mir aus. Und wenn er auf die Juden schümpt und sagt, die machen sich in Frankfurt schon wieder breit, denn jibste ihm recht, denn schließlich eß ick sein Brot.

Na schön, ick wollte ja den Jungen nich um sein Brot bringen, wo er doch so froh ist, deß er in die freie Welt unterjekommen is. Ick nu also rin in den feinen Mercedes, und Emmerich & Co. hat mir Frankfurt erklärt. Is ja erstaunlich, was die so für ihre Versicherungen tun. Piekfeine amerikanische Jlaspaläste, und da dürfen sojar die einfachen Anjestellten drin arbeiten und denselben Lüft wie der Herr Direktor benutzen. Ick sage zu Emmerichen, warum se da mittenmang sone unmoderne Kabache ham stehnlassen. Sagt er, dis is Joethens Jeburtshaus, und wenn se uns erst mal befreit ham, lassense dis Ding nach Weimar schaffen, damit der janze historische Krempel auf ein Haufen steht. Sehnse, dis hat mir schon an den Mann jeärgert, aber ick mußte ja an Justaven denken, und darum hab ick nur bescheiden vorjeschlagen, deß er man auch gleich seinen ollen Römer abreißen und den Papst vor die Nase bauen soll. Is er jar nich drauf einjegangen. Aber passense auf, jetzt kommt dit Schönste, und darauf nehmse erst mal 'n Jägermeister. Deutschlands meistgetrunkener Halbbitter. Sagt doch Emmerich, jetz jehn wir essen, und er weiß sone janz kleine intime Speisewirtschaft, nich so was Unpersönliches wie die jroßen Restaurants. Na, dacht ick so bei mir, wo ick mir extra in meinen juten Vorkriechsanzug jeschmissen habe. Aber Müllionäre sind nu mal extraverkantet, und darum ließ ick dis Kind die Bulette.

Wir also rin. Der olle Kellner is gleich wie dis Rasiermesser hier zusammenjeklappt. Bitte sehr, Herr Emmerich hinten und vorne, darf ich dis Übliche bringen? Und der andere Herr? Ick sage dito. Und was bringt der Kerrel? Sülze und Bratkartoffeln. Is so ein Nümbus von ihm, erklärt mir dieser Textilfritze. Jeder Frankfurter weiß, deß Emmerich junior hier immer dieses Hausmachergericht ißt. Nu sagense selber: Hab ick davorhalben mein Reisepaß beantragt? Erst wollte ick sagen, nagelnse sich doch 'n Salzhering an Tisch und leckense dran, dis is noch ville origineller. Aber denn fiel mir wieder Justav ein, und ick hab ihm quasseln lassen. Bloß wie er immerzu mang die Remulade vons Abendland jeredet hat, hab ick aus Daffke jesagt, deß ich sojar ein Morgen Land habe, und zwar an die Strecke nach Hoppegarten raus. Zum Schluß hat er man jrade ein kleinen Doornkat spendiert, weil er doch den Mercedes selber fährt. Gibs bei Ihnen bestimmt nich, mein lieber Kleinekorte, hat er jefragt. Nee, hab ick janz trocken jeantwortet, bei uns jibs gar nischt, sojar die Puffs hat die Partei dichtejemacht. Denn hatte er es auf einmal sehr eilig.

Hoffentlich hab ick nischt Falsches jesagt, denn Justav is ja drüben auch nich mehr der Jüngste, und der Junge steht sich da wirklich nischt aus. Bloß det er ebent mit die Wölfe heulen muß, vor allem sonntags inne Kirche, weil Emmerich & Co. da Wert drauf legt. Aber reinlegen tut er seinen Chef doch, indem er nämlich nich mitsingt, sondern einfach bloß den Mund auf- und zumacht. Und dis is wider dis Schöne. Daran kann Ihnen im Westen keiner dran hindern.

Ach, und stellnse sich vor: Schimburchen hab ick drüben wiederjetroffen, mein früheren Jehilfe, der damals abjehaun is, wenn Se sich entsinnen. Der is jetz Vertreter für kosmetische Artikel und muß sich mit seine Plattfüße janz schön die Hacken abrennen. Und der hat mir einjeladen zu den berühmten Appelwein, der unsereinen ja sämtliche Löcher zusammenzieht. So etwa nachm dritten Glas hat er denn 'n bißken jeweint und jesagt, nächsten Tag weint er nicht mehr, und da drüben in Frankfurt hat er zumindestens seine Freiheit und kann weinen, sooft er will. Und zum Abschied hat er mir allerhand Proben aus seinen Musterkoffer jeschenkt.

Auf die Art und Weise bin ick nu endlich wieder zu Julius Wolffs Schuppenpomade jekommen, und insofern hat sich die Reise jelohnt, wenn ick mal von Justaven absehe. Muttern nimmt nu jeden Tag Hormocenta, welche der jroße Sauerbruch noch persönlich erfunden hat, und ick warte bisher verjeblich auf den Verjüngungserfolg. Aber ick glaube, dis schlägt bei Ostbewohner jar nich an, weil da ebent auch die freie Westluft dazu gehört. Dafür mach ick Ihnen noch Vau O fünf inne Haare, dis enthält fünferlei Würkstoffe. Und denn tunse mir auch den Jefallen und schreiben diesmal nischt von unser Jespräch hinterher auf und lassens drucken. Meinswegen könnse dis schon, denn dis is ja Reklame für meinen Salong. Aber hamse ein Herz und denkense an Justaven! Schließlich is ja Emmerich & Co. beinah wie'n Vater zu ihm. Und was wollense von son Müllionär schon groß verlangen? Der Mann kann ebent auch nich aus seine Haut raus.

Frisör Kleinekorte hat Liebeskummer

Nehmse Platz, Herr Jeheimrat! Was gibsn Neues aufm Bau? Wieder Nachtschicht gehabt? Also was mir betrifft: Ick hab vorigte Nacht so jut wie jar kein Auge zugedrückt. Jott, warum soll man sich nich mal mitn alten Kunden wie Sie 'n bißken aussprechen? Is doch menschlich, wat? Ick bin ja nu ein Mensch, der alles immer so in sich reinschlucken tut. Aber wartense mal, dis sagt sich besser bei son kleinen Tröppken. Sie nehmen doch auch einen? Was son richtiger Balbier vom alten Schlage is, der hat ja nich bloß Haarwasser in seine Pullen. 'n berühmter Berufskollege von mir, der Fritze Bollmann aus meine Heimatstadt, der is ja auch in Wirklichkeit nich aufm Beetzsee als vilmehr inne Branntweinpulle is der ersoffen.

Die Ärzte ham ja jesagt, dis soll Krebs jewesen sind, aber was mir so – mal wissenschaftlich ausjedrückt – in eine spanisch-depressive Stimmung versetzt, dis kann ebent kein Doktor kann dis heilen. Wissense, dis sitzt hier janz tief drinne sitzt dis. Dis is mehr so dis olle Herz, wo einfach nicht begreifen kann, desses alt wird. Aber gehn wir mal chronisch vor.

Ich hab doch 'n Laubengrundstück auf der Kolonie Feierabend, da draußen nach Hoppegarten raus. Son bißken was Jrünes braucht der Jroßstadtmensch, wo er mit eigene Hände die Zwiebeln und andererseits auch die Astern ans Sonnenlicht verhilft – per astera ad astra, wie der Jebildete spricht.

Jott, und dis Järtchen war unsere stille Freude, seit die Kinder aus Haus sind. Für die Nägel von die Laube, wo ick mit jroße Lettern Villa Sangzussi ranjepinselt habe, hab ick damals noch ein echtes Solinger Messer und zwei Karnickel jegeben.

Und nu freunse sich an jedes Hälmeken Unkraut, was da wächst, und auf einmal schreitet dis Schicksal in Jestalt von meine Ehehälfte und ... aus – vorbei, Sense! Nee, nich, deß wir dis Jrundstück mußten schon räumen. Sie werden lachen, aber Jott Amor persönlich hat dis Kriechsbeil ausjegraben, wenn ick mal so sagen darf. Und dis kam alles durch dis verfluchte Erntefest. Wir ham doch da ein sogenanntes Eigenheim inne Kolonie – ick kann Ihnen ja zwischendurch schon mal einseifen –, also son massiver Bau, wo die Versammlungen tagen und sich 'n kleiner Ausschank befindet sich da. Und da wird denn ebent noch mal einer flottjemacht, wenn die Säsong zu Ende jeht, die Vöjel gen Süden ziehn und Mutter die langen Unterhosen rauslangt. Jeder Kleingärtner legt 'n dicken Kürbis oder ein andern Zuchterfolg auf dis Podium vorne, und Maler Matzke, was unser Vorstand is, malt ein Transpirent, deß die Kleinjärtner fürn Frieden sind und pipapo, und denn jehts rund. Bier und selbstgezogener Stachelbeerwein und ne kleine Kapelle und Lampingjongs und Tanz im Freien und so.

Nu sind seit kurzem Ponerts vonne Kolonie runter und neue Jartenfreunde auf dis Jrundstück, ne jewisse Witwe Linnekogel mit ihre Stiefschwester – stille, feine Menschen. Jott, man kümmert sich ja sonst um keinen. Aber wie dis so is: Mutter hatte mit die Tombola zu tun und ausdrücklich jesagt, ick soll mir man feste amüsieren. Nu bin ick ja kein Kind von Traurigkeit und hatte auch schon 'n Kleinen jepichelt. Ick also ran wie Hektor an die Buletten, und ick schwör Ihnen, dis war reiner Zufall, deß ick jrade die Witwe Linnekogel erwischte. Jott, se spielten jrade Kornblumenblau, und mir nanntense ja vor vierzig Jahren den Walzerkönig von Lichtenberg. Und dis Meechen tanzte wie die Jlasbläserpüppi von Jerhart Hauptmann, wenn Se dis Stück noch kennen. Nu frag ick Sie, was machense als Kavalier von die alte Schule, wenn Sie sone Frau in Arm jehalten ham? Sie spendieren ihr ein Jlas von die edle Stachelbeerrebe. Nehmse mal auch noch einen, solange der Vorrat reicht! Mir zittert direkt dis Messer, wenn ick an diese lauschige Oktobernacht zurückdenke. Wissense, sone richtige dralle Person mit des Herbstes jüldene Früchte unter die Bluse, und Mutter war noch immer mang ihre Tombola beschäftigt.

Nu sagt man ja, im Wein liegt Klarheit, und auf einmal, wie se sone Kulleraugen macht, fallt es mir wie Schuppen vonne Augen. Meechen, sag ick, dir bin ick schon mal in ein früheres Leben begegnet. Die – nich faul – sagt gleich, dis merkste ziemlich spät, wenn du wirklich Willem Kleinekorte bist. Dis Orschester spielte, weiß ick noch janz jenau, spielte jrade Lappaloma, und draußen kam son sachter Säuselwind auf, und die Lampingjongs funkelten wie kleine Glühwürmchen. Lucie, sagte ick und merkte, wie mir die Zigarre ausgeht. Is es doch tatsächlich die schwarze Lucie von vor vierzig Jahren. Wie oft hab ick damals mitn Blumenstrauß vor Wertheim gestanden, wo die Kleine als Verkäuferin inne Miederwarenabteilung war. Aber damals hatte sie jroße Rosinen im Kopp und hat mir nur einmal mit ihr ins Haus Vaterland jelassen, und denn is mir der olle Dorkert inne Quere jekommen, der sich später dotjesoffen hat.

Jott, wissense, da fehlte bei mir bloß son bißken Kurasche, und dis wollen ja die Frauen, und man war ebent damals ville zu anständig. Scharf nachwaschen? Und dis stieg an den Abend alles in mir hoch, und sie sagte, sie is immer so ofte alleene, und die Luft da drinne is so verbraucht. Jut, sag ick, wir können ja mal im Freien jehn. Jalant wie ick bin, und weil dis so dunkel war, hab ick ihr natürlich unterjehakt, und wir sind so pöapö den Hauptweg runterjewandelt. Ick machte ihr noch auf den interessanten Viertelmond aufmerksam, weil sich in sone Momente immer der stille Dichter in mir meldet.

Und sie sagte, desse nischt so sehr liebt wie Jemütlichkeit. Und dabei strichse mir so sachte über der Glatze und erzählte, wie nett sie einjerichtet is und deß sie immer ’n juten Schluck im Hause hat. Also nich, desse denken, ich hätte schlimme Absichten jehabt – son alter Mensch is ja in diese Beziehung janz anders, aber wie soll ick sagen, na, Sie verstehn mir schon. Hinter Lehmanns Plumpe zirpte noch ne übriggebliebene Grille, und ick dachte so bei mir, wer weiß, wenn dis damals jeklappt hätte ... Na, und denn war der janze Zauber mit einmal im Eimer und meine Frau ran. Die mußte es wohl einer jestochen ham. Jeschumpen hat se nich, bloß jesagt, Willem, es is Zeit, du mußt morgen früh im Laden stehn. Aufm Nachhauseweg hatse kein Wort jesprochen. Aber seitdem jehtse nich mehr mit in Jarten und sagt, dis is vorbei und sie laßt sich nich von die Leute inne Kolonie bereden, wegen son ollen Bock wie mir.

Und nu is mir auch noch dis Stücke Grün da draußen verleidet. Zum Frühjahr werd ick wohl den Jarten aufjeben. Sehnse, so is dis eben im Leben. Das Schicksal läßt sich nich ungestraft in den Rachen reingreifen, denn schnappt es zu. Nachts träume ick nu immer janz heimlich von Lucien, wie se noch jung und knusprig war. Was mir einzig und allein tröstet, dis is, desses in die rauhe Wirklichkeit jenauso zujeht. Alle tun bloß immer so, als ob ihnen der Hafer steckt, und dabei is dis Fremdjehn sogar bei die jungen Leute völlig abjekommen. Brauchense sich bloß mal son modernes Theaterstück ins Fernsehen oder überhaupt so ankieken. Nehmse ruhig noch einen! Man hat ja sonst weiter nischt!

Frisör Kleinekorte hält nichts von Politik

Nehmse Platz, Herr Jeheimrat! Was gibsn Neues aufm Bau? Wieder Nachtschicht gehabt? Jott, wissense, ick bin man auch noch ziemlich dun. Mutter hats gleich gesagt und wollte den Hausschlüssel nicht rausrücken. Und dabei hatt ick mir bloß aufn jeflegten Schkat im »Blauen Affen« jespitzt. Wie ick hinkomme, sitzt außer mir und 'n paar junge Spunde nur noch Fritze Ladentin da. Fritze is ja soweit 'n janz juter Kerl, und deß ihm der Sinn fürs Höhere fehlt, dafür kann er nich. Schließlich is er bloß immer Arbeiter jewesen und hat nie Janghofern und Friedemann Brachvogel jelesen. Nu hat er auf seine ollen Tage noch Minderheitskomplexe jekriegt und versucht sich nachträglich zu bilden. Jede Woche rennt er in die Bücherei und holt sich Tolstoi, Jorki, Romäng Roland und wie die janzen Russen heißen. Und denn liest er dauer so Schilderungen übern letzten Kriech, wie die Abenteuer von Werner Noll und so. Und dabei hamse ihm selber inne letzten Kampftage noch 'n Lungensteckschuß verpaßt. Wie wir nu so ohne dritten Mann rumsitzen, sag ick, Fritze, sag ick, warum laßte denn nich endlich die Verjangenheit ruhn? – Dis verstehste nich, Willem, sagt er, ick muß nämlich wissen, wie dis alles jekommen is. Sehnse, sone Leute begreifen ebent nie, des alles Übel nur vonne Pulletik kommt.

Was mir betrifft – ick hab mir immer rausjehalten, und wenn Se dis mal logisch betrachten, hab ick also keine Schuld an den janzen Schlamassel von damals. Darum hab ichs auch nich weiter jebracht als bis zum kleinen Herrenfrisör. Tschuldigense, mir zittert die Hand, weil ick mir so aufrege, wenn ick nur dran denke. Wir hatten inne Hitlerzeit hier son Joldfasan von Obermeister, 'n jewisser Stieselack, der wollte mir immer für die SA jewinnen. Aber ick wär mir einfach zu dusselig vorjekommen in die olle kackbraune Uniform. Und außerdem kriegte ick wegen meine Kriechsverletzung den rechten Arm nich hoch jenug und wäre davorhalben beinah mal von son Hitlerpimpf anjezeigt worden. Dis jlaubense jar nich mehr, wie politisch es damals zujegangen hat. Wie denn Stieselack mit seine Strolche – sojar 'n Studienrat war dabei – den Frisörladen von den kleinen Juden Salomon zertöppert hat, und die janze Familie hat er aufm Jewissen ... Nee, dis war nich richtig. Während unsere braven Soldaten in Rußland und Frankreich für die Heimat kämpften, hat sich Stieselack als Kreisleiter 'n dicken Hintern anjemästet und alle, die heimlich London hörten, hinter Jitter und noch weiter jebracht. Und stellnse sich vor – heute sitzt er irgendwo in Niedersachsen und macht 'n Stadtrat. Hat bei uns inne Zeitung jestanden. Ick weiß nich, ob ick unsere pullitische Propaganda dis glauben soll. Wenn der Mann wirklich noch lebte, müßtense den da drüben längst einjespunnt haben. Fritze Ladentin meint aber, dis is ebent die ihre Pulletik, desse diese Strolche nu janz reinewaschen wollen, weil se ihnen noch brauchen. Sehnse, darum kann mir keiner mehr mit Pulletik kommen. Der kleine Mann is doch bloß der Dumme.

Bei Kaiser Willem jab es jar keine Pulletik, da jab es nur noch Deutsche. Und darum hamse vierzehn bei Langemarck janz laut dis Deutschlandlied durften singen, ehe se mitn Bauchschuß krepierten. Und denn haute Willem in Sack und war auf einmal ne Art Fliegender Holländer. Und denn hamse uns die joldenen zwanziger Jahre nich jegönnt und ham immerzu Pulletik gemacht. Nehmse mal den Kopp 'n bißken höher! Was war denn fümmenvierzig noch übrig von den janzen Krempel? Wie ick vom Volkssturm zurückkam, hättense mal mein Laden sollten sehn! Da hatte die SS 'n Befehlsstand draus jemacht und wollte partuh die Straße verteidigen. Und bei der Jelegenheit kam ne Granate durch die Scheibe jesaust und haute beinah die janze Einrichtung in Klump. Glaubense, ick hab mit Muttern mang die zerkloppten Waschbecken jesessen und bitterlich jeweint. Denn ham wir Bretter vors Schaufenster jenagelt und notdürftig 'n bißken was zusammenjekittet. Und der erste Kunde war ein russischer Offizier. Ick hab gleich die Hände hochjehoben und jedacht: Heidewitzka, jetz jehts ab nach Sibirien. Machstes mal auf die rein menschliche Tour, denk ich und sage: Ruski gut. Karascho, Genosse. Ich nix Nazi, immer gegen Pulletik, ponjemai? Sagt der janz auf fließend: Solche pullitischen Idioten wie mir müßtense eigentlich auch einlochen. Hab ick nie begriffen. Denn ließ er sich aber nur die Haare schneiden. Und weil er kein Barjeld hatte, jab er mir ne Pulle Wodka. Und dis war unser Segen. Ick habse mir verkniffen und gejen zehn Päckchen Süßstoff einjetauscht. Dafür gabs damals ne Fuhre Brennholz und dafür ne Stange echte Amis. Die hab ick aufm schwarzen Markt für zwanzig Kilo Nägel und zehn Rollen Dachpappe verscheuert. Und damit bin ick denn über Land jefahren und hab mir so durchjehamstert. Was wolltense denn machen? Mit Rasieren konntense sich ebent damals nich über Wasser halten.

Später – ick meine, jestern abend – kam noch Jastwirt Wuttke an unsern Tisch, den se fümmenvierzig wegen Schwarzbrennerei am Kanthaken hatten. Aber aus dem Schkat wurde nischt mehr. Wir kamen so ins Erzählen, und eine Runde jab die andere. Jott, was man damals alles durchjemacht hat! Nu war der Kriech vorbei, und man konnte trotzdem nich leben und nich sterben. Unser schönes Vaterland hattense aufjehauen wie eine Groschengeige. Dis können Sie sich als junger Mensch gar nich mehr vorstellen. Aber wie man jrade dachte, nu is alles vorbei, da müssense doch wieder neue Parteien aufmachen und schon wieder ne neue Pulletik. Ladentin hatte ja mang uns Unpullitische jestern 'n ziemlich schweren Stand. Der is nämlich gleich nachm Zusammenbruch inne Partei reinjetreten, und da is er heute noch drin. Aber dis is nich so einer. Mit den könnse reden, und 'n anständigen Schkat spielt er sonst auch. Bloß in pullitische Fragen ist er mächtig eigensinnig. Nu ham wir ihn ja ordentlich in der Zange jenommen. Wuttke meinte: Pulletik, dis is, wenn man pullitisch wird, und dis hat er gar nich gerne in sein Lokal. Sagt Fritze: Wollt ihr euch denn wieder eute Läden kaputthauen lassen wie damals? Dusselige Frage, sag ick und spendier noch drei Boonekamp. Kriech gibs keinen mehr, sagt Wuttke, weil die Leute längst die Schnauze voll haben. Richtig, sagt Ladentin, aber nur wenn die Friedenskräfte stark jenug sind, und denn mußte er mal raus. Unterdessen hat uns Wuttke rasch noch 'n Doppelten einjeschenkt, und wir beide ham so von Mann zu Mann die Lage jeklärt. Also wenn wir was zu sagen hätten, dürfte es keinen Kriech mehr geben, und wer wieder anfangt rumzustänkern, kommt inne Klapsmühle oder ins Kittchen. Und sone wie Stieselack und Konsorten kriegen lebenslänglich, denn Wuttke und ick waren schon immer gejen die Nazis. Und wenn die Nazis wech sind, schaffen wir die Müllionäre ab, weil einer alleine gar nich so ville Jeld verdienen kann. Und denn machen wir alle Atombomben kaputt, demoralisieren in janz Deutschland die Soldaten und schicken ihnen nach Hause. Und wenn wir soweit sind, müßten noch irjendwie die Jrenzen und die Mauer verschwinden...

Also ich sage Ihnen, wir hatten uns derart in Feuer jeredet, deß wir Fritze Ladentin erst jewahr wurden, wie der längst wieder an Tisch saß. Aha, sagt der und grinst so ulkig, kiek mal an, jetz seid ihr ja mitten inne Pulletik. Wieso denn, sag ick, aus uns spricht bloß der jesunde Menschenverstand. Mit Pulletik hat dis nämlich jar nischt zu tun. Na, denn prost, sagt er und stoßt trotzdem mit uns an. Wissense, manchmal frag ick mir, ob die vonne Partei nich janz im jeheimen auch so ähnlich denken wie wir.

Frisör Kleinekorte hört die Glocken läuten

Nehmse Platz, Herr Jeheimrat! Was gibsn Neues aufm Bau? Wieder Nachtschicht gehabt? Wenn ick Sie einen juten Rat jeben darf: Schlafense tüchtig Vorrat, es kommen bald wieder schlümme Zeiten, womit ick in erster Linie dis heilige Christfest meine. Also nich etwa, deß ick was gejen die juten, alten deutschen Bräuche habe – nee, die HO soll ruhig ihren Reibach machen. Wir Jeschäftsleute sehn ja diese Zeit sowieso als Hochkonjunktiv an. In mein Schaufenster – werdense sicher jesehn haben – steht schon seit Bußtag son kleiner Weihnachtsmann mit ein eigenhändig von mir jemalenes Schild:

Vor Kerzenschimmer, Kinderglück
und fetten Gänsebraten,
vor Tannduft und Glockenklang
und Pastors fromme Worte –
wollt ihr nicht wie der Nikolaus aussehn,
muß ich der Kundschaft raten:
Laßt schneiden eure Haare euch
bei Meister Kleinekorte!

Apropoß Jeschäftsleute: Ick bin ja in diese Beziehung man bloß ein kleiner Barsch, aber nehmse zum Beispiel meinen Freund Schlächter Meuseln, denn hamse schon ein janz reputierlichen Hecht in unsere Handelsjewässer vor sich. Was hat der Mann vorigtes Weihnachten abjesahnt, wie die janzen Onkelns und Tantens vom Westsektor anjerückt kamen. Nanu, was issen mit Ihre Haare los? Die stehn ja auf einmal zu Berge. Kriegen Sie etwa auch ... also da kann ich Sie janze Schauerjeschichten erzählen. Und dis söhnt mir auf die andere Seite auch wieder mit Meuseln aus, der ja viel schlümmer jelitten hat als wie ich und meine Frau.

Jott, wir sind ja die Feiertage meistensteils alleine. Mein Sohn, der Schemiker, hatte uns zwar nach Halle einjeladen, aber wir ollen Leute sind nich mehr für son Trubel und wollen lieber mitten unter uns selber bleiben. Ein kleines Bäumeken hatten wir jemacht, und ne solide Zweipersonenjans stach inne Pfanne. Dazu für Vatern 'n Schnäpperken und für Muttern ein Pülleken Schwarze Johanna, den trinktse nich so jerne und laßt mir die Hälfte übrig, kurz, dis Fest konnte beginnen.

Ick hatte jrade mein juten Anzug anjezogen, denn dadrin is Mutter sehr eigen, und wollte dis Jrammofon mit O du fröhliche aufziehn – auf einmal läutet die Türglocke. Mutter, sag ick froh jestimmt, dis is entweder dis Christkind oder die Volkssolidarität. Wie ick aufmache, steht da plötzlich ein wildfremder Kerrel inne Türe und fallt mir um Hals, und eine Frauensperson stürzt sich auf Muttern und heult los: Tante Frieda, Tante Frieda! Ich sage, hier muß wohl ein Irrtum vorliegen. Wenn Se zu Perlebergs wollen, die wohnen eins höher, aber die Frau heißt nich Frieda. Na, kurz und jrün, es handelte sich um meinen Neffen Oswald, den ick seit vierundvierzig nich mehr jesehn hatte. Damals hatten wir uns auf eine Familienfete verkracht. Der Bengel erzählte andauernd von die Rohproduktenhandlung, die sein Vater betrieben hatte. Nu kann ick Prahlerei aufn Dod nich ausstehn und sagte damals: Schöne Rohproduktion! Lumpenhändler war der Olle, und mitn Hundekarren und ne kleine Flöte is er durch Brandenburg jezogen, und so jab ein Wort dis andere, und denn kam dis Kriechsende. Wie nu Oswald so vor mir stand und feierlich sprach: Verjeben und verjessen, Onkel Willem, da wurde mir janz weihnachtlich in meinen Sinn, und ich sprach jerührt: Okee, Oswald, ick erinner mir auch noch an dein Heimkino mit die schweinischen Fülme. Siehste, sagt er, ick hab mir gleich jedacht, sone Erinnerungen schmieden zusammen, und deswegen hab ich gleich für meine Frau und mir Passierscheine für die Feiertage beantragt. Also nu stellte ick erst mal O du fröhliche ab – die Platte dudelte nämlich schon die janze Zeit, und Muttern kriegte ordentlich feuchte Augen und sagte bloß immerfort: Nu legt man ab, Kinder, legt man ab! Denn nahmse mir beiseite und meinte, ick soll man rasch mal bei Meuseln privat klingeln, und ob er noch 'n Stück Schweinekamm oder am besten gleich ne anständige Pute hat, und bereden lassen wir uns von die Westler nich!

Wie ich jrade los will, läutet unsere Glocke, wissense, die, wo früher im Laden jehängt hat. Ich mache auf und breite die Arme für den nächsten Neffen aus. Aber wer steht draußen? Ejon Meusel persönlich mit seinen Klotzjesellen. Und was schleppen die? Ihre große Fernsehtruhe und obendrauf Frau Meuseln ihre Pelzmäntel. Was denn, frage ick, kriegt ihr über die Feiertage den Maler? Nee, sagt Meusel, aber Besuch aus Steglitz, und die brauchen nich alles zu sehn. Is man mühsam jenug anjeschafft, der janze Plunder. Jut, sag ick, aber deine beiden Wartburchs müssen wir denn aufn Balkong schieben, ick hab nämlich auch Westbesuch, woraufhin sich mein Neffe Oswald mit seine Frau in aller Form vorstellte. Hättense mal sehn sollen, wie Meuseln die Luft ausjegangen hat. Verstehnse mir recht, sagte er zu Oswald, mein Besuch soll nur keine falschen Beschlüsse daraus ziehn und denken, so jut jeht es bei uns die janze Bevölkerung. Nee, warf ick ein, da haste recht, so ville Fleischer ham wir nich. Woraufhin die beiden die Kiste vom zweiten Stock in den Keller bugsieren wollten.

Jenau parterre hörten wirs denn frohes Fest rufen. Da ham sich nämlich Meusels erste Steglitzer die Kniescheibe an die Fernsehtruhe jestoßen, und da hattense allemann ihre Bescherung. Mir war dis ja direkt peinlich, und ick hab vor lauter Schreck Oswald gleich erst mal erzählt, deß wir im Sommer einen Platz im Handwerkerheim kriegen und deß man unsere Zijarren auch schon beinahe jerne rauchen kann. Oswald war janz perplex und jab gleich zu, deß er sich den Volkswagen von ein Arbeitskollegen geborgt hat. Zuerst fragte er mir noch, ob ick inne Partei bin, weil ick so rede. Wie ick sage, nee, packt er aus: zwei Paar Strümpfe und 'n Viertel Jacobs Kaffe für Muttern und für mir drei Schachteln HaBe – da hat er aber die janzen Feiertage von mitjeraucht – und zwei Pullen juten Meyer-Rum, wie er sagte. Dis war aber Verschnitt für dreifumzig, und den Preis hattense abjekratzt.

Trotzdem wär dies noch ein janz jemütliches Fest jeworden. Am ersten Feiertag saßen wir allemann bei Mutterns schönen Weihnachtsstollen – Oswald war schon als erster durch den Kontrollierpunkt durchjekommen und hatte mir sojar ne Schachtel Leichte Bruns mitjebracht. Auf einmal läutet wieder die Jlocke. Muttern kiekt mir an, ick kieke Oswald an. Der wird verlegen und jrient. Da sagt seine Frau: Onkel Wilhelm, es sollte eine Festüberraschung sein. Wir haben meinen Schwager aus Neuruppin mit Familie eingeladen. Bettwäsche bringen sie aber mit.

So hat es mir jejangen. Scharf nachwaschen? Glauben Sie an die Sache mit die zwölf heiligen Nächte, wo man träumt, was denn in Erfüllung jeht? Mir träumte nämlich mitten in die zwölfte Nacht, deß ick mit Muttern janz allein unter den ollen Tannebaum sitze und »Vom Himmel hoch« singe. Aber son Traum is bei Lichte besehn nischt wie ein Vater Morgana. In diesem Sinne: frohes Fest!

Frisör Kleinekorte bedient einen höheren Beamten

Nehmse Platz, Herr Jeheimrat! Was gibsn Neues aufm Bau? Wieder Nachtschicht gehabt? Jott, manche Leute können ebent nicht anders. Die müssen mit Jewalt die Nacht zum Tage machen. Dis Leben is ja heute so verdreht. Die Jugend steht nich mehr vorm ollen Mann inne Straßenbahn auf, zu Neujahr machense Tauwetter anstatt Schnee, und die neuen Häuser baunse ohne Kachelofen und mit eine sojenannte Fernheizung, womit Sie völlig auf dem juten Willen vom Staat anjewiesen sind.

Nu fragt man sich als kleiner Mann wie Sie und ick: Was mögen dis eigentlich für Menschen sind, die unserem Staat, wenn ich mal so sagen dürf, ihr Jesicht aufstempeln. Man kenntse vom Fernsehn und aus die Zeitungen, man horcht hin und liest, wenn se mal was Bedeutendes äußern, und alles, was ick von die Reden nich auf Anhieb kapiere – ick bin ja villeicht schon 'n bißken doof auf ein Auge –, dis laß ick mir von Robert Köppen erklären. Der war erst hier im Elektrowerk, un denn hamse ihm inne Kreisleitung vonne SED reinjeholt. Wissense, dis is der, wo ick Ihnen mal jesagt habe, wenn se alle so wären wie der... Übrigens hat er dieselben Sorgen wie Sie, ick meine, was die Haare betrifft, aber er is drüber raus und tragt seine Glatze mit Anstand. Und dabei kann sich der Mann nich mal 'n Auto leisten und sagt zu Fuß is jesünder. Und nu passense auf: Jetz komm ick in Metas Reis, wie der Lateiner spricht.

Also, es is ein freundlicher Wintertag, wo schon jar nich mehr so sehr dräut und sich bald wenden muß. Ich steh mit Herrn Kafforke auf Straße, kratz den Schnee vonne Bordsteinkante und sage: Es taut. Wie ich grade sage, es taut, spritzt plötzlich Dreck auf mein Kittel, und Herr Kafforke steht stramm. Vor uns hält nämlich ein riesengroßes schwarzes Auto. Jott, ich kenn mir mit die Marken nich aus, aber wenn der Trabant sprechen könnte, hätte er Majestät zu diesen Schlitten jesagt. Kafforke flüstert mir zu: Das ist doch der.., aber er kam wohl auch nich auf den Namen. Jedenfalls waren im Nu lauter Leute um uns herum. Der bedeutende Mann steigt aus und Kafforke und ick, wie wir sehn, der will in mein Laden rein, scheuchen die Leute wech. Wo hatt ick denn bloß dis markante Antlitz schon mal... also, mein Jehilfe und ick konnten ihn nich jenau unterbringen. Ick will die Ladentür aufreißen, aber Kafforke, der olle Kriecher, is zuerst da und macht 'n Bückling, als ob er einen runtergefallenen Pinsel auflangen will. Nu soll ja mal ein Kaiser den berühmten Tizian – kennse doch von die Haarfarbe, die er erfunden hat – den soll der Kaiser den Pinsel aufjehoben ham. Da sehnse, wie die Zeiten sich ändern. Hocherhoben schreitet der höhere Beamte in mein Salong und sagt mit Steintorstimme: Herbei, Meister Figaro!

Inne Opernwelt kenn ick mir nu aus wie kein zweiter, von Beethovens Florian, der eigentlich als Leonore ums Morgenrot fährt, bis zu Wagners Feuerwehrzauber, und darum verstand ick die feine Anspielung und entgegnete: Sehr wohl, Herr Jenosse, einmal Haarschneiden. – Den sein Jesichte hättense mal sehn sollen! Is ja auch keine Art von mir, ein hohes Tier mit Jenosse anzureden. Ick mache

denn auch gleich den Flohpah wieder jut, indem ick sage: Ich meine, Exzellenz, also vielmehr Ihre Exzellenz. – Dis jeht ihm runter wie Butter, und er nickt gnädig und spricht: Mein Frisör hat geschlossen, und ich habs eilig. Moderner Schnitt, Opa, sehr modern! Schließlich bin ich ein Mann der Öffentlichkeit. Woraufhin ich erst mal Kafforken bitte, den Laden abzuschließen, um den hohen Jast nich mit Leute zu belästigen. Denn jing ick mir 'n frischen Kittel anziehn und befahl Kafforken, schon mal vorsichtig und sehr jefühlvoll vorzukämmen.

Draußen tuschle ick Muttern zu, der Auftritt erinnert mir an Tausendundnocheine Nacht, wo der Kalif Harun Archibald auch immer rumjing und wissen wollte, was man über ihn spricht. Na, sagt Muttern, denn fang mal gleich von die Kaffeesahne an. Nee, Mutter, sag ick, dazu is Kleinekorte ein ville zu diplomatischer Fuchs. Ick also rein und Kafforken den Kamm aus der Hand jenommen und sage, er soll man den Laden ausfegen und sein Spiegel putzen. Sie werdens nich glauben – fangt doch der höhere Beamte von selber die Konserwatzjohn an. Sie kennen mich? fragt er janz menschlich. Mann, denk ick, jetzt heißt es jeschickt parlieren, damit er nischt merkt. Ich also: Selbstredend, Exzellenz, ich und meine Jattin sehen Ihnen sehr jerne ins Fernsehen, und neulich hab ich auch was jelesen von Ihre große Reise nach ... aber dis wissen Exzellenz ja selber. – Jut, wa? Er nickt und sagt: Überall begeisterte Menschen... Jott, was für ein Erfolg, wo Sie noch so jung an Jahren sind, quatscht Herr Kafforke dazwischen. Den hab ick aber Feuerwerk jegeben und sagte: Könnse sehn, was die Jugend für Möglichkeiten in unsere Bauernmacht hat! Er nickt wieder janz juvenal und sagt mit deutschem Stolz: Ja, Meister, schaun Sie sich den Wagen an. In meinem Alter sind Sie bestimmt noch Pferdebahn gefahren! – Dis machen ja die Fungsjonäre immer, desse einen so peinlich anne Verjangenheit erinnern. Na ja, setz ick hinzu, ein Mann mit Ihre Fähigkeiten. Exzellenz ham doch bestimmt lange studiert? – Dis war nu wiederum zu persönlich. Was heißt studiert? sagt er. Entweder man kann, oder man kann nicht. Die Studierten haben zwar Bildung, aber nischt in der Tasche. Ick denke, aha, so sind die also privat, und dafür mußte mein Sohn Schemie studieren. Ick sage also etwas trotzig: Schemie bringt Arbeit und Brot, Exzellenz. – Denn so was stimmt heute immer. Wissense, was der antwortet? Die ganze Schemie kann mir gestohlen bleiben, Vater! Wieder läßt sich Herr Kafforke, der Schleimer, vernehmen und sagt: Meister, hamse doch Verständnis für unsern hohen Kunden. Wenn einer Tag und Nacht für das Volk arbeitet und endlich mal nich mehr inkochnito, sondern privat is, denn will er nich immerzu von seine Tätigkeit reden. Oder sehn Sie sich nach Feierabend die dickerdenten Bietels an, wo einen juten Frisör von schlecht wird, von unsere dusseligen Schlager janz zu schweigen? Darauf wurde der hohe Herr janz eisig, vermutlich, weil er merkte, deß Herr Kafforke Westfernsehen sieht.

Nischtdestotrotz, ick hatte ihm ja nu schon beinah fertig und will ihm grade die Kotletten stutzen, da kloppts anne Ladentür. Wer steht draußen? Robert Köppen. Ick mache so meine Jebärden und deute auf Exzellenz. Aber Köppen hat sich dermaßen wichtig, deß ick so bei mir denke: Villeicht hat er eine Depesche vom Staatsrat an meinen hohen Kunden. Vorsichtig macht Kafforke auf und laßt ihm rein. Aber der nimmt jar keine Notiz von sein Vorjesetzten und sagt ziemlich pampig: Heute ist doch bei euch Sprechstunde, und schließlich seid ihr ja zwei Mann. Ick mache wieder stumme Pantomime und zeige auf dis erhabene Haupt, wo Herr Kafforke grade hinten ausrasiert. Was zappelnse denn so, Meister? fragt Köppen. Ihr habt wohl allemann noch nischt von Bitterfeld jehört? Immer auf das Schlimme, denk ick, schon wieder Schemie! Dafür hat denn Exzellenz seinen eigenen Jenossen keines Blickes jewürdigt.

Wie er raus is – ick will dot umfallen, wenn ick lüge –, behauptet Robert Köppen, deß dis bloß der Schlagersänger – hurrejott, der Name is mir entfallen – jewesen is. So janz bin ick jetz noch nich davon überzeugt. Schon nach dis Trinkjeld zu urteilen, war der zumindest sone Art Minister. Aber die vonne Partei sollen ja Schweigepflicht ham.

Moment mal! Was sagt Mutter? Unser Minister singt grade im »Lachenden Bären«? Könnse mal sehn, was sich unsere höheren Fungsionäre alles so anjenommen ham!

Frisör Kleinekorte vor dem Tor des Todes

Nehmse Platz, Herr Jeheimrat! Was gibsn Neues aufm Bau? Wieder Nachtschicht gehabt? Am besten, Sie setzen sich hier auf der Bettkante. Son Schlaganfall hat ja wenigstens ein Jutes, indem er nich ansteckend is. Jott, deß Sie mir noch mal besuchen kommen, bevor ick abkratze, dis zeigt ebent, deß einen juten Kunden mit seinen Frisör mehr verbinden tut als Julius Wolffs Schuppenpomade. Apropoß Flüssigkeiten. Die machen einen ja hier dis Sterben jar nich so einfach. Kein Bier und nich mal 'n Schnäpperken hat mir der Doktor erlaubt, wo doch dis sozusagen immer son Stücke Lebensexelier für mich war. Nee, was seh ick denn da? Sie ham wirklich dran jedacht? Machense man dis Pülleken auf – so, und dann rasch unters Bette, aber so, deß ick se langen kann. Wie sagte doch irjend so ein großer Fillosof: So kaputt und so kaputt. Ja, wissense, ick stehe ja nu vor dem Tor des Todes, wie der Dichter spricht. Dis müssense sich etwa so vorstellen: Sie stehn im Laden und seifen grade jemand ein. Auf einmal kloppts gejen der Ladentür. Sie denken, es is Fleischer Meusel, aber wie Se jenau hinkicken, isses Freund Hein mit seine Knochenhand. Und denn sagense sich, nu isses soweit, und Herr Kafforke, mein Jehilfe, ruft den Doktor an, und Muttern weint und sucht die Papiere zusammen.

Denn liegense hier am Fuße der Fieberkurve und sind immer noch nich übern Jordan. Jott, die machen dis ja hier sehr ordentlich. Die Ärztin soll ne richtigjehende Kaprizität sind, bloß ihre Frisur regt mir auf, da muß ihr son Lehrmädchen die janze Kaltwelle verbubanzt ham. Aber zu mir isse ziemlich menschlich, und wie ick die ersten Tage die Nahrung verweigert habe, hatse ne halbe Stunde an mein Bette jesessen und mir wissenschaftlich begründet, desse auf alle Stullen wirklich jute Butter und keine Majarine raufschmieren. Wär ja auch jelacht! Wozu hat man denn zich Jahre den Staat die Versicherung im Rachen reinjeschmissen.

Nu stimulier ick in einer Tour, ob se zu Hause auch alles mit die Beerdigung richtig hinkriegen. Im Jrunde is ja längst alles besprochen zwischen mir und Muttern, und die Grabstelle is gleich für beide jekauft. Ick schwärm ja eigentlich mehr fürs Krimmatorium, da hamse wenigstens die Jewißheit, desse nich scheindot sind, und 'n Sarg mit Telefon wird zu kostspielig. Aber jut, ick hab im Leben immer nachjegeben und laß mir auch in meine letzte Stunde nich bereden. Is ja Muttern ihre Sache, wenn se ebent sonntags 'n bißken mehr zu jießen hat. Desse mir als letzten Jruß dis Largo von Händeln zu Jehör bringen, is schon jeritzt. Denn wird einen so schön schwummerig im Sarg zumute. Aber wenn die Meuseln, dis falsche Aas, Krokodilstränen ans offene Jrab verjießt, mach ick den Deckel noch mal auf und sage: Jeh nach Hause, du Jänsejeier. Bei Lebzeiten haste janz anders hinter mein

Rücken jeredt und jesagt: Kleinekortes Herrensalong is nischt wie 'n verlauster Affenstall!

Und dabei hab ick nie Unjeziefer jehabt, mit Ausnahme vom ersten Weltkriech, aber den Herrn Hauptmann von Heideschnarz, wo ich Ordonnanz von war, hat es jenau nich anders jegangen. Und dis war ja, was den deutschen Frontsoldaten so zusammenjeschmiedet hat. Ich weiß noch, wie die Franzmänner jekiekt ham, als wir beim Einmarsch in Reims jesungen ham: Steh ich in finstrer Mitternacht so einsam auf der Lausejagd, dann denk ich an die Drojerie, ob sie nichts hat fürs Lausevieh. – Aber in diese Beziehung isses hier sehr hügienisch, beinah wie in mein Laden. Und auf den laß ick nischt drauf kommen. Soll sich man die Meuseln an ihre eigene olle Troppnase fassen, wo in die ihr Jeschäft die Jagdwurscht manchmal jrün wie die Heide aus Schaufenster leuchten tut.

Schiebense mir doch mal dis Kissen unter, damit ick den Starmatz sehn kann, der um die Zeit immer aufn Husch vorbeikommt! Jott, was ahnt son kleiner Vogel schon von die jenseitigen Jedanken, die in einem dotjeweihten Herrenfrisör vorüberpassieren?

Mein Laden schlechtmachen! Son Stücke Mallöhr! Sie könnten mir übrigens 'n Jefallen tun und mal bei Glasermeister Hickethier vorbeijehn. Der wollte mir nämlich 'n neuen Spiegel über dis zweite Becken einsetzen, wo da die eine Ecke blind is. Herr Kafforke verjißt dis bestimmt und macht nachher wieder Ausflüchte, wenn ich ihm zur Rede stelle. Der Herrensalong is ja schließlich ein Lebenswerk von mir. Was haltense denn davon, wenn ich statt dis altmodische Schaukelpferd für die Kinderkundschaft vom Tischler ne kleine Rakete bauen lasse und ihr mit Silberbronze selber anstreiche? Ick bin ja nu mal ein Mensch, wo immer mit seine Zeit geht.

Die Kleine, die ebent reinjekuckt hat, war Schwester Gisela. Man, wenn ick noch mal fuffzig Jahre jünger wäre und nich so sehr vom Dode bezeichnet! Aber so bleibt einen bloß die Erinnerung, wie es bei Paul Lincke heißt. Jott, wenn Se dis noch kennenjelernt hätten, den Treptower Lunapark inne joldenen zwanziger Jahre! Den einen heißen Sommer war Muttern bei ihre Familie aufs Land jefahren, und ick als Strohwitwer mit Monokel und Kreissäge spielte in Treptow Juxbaron und verdrehte die jungen Dinger die Köppe. Da war sone Kleine aus

Weißensee, die war janz verrückt nach mir, und einmal ham wir uns nachts am Alten Eierhäuschen – ick muß schon sagen – ziemlich derb verjessen. Aber immer in stramme Haltung! Wenn ick bei Zennern aufkreuzte, denn wußte die Kapelle schon Bescheid und spielte die Toselli-Serenade oder dis Problem von Fiebig, und ick glitt am grünen Strand der Spree dahin: Nimm mir mit, krichst 'n Tritt, fliegste in Kanal, schwimmste wie son Aal nach Johannisthal ... aua, mein Bein! Man is ebent nur noch ein halber Mensch, wenn der Fährmann am Flusse Strix schon den Außenborder von sein dustern Nachen losschnurren läßt, und die Ärztin hat jesagt, ick soll Ekzeme sojar in Jedanken vermeiden.

In die kurze Gnadenfrist, die einem der Schnitter Tod noch verjönnt, frag ich mir: Werdense im Jenseits auch Frisöre brauchen? Die ollen Heiligen tragen ja meistenteils Bärte, aber die sollen sich man nischt vormachen –, son anständiger Bart braucht auch seine Pflege. Ick könnt mir jetz schon dotlachen, wenn ick mir vorstelle, wie ick als Engel mit Rasiermesser durch die Jefilde der seligen Jeister pirsche. Ab und zu ruh ick mir denn auf eine Regenwolke aus und peile von oben runter. Und wenn sich die Natzjonale Front einfallen laßt, aus mein Laden 'n Aufklärungslokal zu machen, denn zieh ick die Spülung und laß 'n Wolkenbruch los.

Gebense mal den Schreibblock rüber! Was heißt hier Testament! Im Gejenteil, ick arbeite doch noch an die Erfindung eines neuartigen Haarwuchsmittels, und als erstes werde ick unsern Scheffarzt von seine Glatze kurieren. Der Mann hält mir seelisch über Wasser. Wissense, was der auf seine Stippvisite immer sagt: Machense sich man keine falschen Hoffnungen, Vater Kleinekorte! So was wie Sie stirbt in den nächsten Jahren bestimmt noch nicht aus.

Frisör Kleinekorte seift wieder ein

Frisör Kleinekorte ist unentbehrlich

Nehmse Platz, Herr Jeheimrat! Was gibsn Neues aufm Bau? Wieder Nachtschicht gehabt? Na, nu werd ick Ihnen erst mal 'n Schluck einjießen auf den Schreck, sonst haltense mir doch noch fürn Jeist. Nee, dis is wirklich kein Birkenhaarwasser. Ick hab den Spezi bloß umjefüllt, Muttern brauch ja nich alles merken. Ja, Herr Jeheimrat, dis hätte sich mancher nich träumen lassen, deß ick noch mal quietschfidel in mein Herrensalong zurückkehre. Sindse doch mal ehrlich, Sie ham bestimmt auch schon in Ihre Bekanntschaft rumerzählt, Meister Kleinekorte fährt nächstens in der Grube. Aber von wegen! Nich vor den nächsten Schlaganfall, und außerdem hab ick ne eiserne Institutzjon, wie sich der Herr Scheffarzt auszudrücken beliebte, und vor allem ein sehr jutes Herze. Is ja auch kein Wunder, wo ick nich mal ne Fliege 'n Bein ausruppen könnte.

Nee, dis jing schneller, als wie ick selber dachte. Kuckense doch selber: Jetzt kann ick beis Schnippeln die Finger schon wieder so flott bewegen wie'n Klavierviertelose, wenn er vierhändig einen draufmacht. Da soll mal einer sagen, ick hätte neulich noch ins Komma jelegen. So nennt dis nämlich der Medeziner, wenn son Jreis wie icke mit dem Tode ringt. Aber in diese Beziehung war ick jut, sag ick Ihnen, darauf muß ick selber noch einen nehmen, prost! Dis hätte mir jar nich jewundert, wenn die niedlichen kleinen Krankenschwestern janz laut Beifall jeklatscht hätten, wie Opa Kleinekorte den ollen Klapperheinrich zu juter Letzt noch auf beide Knochenschultern jeschmissen hat. Bloß, die mußten ja leise sein, weil se mir doch schon in der Sterbekammer reinjefahren hatten.

Nehmse mal den Kopp 'n bißken tiefer! Wenn Se zufällig auch schon mal jestorben sind, denn wissense natürlich, desses dabei ville unprosaischer zujeht. Sie fühlen sich mächtig schlapp, ham nich mal mehr Appetit aufn Schnäpperken und kriegen immerzu Spritzen. Später, wie ick wieder im Kommen war, wollt mir doch die Stationsärztin 'n Bären aufbinden und meinte, ick hätte richtigjehendes Morphium jekriegt. Dabei weiß ick janz jenau, deß dis ein jefährliches Rauschjift is, und wegen son ollen Knacker wie mir laßt sich doch ein renommiertes Krankenhaus nich mit irgendwelche Schmugglerbanden ein. Die wußte ebent nich, deß man durch die Fernsehkrimis auch in diesen heiklem Punkte schon ziemlich jebüldet is.

Aber immerhin, man träumt in seine vorletzten Stunden reichlich verkorkstes Zeuch. Dabei hatt ick mir, wie ick noch Laie in solche Fragen war, immer ausjemalen, deß dis janze Leben noch mal wie son mehrteiliger Adlershofer an sein innerstes Auge vorbeizieht. Nischt is! Anne Seiten 'n bißken kürzer? Dichtebei, aufe Bettkante, hat er schon jesessen und ... dis schüttelt mir jetz noch so, deß wir beide gleich noch 'n kleinen Kurzen nehmen müssen. Prost! Dis erzähl ick ja nich jeden, aber wissense, der Tod hat mehrere Jesichter. Teilweise sah er aus wie der verdammte Fähnrich, wo mir in ersten Kriech völlig sinnlos in dem Stahljewitter jescheucht hat, Lungensteckschuß und so, denn wieder eher wie Ortsjruppenleiter Stieselack mitm Stahlhelm im Luftschutzkeller und zum Schluß wie mein oller Lehrmeister, wo mir als Junge mal halb dusselig jedroschen hat. Und immer hat er mir janz freundlich aufjefordert, ick soll doch endlich mitkommen und abhauen von diese sündige Erde und alles son Quark. Aber da hättense mir mal hören sollen, wie ick mit den diskutiert habe, beinah so schön wie'n Fungsjonär vonne Natzjonale Front. Sagense doch selber: icke und abhauen, jrade wo es jetzt so spannend bei uns wird und man noch nich mal jenau absehn kann, was der Staatsrat so alles mit unsern schönen alten Alex anstellt. Und mein Enkelsohn fangt nächstens ein richtigjehendes Studium an, und meine Enkeltochter wird Stuardesse in Schönefeld. Dis will man doch alles noch ordentlich feiern. Wo man die janzen schwerwiegenden Äras und Epochen einigermaßen heil an Leib und Seele überstanden hat, da kratzt man doch nich einfach ab. Hier werd ick mal noch mal mitte Maschine rüberjehn. Wie ick ihm nu janz laut anschreie: Ick bin ein Preuße und desertiere niemals! – da verschwimmt er auf einmal vor mir, und aufe Bettkante sitzt Muttern, hält meine Hand janz feste und sprecht auf ihrer resoluten Weise: Komm man zu dir, Willem, et wird schon wieder werden! Sehnse, und von den

Tag an beschloß ick, jesund zu werden. Müssense sich mal merken, falls Se auch in sone Situatzjon kommen!

Nu gab es natürlich noch andre Jründe für meinen Beschluß. Herr Kafforke! Jehnse doch mal nachn Konsum und helfense Muttern die Tasche tragen! So, jetz isser raus. Wissense, mein Jehülfe is nämlich ein schlümmer Karrijarist. Immer, wenn er sein Rappel kriegt, droht er, deß er wech will zur PeJeHa Wellenreiter. Aber wie ick nu vor dem Tor des Todes stand und er den Laden alleine schmeißen mußte, da

hat er Muttern fortwährend inne Ohren jelegen. Sie soll sich man keine Sorgen machen, er wird nachs Bejräbnis den Salong janz in meinem Sinne weiterführen. Hat der Mensch Töne! Pleite jemacht hätte der schon nachn halbes Jahr. Nich, weil er keine Haare schneiden kann, wie vielmehr, weil er nich mitte Kunden umjehn kann und bloß immer von Koppschuppen, Urlaub oder Weiber redet. So was wird nie ein richtigjehendes Orijinal mehr so wie icke, denn ihm fehlt ebent meine universale Büldung wie auch der Sinn für dis Höhere und Schöne. So was hat man entweder ins Blut, aber man kann es nich erlernen. Verstehnse mir recht? Und nu sagense selber: Sollt ick mein Lebenswerk in solche unjereimte Hände fallen lassen?

Jott, die waren ja alle so nett zu mir. Die Hausbewohner und meine Kinder und die Stammkunden, alle sind se an mein Krankenlager jerennt, sojar wie ick schon wieder jesund und bloß noch auf Rekonvalenzia war. Der janze Streit, wo wir uns mal jelegentlich einen ausjestoßen ham, war verjessen. Fleischer Meusel sagte nich mal mehr du oller Kommeniste zu mir. Aber besonders hervorjetan ham sich wie üblich die vonne Partei, also mein alter Nachbar Fritze Ladenthin und Robert Köppen, der dis von Berufs wegen macht. Die ham meinen Scheffarzt aufjesucht und ham sich einjesetzt, deß ick noch ne Nachkur nötig hätte. Jut, der Scheffarzt brauchte sich jar nich bei mir einkratzen. Den hatt ick sowieso schon als Sondergaasche 'n kostenlosen Haarschnitt auf Lebenszeit bewilligt – Sie, der war schon dreimal hier. Aber was die vonne Partei betrefft, die sind ja 'n Fuchs und denken sich bei alles was. Einerseits wissense, deß unser Stand von die bedeutendsten einer is – denkense bloß mal an Fijaro, wo schon inne Französische Rewolutzjon mitjemischt ham soll –, und fernerhin is sie natürlich nich verborgen, wie knapp – und denn noch die Nachwuchssorgen – unser edles Handwerk auch heutzutage is. Nischt gejen die Leute persönlich, aber weil se nu mal für den Staat mächtig verantwortlich sind, hamse sich jesagt, was soll denn mal aus die janzen schlauen Köppe inne Zukunft werden, wenn da oben drauf lauter Unkraut wachst, und niemand tut es jäten? Und darum hamse mir mit vom Tode errettet, und nu mach ick ebent noch ne Weile mit – als der Älteste oder, wie der Lateiner spricht, der Ernesto unter Berlins Haarkünstler.

Frisör Kleinekorte als Bauexperte

Nehmse Platz, Herr Jeheimrat! Was gibsn Neues aufm Bau? Wieder Nachtschicht gehabt? Ach so, immer noch mits Auswerten vonne Baukonferenz beschäftigt. Darum sehnse auch so übernächtigt aus. So ville Wissenschaft auf einmal kann ja 'n einzelner jar nich vertragen. Dis wird ja von Jahr zu Jahr schlümmer. Wenn Se nächstens Vater werden wollen, jeht dis nich mehr im Dustern wie bei uns früher, nein, da brauchense doch Licht, damit Se sich zwischendurch Ihre wissenschaftliche Jebrauchsanweisung vom Nachttisch langen können. Sehnse, und jenauso isses heute aufm Bau. Und da brauchense sich nich wundern, wenn die jungen Menschen nich mehr Maurer lernen wollen. Wie jerne macht son Dreikäsehoch Eierpampe, und was bleibt nachher inne Lehre von die kindlichen Illuzionen übrig? Da dürfense den Kalk nur noch wissenschaftlich einrühren.

Früher, dis muß so – wattense mal – um neunzehnhundert rum jewesen sind, wie mein Bruder Maurer lernte, da war dis Mauern noch ein reelles Handwerk. Brauchense sich bloß mal die Häuser aus die Zeit ankucken: Da war noch so was wie deutsche Seele drin. Wenn Se vor sone Fassade stehn, denn denkense sofort an den jotischen Menschen, an Richard Wagnern und brausenden Orjelklang. Und wenn Se in Zukunft nich eher bei mir zum Verschönern kommen, wird man Ihnen noch als Jammler wechfangen, aber dis nur nebenbei. Sehnse, in unsere Gejend laßt die Partei nächstens die janzen schönen Fassaden runterkloppen und alles neumodisch verputzen, bloß weil es ihnen an Kaiser Willem erinnert und schon 'n bißken bröcklig war. Und dabei hat mein Bruder hier in diese Straße als Stift anjefangen, aber vor so was ham ja diese Leute nich ne Spur von Pinetät. Was mein Bruder war, der wurde bei sein Maurermeister wie sein eigen Fleisch und Blut jehalten und brauchte dis erste Jahr nich ein einzigen Ziegel anfassen, bloß den Ofen heizen, Karnickel ausmisten und Teppiche kloppen. Dis waren ebent noch menschliche Züge. Tschuldigense! Nur 'n kleiner Kratzer, weil unsere Messer nischt taugen in die Apperate. Ick jeh gleich mal mit mein West-Blutstiller rüber. Hab ick mir von meinen Sohn aus Frankfurt mitjebracht. Was die da drüben bauen, is ja einfach bombastisch. Denkense bloß an den jroßen westdeutschen Arschitekten Courvoisier!

Wo war ick denn stehnjeblieben? Ach ja, inne Kaiserzeit. Können Sie sich vorstellen, deß sone prächtigen Bauwerke wie der berühmte

Berliner Dom zustande jekommen wären, wenn man damals auch schon so scheußlich unromantisch jedacht hätte? Aber dis Schöne is ja, desses heute auch noch einzelne Baumeister jibt, die mit schöne Ordnamente gejen den funktionären Baustil anstinken. Und sone Künstler muß man unter den Armen greifen, sag ick mir. Sehnse sich mal mein Kachelofen an. Den muß ick jetz abreißen lassen, weil er nich mehr zieht. Aber die schöne Majolikagruppe mit die müstologischen Darstellungen und die nackichten Weiber mang die Kacheln werd ick irgendeinem Arschitekten vermachen. Denn brauch er sich wenigstens keine eigenen Verzierungen abbrechen, wenn er ne Poliklinik oder ne neue Molkerei baut.

Nehmse mal den Kopp 'n bißken runter! Nu bin ick ja in diese Fragen kein feuriger Hase, sondern seit dies Jahr selber son Stücke Bauunternehmer. Klapproth müssense doch kennen? Der arbeitet als Maurer bei die Bau-Union, und der hat mir eine neue massive Laube hochjezogen und schlüsselfertig ausjebaut. Wenn ick heute inne Zeitung von Matrijalschwierigkeiten lese – alles Quatsch. Müssense sich bloß richtig drum kümmern. Bei mir hat Klapproth alles von sein Betrieb mitjeliefert. Hat mir natürlich ne Kleinigkeit jekostet – ville mehr sojar, wie Klapproth bei seine erste Projektion ausballangsiert hatte. Aber er meint ja, bei die volkseigene Bauerei isses ähnlich. Nu brachte er abends immer 'n Sack Zement oder Kalk auf sein Motorrad mit, und 'n paarmal ham wa zusammen 'n Handwagen voll anjestoßene Ziegeln jeholt. Mit lange Finger hat dis nischt zu tun. Klapproth sagt nämlich, der Krempel verjammelt doch bloß auf die Baustellen. Und nu steh ick selber da mitn Berg nassen Zement und 'n Haufen Kalk mang meine Rosenbeete. Klapproth meint ja, man brauch beim Bauen immer mehr Matrijal, wie man zum Bauen wirklich brauchen tut. Mit dem Bier, was der Kerrel auf meine Kosten jetrunken hat, wars jenauso: Dies war immer 'n bißken zu ville, und wenn ick nich aufjepaßt hätte, denn hätte er beinah die Wasserwaage mit einjemauert. Und mit die Termine hat er mir auch anjeschissen. Im Juni wollte er fertig werden, und im Aujust war erst Richtefest. Aber der Mann hatte ebent keine Disseplin. Manchmal kam er ne janze Woche jar nich bei mir, weil se ihm sonst auf seine Baustelle rausjeschmissen hätten.

Na schön, meine neue Willa Sangzussi steht nu endlich. Bloß die

Türen klemmen, und wenns mal doll regnet, kriegense ne feuchte Glatze. Soll ick Ihnen etwas Birkenhaarwasser raufmachen?

Janz so, wie icks wollte, isses ja nicht jeworden. Mir schwebte mehr son kleiner Bummerloh vor, mit 'n Schambre separee und 'n Schwimming-Paul hintern Hühnerstall. Und nu sieht der Kasten auch nich ville anders aus wie Fleischer Meuseln seine Garage, die ihm Klapproth jebaut hat. Wenn ick als Bauherr meine indiwellen Wünsche äußerte, sagte er immer, er kann bloß die eine Type und damit basta. Und seit jestern is er nu bei mein Jartennachbarn und kleckst den haarjenau dieselbe Laube hin, und ick weiß jetz schon, an welche Stellen es da durchregnet. Stellnse sich mal vor, wie dis in zwanzig Jahre auf unsere Kollenie aussehn täte, wenn der immer so weiterbaut! Zum Glück isser bloß einer und hat nich so ville freie Kaprizität. Nu hab ick mir neulich Farbe besorgt und zu Muttern jesagt: Bevor der Frost kommt und die Erdbeeren zujedeckt werden müssen, streich ick unsere neue Laube eigenhändig an, und zwar rot und blau kariert, damit se sich wenigstens 'n bißken von mein Nachbarn seine unterscheidet. Wollnse noch Pomade reinhaben?

Frisör Kleinekorte predigt seine Moral

Nehmse Platz, Herr Jeheimrat! Was gibsn Neues aufm Bau! Wieder Nachtschicht gehabt? Ja, ja, früher sangen wir einen Jassenhauer – Die Nacht is nich allein zum Schlafen da –, und heute treibens die jungen Leute sojar am hellerlichten Tage. Aber dis is kein Wunder, die kriegens ja schon inne Schule einjepaukt, wie mans machen muß. Und was kann son Kind davon für züchische Schäden erleiden! Ick hab mal jelesen, deß der Mediziner in solche Fälle von eine frühzeitige Achselration sprecht. Wasses is, weiß ick zwar auch nich, aber ick stelle mirs jrauenhaft vor.

Ihre Haare scheinen übrigens im Sommer besonders schnell zu wachsen, da könntense mir ruhig ne Woche eher die Mark fuffzig zukommen lassen. Also, wie jesagt, die Kinder werden aus die Schule entlassen, und wasse denn noch nich wissen, erfahrense aus die Illustrierten. Ich sage immer, in unser technisches Zeitalter sterben die Casanovas aus, und an ihre Stelle treten die Jieneckologen. Sind wir doch mal ehrlich: Was bleibt denn noch von die Liebe, wenn Se alles bei Lichte sehn können und sich die holde Fantasie so jar nischt mehr von selber ausmalen tut? Wollnse da etwa noch von Herotik reden, wenn Jott Amor sozusagen im Wartburch vorfährt und sagt: Steig man ein, Kleene, ick habe Liegesitze! Heutzutage is alles ville zu unprosaisch, und darum jehn die meisten Ehen schon nach kurzer Zeit krachen.

Ick hab mir jestern dermaßen mit Muttern darüber inne Wolle jehabt. Die kennse jar nich wieder. Meinse etwa, die hätte früher sone intimen Themas aufs Trapez jebracht? Dazu is man schon zu lange verheiratet, und als junge Menschen hatten wir noch nich sone Schweinigkeiten wie Sexuellität im Kopp wie heute. Aber nu hat Muttern dis neue Familienjesetz inne Finger jekriegt, und nur studiertse alles, was se auf dis Jebiet finden kann. Da steckt natürlich bloß wieder die Natzjonale Front dahinter. Erst schimpense aufs Westfernsehn, denn klärnse die

Kinder auf, desses keine Störche jibt, und nu steckense auch noch die Nase ins Eheleben und machen aus meine Frau ne richtigjehende Kommunistin.

In seine eigenen vier Wände – wir hatten jrade Pellkartoffeln mit Quark – muß man sich sagen lassen, deß man ein oller Meckerkopp is, und sie findet dis Jesetz prima. Da hab ick ihr aber Feuerwerk jegeben und jesagt, ick schmeiß ihr raus. Jut, sagtse, aber denn mußte mir vom Jeschäft mein Jenannt auszahlen, schließlich hab ick auf meine Art auch mit beijesteuert, den Haushalt und die Kinder jroßjezogen, und so steht es im Jesetz. Na, sag ick, die paar Piepen haste bald verjubelt. Darauf ick: Wenn du sone Zanktippe bist, wirste ja schuldig jeschieden! Jibts ja nich mehr, sagt sie, blechen mußte doch, weil ick nich mehr arbeiten kann und nich jeklebt habe.

Na, schön, ick hab mir wieder beruhigt, schließlich is man ja kein Unmensch. Und gejen Scheidungen hab ick überhaupt was, denn irgendein Herze zerbrecht dabei immer. Nehmse zum Beispiel meinen früheren Jehülfen Bandermann: jung jeheiratet – weil ihnen die Ollen zusammenjekuppelt hatten und 'n tüchigen Verwalter für ihre Häuser brauchten. Also von Liebe keine Spur, ne reine Vernunftsehe, wie man so sagt. Die haben sich jedroschen, deß die Fetzen flogen. Bei mir hat er sich denn ausjeweint und erzählt, er kann überhaupt nich mit ihr. Unter uns jesagt, ick hab mir vor dis Mannweib direkt jefürchtet, wenn se freitags kam und Bandermanns Lohn kassierte. Aber ne Scheidung war ebent bei die Leute nich drin. Dazu warense ville zu anständig. Nich etwa, deß er kirchlich jewesen is – im Gejenteil, er sagte immer, er zahlt keine Kirchensteuer; wenn die Kirche Jeld brauch, soll der Küster Eintritt nehmen. Und trotzdem stand Bandermann auf den Standpunkt: Was Jott zusammenjebacken hat, soll der Mensch nich auseinanderpolken. An son Charakter könnten sich die jungen Leute wirklich ne Scheibe abschneiden. 'ne ordentliche Koppwäsche täte bei Ihnen mal wieder nischt schaden.

Wissense, ick dürfte ja nich der Staat sind. Denn würde ick in dis Jesetz aufnehmen, deß die Männer erst mit dreißig heiraten dürfen. Denn hamse ihre Erfahrungen jesammelt und sich die Hörner abjestoßen. Muttern hat mir in diesen Punkte widersprochen und jemeint, denn müßten die Frauen disselbe Recht kriegen. Hat der Mensch

Worte, sag ick, bei ner Frau is dis janz anders. Welcher anständige Mann heiratet denn sone Person, wo schon vorher ' paar Jalane jehabt hat und villeicht morgens ihr uneheliches Balch in Kinderjarten bringt? Dis wäre jar keine Schande mehr; sagt meine sojenannte bessere Hälfte, und wenn sie noch mal zwanzig wäre, würde sie sich lieber son kleinen Hosenscheißer anschaffen als son ollen ekligen Kerrel wie mir, und denn würde sie auf Arbeit jehn, und zwar als Platzanweiserin ins

Kino. Dis war schon immer ihre Idee, aber ick hab ihr natürlich nich jelassen. Was würden denn die Leute sagen, wenn ne Frau vom Frisörmeister arbeiten jeht! Nee, Frieda, konnt ick nur noch seufzen, früher haste anders jeredet. Du ooch, sagt sie, aber seit mit dir nich mehr ville los is, machste auf Moral. Jrade wollt ick wenigstens mitte Faust aufn Tisch hauen. Da sagtse, sei man friedlich, Willem, bisher hat es doch noch janz jut mit uns jegangen. Und denn kochtse Kaffe und holt noch eine von die juten Westzijarren raus, wo se heimlich ins Vertiko verstochen hat. Na, schön, ick muß mir ebent langsam auf sone moderne Frau wie ihr umstellen. Wenn ick nur wüßte, ob dis wirklich bloß Spaß war: Sie sagte nämlich, laß man, Vater, wenns mit deine Jichtfinger schlimmer wird, setzte dir zur Ruhe, und ick bau den Laden zu ner öffentlichen Eheberatung um. Möglich is ja alles, und daran sehnse, was son scheußliches Jesetz ausm Menschen machen kann.

Wissense, es sind ja nich die unehelichen Kinder, was mir so ärgert – ick hätt ja beinah mal selber mußten zahlen –, nee, aber deß sich der Staat so brutal in familiäre Dinge einmischt... unterm Kaiser und inne Süstemzeit wäre dis jar nicht möglich jewesen. Da jing der Mann auf Arbeit, und die Frau machte den Haushalt, und alles war in Butter, und die Kinder wuchsen meistenteils in schöne Seelenharmonie auf. Und wenn dem Ollen mal so nach Tamerlan war, und er jing in ein Lokal mit Damenbedienung, denn war dis sein jutes Recht und kostete ja schließlich sein Jeld. Heute findense sich doch jar nich mehr mang durch. Wenns bei uns noch sone Häuser jeben täte, müßte der Mann zu seine Frau jehn und sagen: Von mein Wochenlohn hab ick Kinderjarten und deine Fachbücher bezahlt, nu jib mir mal fuffzig Mark fürs Pressecafé! Und der Punkt is leider jar nich in dis neue Jesetz aufjenommen, woran Sie ermessen können, wie unsozial der Staat im Jrunde denkt.

Soll ich Sie noch 'n Koppwasser reinmachen? Wenn Sie in vierzehn Tagen wiederkommen, brauchense sich nich wundern. Muttern hat nämlich jesagt, sie kann mir sojar zwingen, ihren Meechennamen anzunehmen, wenn ick mir nich anständig gejen ihr benehme. Und denn steht eines Tages an meine Ladentür nich mehr Willem Kleinekorte, sondern Willem Paddenpuhl. Man kann ja nich wissen, wie weit die Weiber dis Familienjesetz noch auf die Spitze treiben.

Frisör Kleinekorte in der Fahrschule

Nehmse Platz, Herr Jeheimrat! Was gibsn Neues aufm Bau? Wieder Nachtschicht gehabt? Nee, nee, dis soll keine Anspielung auf Ihre Intimatmosphäre sein. Diese Redensart bedien ick mir nur, damit ick meine Kunden leichter ins Gespräch ziehe. Ick hab jehört, Sie waren ne Weile ins Ausland? Jott, denn wissense ja dis Neueste noch jar nich. Hamse sich denn nich jewundert über den kleinen schmucken Trabanten da draußen? Dis is nämich meiner. Anjemeldet hab ick mir seinerzeit bloß aus Jux und Dollerei, konnt ja nich wissen, deß ick plötzlich inne Bärenlotterie ... nee, wo denkense hin! Kein Hauptgewinn, aber 'n paar saftige Dausender. Wie ick so schnell an den Wagen rankam? Tschuldigense, aber dis werd ich ja nich jeden auf der Nase binden. Und nu hörnse sich doch mal endlich meine Leidensgeschichte an, Sie, da is die Mathiaspassion gar nischt gejen!

Muttern schlug die Hände übern Kopp zusammen, wie Fleischer Meuseln mit meine frisch erworbene Asphaltbeule auf Räder vor meine Ladentür vorjefahren is. Jott, gejen seine Leberwurscht kann man sagen, was man will, aber er selber is ne Seele von Mensch, und wie hätt ick denn sonst dis Fahrzeug vons Autohaus herkriegen sollen? Muttern fragte ziemlich boshaft, ob ick nu Herrn Kafforke, meinen Jehülfen, als Schofför mit Livree ausbilden lassen will. Quatsch, sag ick, jetz studier ick eigenhändig Fahrmazie, und denn lenk ick meine Jeschicke selber.

Ick also hin zur Fahrschule inne Milastraße. Erst wolltense mir 'n halbes Jahr schmoren lassen, aber denn sagtense sich wohl, wir nehmen ihm gleich ran, damit der Olle überhaupt noch was von sein Auto hat. Nur verlangtense ne Extrauntersuchung von son Autodoktor, wegen mein fortgeschrittenen Lebensabend und mein Reagenzvermögen. Nu fing der gleich mit sein autogenes Training bei mir an: Blutdruck,

Schwerhörigkeit und mitn Jummihammer auf mein Rheumaknie jedroschen. Alles pikobello, sagte er, und ick kann noch hundert Jahre alt werden. Und Rot und Grün konnte ick auch aus dem Effeff unterscheiden, hab gleich wie'n Fachmann jeantwortet: Backbord und Steuerbord – is wichtig, falls Se mal ein Amphytrionfahrzeug durchs Wasser steuern.

Denn jing es inne Milastraße los. Dis olle rote Backsteinjebäude erinnerte mir mächtig an meine Schulzeit. Da roch es jenauso. Zu meinen Klassenlehrer hattense einen Herrn Erben bestimmt, son jroßer Dicker. Der hatte außer meine Wenigkeit noch Stücker zwanzig Figuren zu unterrichten, alles junge Spunde so bis Mitte vierzig, und dis nannte sich Theorie und wurde von Herrn Erben meistenteils anne Tafel jemalen. Die Pauker da ham alle ihre Spezialgebiete. Der eine lernt es die Ausländer, der andere die katholischen Nonnen, der nächste die, wo schon ne Fahrerlaubnis haben und sich noch nich trauen. Herr Erben hatte mehr so Ungarn und die Heinis vonne Presse und mir. Inne Theorie lernt man Kühlerdruck schmieren, Reifen entlüften und die Vorfahrt beachten.

Vorfahrt is dis einfachste. Die hat nämlich immer, wer von rechts auf der Hauptstraße raufkommt und hat rechts keinen von rechts als Linksabbieger. Müssense sich mal von oben jesehn vorstellen: Die Bürschte will jetz hier rum, aber der Kamm hat Vorfahrt, weil er den Pinsel von rechts hat und weil dis Haarwasser ein Stoppschild is. Stoppschilder und Pullezisten dürfense nich überfahren. Wenn Ihnen der Pullezist winkt oder antrillert, müssense anne Kreuzung links vorbei oder anhalten und 'n Daler bezahlen. Der Herr Erben weiß natürlich alles ville besser. Darum is er sojar Oberfahrlehrer und macht dis schon seit elf Jahren. Indem er noch nich einen Stempel in seine Fahrerlaubnis hat, könnse mal sehn, wie jut seine Schüler sind! Ich hab ihm jesagt, er soll mir von dis Fach Theorie dispensionieren, weil ick mehr son oller Praktikant bin. Aber der Mann war so stur und sagte, alle Schüler müssen gründlich lernen, wie man sich im Straßenverkehr bewegt, von wegen die Sicherheit. Und dis einem langjährigen Fußgänger wie mir, wo schon mehr Kilometer unter die Sohlen hat wie die janze Milastraße unter die Reifen. Apropoß – werd ick man Ihren Fassongschnitt am besten runderneuern. Wer hat Ihnen denn bloß so verschnippelt? Sie waren doch nich etwa in die PeJeHa Wellenreiter? Also, wie ich die theoretische Prüfung bestanden habe, hat Herrn Erben beinah noch mehr jewundert als wie mir, aber nu kam der joldene Baum der Praxis.

Sindse schon mal Auto jefahren? Nee? Im Jrunde jenommen is es so ähnlich wie Haarschneiden. Ich will mal sagen, der Stecker hier is die Zündung, nu hau ick den ersten Jang rein, und schon läuftse. Aber nu hat ja ne Haarschneidemaschine keine Fußpendale. Also tret ick dazu auf die Kupplung von den Rasierstuhl, und Sie jehn langsam hoch, jenauso wie Herr Erben, wenn er mir schulen mußte. Nu kann ick leider den Stuhl nich auf die Straße rausfahren, sonst würd ick Ihnen mal zeigen, wie schwierig dis inne Praxis mit die Vorfahrt is. Mal anjenommen, Herr Kafforke isn Lastauto, und ich will ihm überholen. Bleibense doch mal stehn, Herr Kafforke, Sie sehn doch, deß ich blinke! So, nu Jas und vorbei! Komisch, hier in meinen Salong wirkt dis alles so einfach, und draußen auf Straße... Sie müssen ebent zu ville Dinge auf einmal beachten. Autofahren dis is etwa so, als ob ick Ihnen rasiere, im Spiegel Herrn Kafforke beobachte und gleichzeitig

Klavier spiele, trotzdem ick keine Noten kann. Und denn quasselt Ihnen der Fahrlehrer immer noch mang zwischen und blökt Ihnen an wie mein Unteroffizier im ersten Weltkriech.

Nu hatt ick außer meine achtzehn Pflichtstunden schon Stücker zwanzig Kürstunden aus die Ladenkasse bezahlt, und Muttern nahm mir als Mann schon jar nicht mehr für voll. Da sagte ick zu Herrn Erben: Jetzt oder nie! Jut, sagte er, in letzter Zeit hats ja jegangen. Auf Ihre Verantwortung werd ich Ihnen zur Prüfung zulassen. Den Rest könnse sich denken. Jut, mir sind 'n paar kleine Schwupper passiert: bei Rot jradeaus über die Kreuzung, bloß weil ick zügig fahren wollte und zufällig kein Gejenüberverkehr war; Ecke Frankfurter 'n Bordstein überrollt, aber der is heil jeblieben. Und wenn ick von die olle Frau mits Fahrrad absehe, wo Herr Erben noch rechtzeitig auf seine eigene Bremse jetrampelt hat, bin ick für meine Bejriffe jefahren wie'n Fürst. Aber was wollnse machen? Der Prüfpullezist durfte mir villeicht jar nich bestehn lassen, weil ick die nich pullitisch jenug und immer noch selbständig bin. Komisch, seit ick da durchjerasselt bin, sind mir alle Autofahrer richtigjehend unsümpathisch. Aber einen Vorteil hat die Schose: Ick kann wenigstens saufen, wann und wo es mir paßt. Wollnse nich meinen Trabant kaufen? Ick bin so sauer auf dis Vieh-Ekel, deß ick ihm sojar zum Taxipreis abjebe.

Frisör Kleinekorte und sein Sittenpodex

Nehmse Platz, Herr Jeheimrat! Was gibsn Neues aufm Bau? Wieder Nachtschicht gehabt? Nee, ick rede tatsächlich bloß vonne Arbeit. Aus meinen Munde werdense keine Schweinigkeiten mehr zu hören kriegen. Zumündest inne nächste Zeit nich. Ick trau mir nämlich nich mehr. Sonst komm ick noch inne Zeitung unter dis Mottiv: Der olle Sauigel vom Prenzlauer Berg verderbt unsere Jugend oder so. Nee, die Mütze trag ick nich von wegen Koppgrippe. Bloß ick sage mir, wenn ick die Kundschaft meine nackichte Glatze repräsentiere, kann dis auch schon wieder schief ausjelegt werden. Sind wir doch mal ehrlich: Was issen dis fürn Staat, wo überhaupt über solche Sachen wie Sexuellität und andere Ferkeleien in alle Öffentlichkeit schimpen tut! So was hat man ebent in seine Brieftasche oder hat es nich. Daran sehnse, deß in diese Beziehung in die joldenen zwanziger Jahre ein freierer Ton herrschte. Nehmse zum Beispiel die jroße Rewüh »Noch und noch« im Admiralpalast. Wenn ick mir nu auf meine ollen Tage an sone bedeutende kulturelle Ereignisse zurückerinnere, denn frag ick mir mit echte Besorgnis: Was haben die nackten Ärsche von die Danzmeechen von damals mit Pulletick zu tun jehabt? Draußen auf Straße hattense noch immer nich jenug vonne Revolutzjohn und hauten sich die Köppe ein, und da brauchte son friedlicher Deutscher wie unsereiner einfach ne innerer Balangzierstange, um sich von die Folgen der Inflazjohn zu erholen.

Wattense mal, ick muß bloß mal wegen Muttern die Küchentüre zumachen. Also damals war man ebent villeicht dis einzige Mal in sein Leben Mülljonär, und mit die Mülljonen gingense ins Alte Ballhaus, dis war damals schon der jünstigste Schuppen fürn jutverheirateten Abstauber. Es jab natürlich noch ville dollere Etablissemangs, da konntense zum Beispiel in der Joldenen Kugel ... also, müssense sich mal vorstellen ... gleich, wenn Se reinkamen ... Jott, ick werd ja schon wieder rückfällig. Mach andern den Mund nich wäßrig, Willem, sag ick mir, die Jugend von heute hat kein richtigen Zujang mehr zu die Freuden von jestern. Außer wenn unser Fernsehn ihr mit seine Montagsfülme büldet. Da frag ick mir wieder, wieso die Partei duldet, daß da son paar Fernsehleute ins Neue Deutschland öffentlich ausjemeckert werden. Die Leute tun doch, was Se können. Ham Sie den einen Montag auch jesehen, wie sich der Curd Jürgens über die Weiber hermacht und hinterher kotzt, weil der Kaffe verjiftet war? Dis is ebent

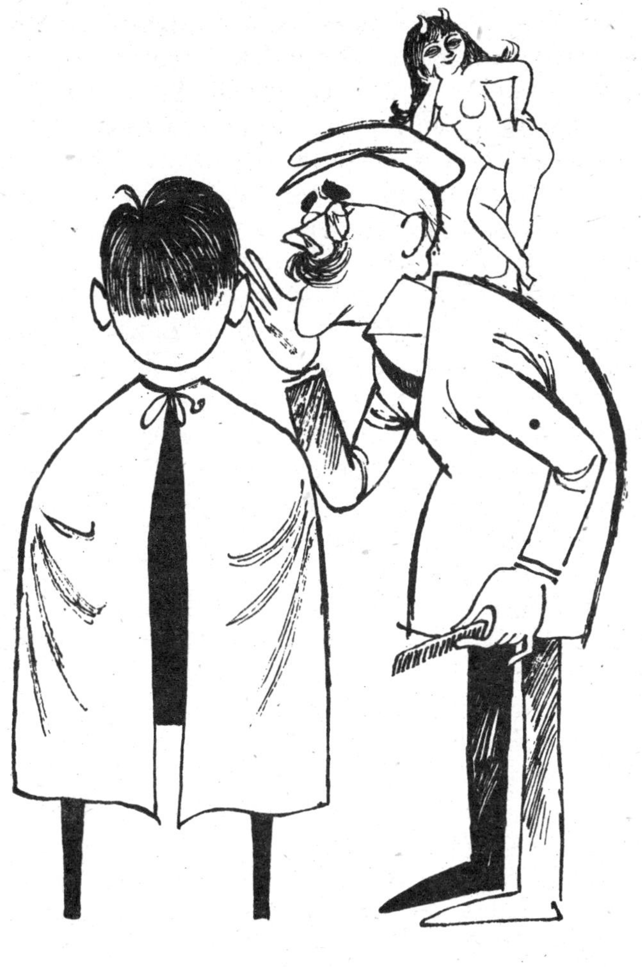

noch große Kunst, und dis hat nich mal der Dokter Schlüter fertigjekriegt, weil ihm dauernd die Pulletick von so was abjelenkt hat. Sehnse mal wieder, wo dis hinführt. Aber es kommt noch ville schlimmer. Nehmse noch ne Koppwäsche?

Also ick weiß direkt aus Parteikreise über einen Kunden von Fleischer Meuseln – den sein Schwiegersohn hat nämlich einen jesprochen –, deß die Fungsjonäre jetz gejen die Sexuellität in aller Form einschreiten. Nu könnt ick ja in mein jesetztes Alter sagen, jut, von mir aus, ich hab noch 'n Packen französische Sittenbilder rüberjerettet und erlebe die Intimfähre sowieso bloß noch plutonisch. Aber man macht sich doch seine Jedanken, was nu aus die heiratsfähige Schenneration werden soll. Auf die eine Seite braucht der Staat Arbeitskräfte – seh ick ja an mein Sohn, wo in sein Schemiebetrieb immer noch Leute fehlen. Aber wo sollnse denn herkommen, wenn se sich nich mehr in alle Öffentlichkeit vermehren dürfen und die Partei die Herotik in Jrund und Boden verdammt? Wie ick mit Robert Köppen vonne Partei – Sie wissen ja, der, wo ick immer sage, wenn Se alle so wären wie der –, wie ick also den meine Bedenken vorjetragen habe, hat er mir einfach ausjelacht und jesagt, ick will ihm veralbern. Aber ick bin ja nich doof. Nehmse mal den Kopp 'n bißken runter. Den hab ick villeicht Feuerwerk jegeben. Hör mal, sag ick, warum verbietet ihr denn nich lieber die Nacktkultur anne Ostsee und dis Turn- und Sportfest in Leipzig, wo mir Muttern bei die Jroßaufnahmen immer von Fernseher wechholt und mir den Laden ausfegen schickt? Denn kommt man wenigstens nich mehr in Versuchung.

Sehnse, dis isses ebent: Die Partei kann sich nu mal partuh nich in die Züche von son kleinen Mann wie icke reinversetzen. Wenn ick Walter Ulbricht wäre, denn würde icks jenauso wie die da drüben machen und einen richtigjehenden Sittenpodex rausjeben. Denn hätte der Staat ne saubere Weste, aber im übrigen würde ick sagen: Leben und leben lassen. Und über jewisse Dinge sprecht ein Schentelmenn ebent nich. Künstler sind nu mal son besonders Völkchen, und wenn die Dingsda – jut, ick nenne keine Namen – ihre Ahrenshooper Nacktpartien auch im Winter inne Wohnung fortsetzen müssen, denn sollnse ruhig. Sind ja erwachsene Menschen, und wenn se sich dabei was erkälten, denn isses ihr Schnuppen und nich meiner. Wenn icke was fürs Herze brauche, denn bleibt mir zur Not immer noch der Friedrichstadtpalast oder dis Metropol. Und dis erinnert mir wenigstens insofern an meine Jugend, als man da bezahlen muß. Also denkense bloß nich, ick bin prüde. Aber wenn man schon selber nich mehr hinten hoch kann, denn will man wenigstens durch die Kunst entschädigt werden. Wovorhalben zahlt man denn seine Steuern? Hab ick Ihnen schon den Witz erzählt von die drei Witwen zur Leipziger Messe? Also die erste hatte jar nischt an, und die zweite... Pssst! Der da grade reinkommt, is ein Dramaturgiker aus Adlershof. Die sind in diese Beziehung momentan besonders elegisch.

Frisör Kleinekorte als Freizeitminister

Nehmse Platz, Herr Jeheimrat! Was gibsn Neues aufm Bau? Wieder Nachtschicht gehabt? Sehnse, so verbringt ebent jeder seine Nächte auf indiwelle Weise, denn jeder Mensch is verschieden. Sie machen Nachtschicht, und ick hab Alpträume. Dis is in letzter Zeit so schlümm, deß Muttern sagt, ick soll man lieber im Laden schlafen, sonst glaubtse noch an Jespenster. Muttern, sag ick, laß deine faulen Witze, dein Willem plagt der Jeist der Zeiten und verfolgt ihm noch bis mitten im Schlafe. Jott, ick jeh ja schon bald auf die Achtzig, und da fallt es einem immer schwerer, die Verrücktigkeiten der Menschheit zu begreifen. Kurz und jrün, stellnse sich vor, letzte Nacht hab ick jeträumt, der Staatsrat hat mir zum Minister für Freizeit ernannt, sozusagen zum Minister ohne Portepee. Mach man, Kleinekorte, hat Ulbricht jesagt, dir wird schon was einfallen. Jut, hab ick jeantwortet, wenn die Rejierung Probleme hat, müssen sojar die selbständigen Herrenfrisöre mit ran, und denn fing ick stantepeze an zu denken.

Zuerst dachte ick mir, nu muß ick die Suppe auslöffeln, wo ick doch den freien Sonnabend jar nich erfunden habe. Nehmse mal den Kopp 'n bißken nach links! Wat is bloß aus die Arbeiterbewegung jeworden! Zu meine Zeit mußtense noch zwölf Stunden rackern und ham für die Achtenvürzigstundenwoche jekämpft. Nu hamse ihr jekriegt, aber meinense, die Leute sind zufrieden? Erzählnse man keinem weiter, denn dis hab ick direkt aus Parteikreisen: Also, die Fümmenvürzigstundenwoche is noch nich mal der letzte Schrei, sagt Robert Köppen, in zehn Jahren arbeitense bestimmt noch kürzer, sagt er. Dis werd ick ja Jott sei Dank nich mehr erleben, denn müßt ick nämlich als Minister für Freizeit sofort abdanken. Denn nu frag ick Sie: Wie beschäftigt man schon heute die Leute an zwei freie Tage hinternander? Also diese Nacht – ick mittenrin in mein neues Amt. Ein Volk soll aus seine Jeschichte lernen, heißt es. Bloß woher wollnse wissen, ob die ollen Jermanen schon 'n freien Sonnabend kannten? Denn konntense nämlich ans Wochenende keine Bären jagen, und die Familie mußte sonntags Jemüseeintopp essen. Desse mir nich mißverstehn: Ick will damit nich auf dis Jedrängel inne Fleischerläden ans Wochenende anspielen, weil ick mir sage, Kunst und so is wichtiger wie Schweinebraten. Nu überlegte ick weiter, wann es früher schon mal freie Sonnabende jegeben hat, und kam auf die Arbeitslosenzeit. Na, damals war zwar von Kabbareh die Rede, aber nich vonne Kultur, und wer keine Arbeit hatte, konnte den Angtree jar nich entrichten. Wodran Sie sehen, deß die neue Freizeit ein Problem is wie dis Stücke Wiese, wo ick fümmenvürzig erst ein Jarten draus jemacht habe.

Was will denn der Arbeiter, wenn er nich arbeiten tut? Sein Bierchen und 'n bißken Feez. Nu wieder ick als Minister. Ick würde den janzen Friedrichshain mit Bierzelte vollstoppen wie aufn Weihnachtsmark. Bloß da hab ick Bedenken, deß die Brauereien nich nachkommen, weil die ja sonnabends auch nich mehr arbeiten. Arbeiten tun doch bloß noch die Frisöre und die Lehrer, wobei ichs diese jönne, weil die sowieso bloß den halben Tag was tun. Jut, also mehr Bier is nich, sag ick mir als Minister. Und was fangen die Leute nu mit die Zeit an? Panik und Zirzense, wie der Lateiner sprecht, zu deutsch: Brot und Spielereien. Also, Brot is kein Problem mehr, aber mit die Zirzen isses leider anders wie in die joldenen Zwanziger, weil ja die Frauen heute in ein anständigen Beruf ville mehr Jeld verdienen wie zu meiner Zeit die Zirzen. Nu mußt ick mir ja – wieder als Minister – wirklich was einfallen lassen. Was bleibt den Menschen, wenn er sich langweilt? Die Kunst und allenfalls dis Fernsehen. Ick also werd mir die janzen Theaterdirektoren bestellen und die würdigen Herrschaften sagen: Kinder, nu spielt doch endlich mal was Lustigeres! Tschuldigense, ick jeh gleich mitn Blutstiller rüber!

Wissense, Musik is ja auch was Feines, aber die Herren Dirijenten sind meistenteils ville zu sümpfonisch veranlagt und sollten lieber was spielen, wozu die Leute danzen können! Jeden Monat einmal ins Konzert, schön und jut, der Mensch brauch was fürs Herze. Aber nu sehnse sich mal den Beethoven an: Neun Sümpfonien hat der Mann jeschrieben. Nu spielnse alle vier Wochen aufn freien Sonnabend eine davon, denn sindse aber schon im September bei die neunte anjelangt, und dis Publikum denkt, jetzt is Sülvester, und jibt anne Jardrobe seine Bockbiermützen ab! Und was spielnse die übrige Zeit? Jenauso isses mit die Museums. Ick könnt ja anordnen, jeder Mensch kuckt sich mit Kind und Kegel alle Museums inne Stadt an. Aber erstens is er da auch bald durch, und andrerseits lenkt ihm villeicht die Verjangenheit bloß vonne Zukunft ab, und ick hab nachher die Verantwortung, wenn die Frauen bloß in Lendenschurz rumrennen wollen wie die ollen Oleanderthaler.

Nu werden Sie villeicht kommen und sagen, die Leute könnten jute Bücher lesen. Ja, Kuchen! Neulich hab ick mal Muttern in die volkseigene Leihbücherei jeschickt. Und was is? Die janzen Bücher, wo uns unsere schwere Jugend in ein jüldenes Licht erscheinen ließen, sind nich mehr zu haben: kein Rudolf Herzog, keine Marlitt. – Jott, die kannten nich mal den berühmten Roman »Das tränende Mutterherz« von Freifrau Amalie von Stolzenfels! Und da soll ick als Minister für die Sonnabendslektüre plädieren? So langsam jeriet ick auf mein Amtssessel so ziemlich inne Bredullje. Vielleicht, so überlegte ick, könnten die Arbeiter selber son bißken Kunst machen? Jesangsverein und freiwilligen Theaterbund wie wir früher im Jeselligkeitsverein Deutscher Frisörjehülfen. Aber da kam plötzlich Robert Köppen vonne Partei in meinen Traum und meinte, dis gibs doch längst und ville besser wie damals. Könnse mal sehn, wie wissenschaftlich meine Alpträume schon sind!

Nu wurde ick langsam fuchtig und fing an zu schümpen. Wozu macht ihr mir denn überhaupt zum Minister, schrie ick, wenn die Leute sowieso alles besser wissen? In den Moment kommt ein kleines jraues Männlein aus die Wand, dis sieht jenauso aus wie Herr Kafforke, mein Jehülfe, und der sagt – ick jeb dis bloß sinnjemäß wieder –: Also Kultur und alles so – janz schön und jut, aber was machen denn an den freien Sonnabend nu die Leute, wenn se mal nischt machen und sich von die Kultur erholen?

Na, so könnse ja Willem Kleinekorte nich mal im Schlafe kommen. Ick richte mir in mein Amtssessel feierlich auf und verkündige: Da sollnse sich um ihr Familienleben kümmern und ihre Jören erziehen! Sagt Kafforke, also jenauer dis jraue Männlein: Hamse denn dafür wenigstens schon die passenden Richtlinien? Nu bin ick ja in diese Beziehung ein Fuchs und antworte mit sone ... sone ... sonore Stimme: Damit kann ick nich dienen. Die werden sonnabends ausjearbeitet, und sonnabends hab ick als Minister mein freien Sonnabend! Jut, wa? Und denn hab ick so schauerlich jelacht wie in einen Westkrimi, und Muttern mußte mir wecken. Sehnse, nu überlege ick mir, ob ick die Rejierung nich in eine Denkschrift warnen soll, lieberst nich son Ministerposten für Freizeit einzurichten, denn ein einzelner Mann kann ja alleine jar nich mit die vielen Probleme fertig werden, dreist, wenn er so erfahren is wie icke.

Frisör Kleinekortes Abenteuer am Wochenende

Nehmse Platz, Herr Jeheimrat! Was gibsn Neues aufm Bau? Wieder Nachtschicht gehabt? Wollnse nich 'n Bierchen mittrinken? Ick dachte wunder, wen ick heute hier aufm Sonnabend im Blauen Affen alles treffe, aber bei dis schöne Wetter is hier nachmittags ne dote Hose, wie die Jugend sagt. Da hat sich der Staat janz schön jeschnitten mit sein langes Wochenende. Dis Jetränkekontor hat sich schon die Hände jerieben wegen sein Umsatz, und nu is Essig, weil die Leute lieber ins Jrüne fahren. Nich mal 'n dritter Mann fürn Skat. Na, is ejal, kann man sich wenigstens man 'n Schlag erzählen.

Ick sage neulich zu Herrn Kafforke, warum soll ick als Meister schlechter dran sein wie'n einfacher Arbeiter? Morgen schnippeln Sie mal alleine, und ick mach mit Muttern langes Wochenende und fahr zu mein Sohn nach Schkopau. Sie wissen doch, nich der, wo nachm Westen abjehauen is, nee, der Schemiedokter mit den Solovertrag. Immer jut jewesen zu Vatern, hat ja auch bei uns ne anständige Kinderstube mitjekriegt. Bis jetzt hat er in Halle jewohnt, aber nu is er mit seine Familie näher ans Werk ranjezogen, in Buna, wo se bei uns den Jummi selber machen. Da wohnt er nu auf den sojenannten Feldherrnhüjel in ein schmuckes Einfamilienhaus. Sehnse, wenn der Junge Herrenfrisör jeworden wäre, wie icks immer wollte, denn hätte er heute bestimmt 'n moderneren Salong wie icke, aber Schemiker is ja auch nich dis Schlechteste. Irjendwo sind wir uns ja immer noch sehr ähnlich: Er schwärmt für Molleküle und ick für kühle Mollen. Herr Wuttke, bringense uns mal noch zweie!

Wir hatten kaum dis Haus besichtigt, da fragt unser Ottchen, ob ick mein juten Anzug mit habe. Ick sage, wat denn, wird bei euch etwa ne Partie jegeben? Nee, sagt er, ick hab heute abend Karten für die Komische Oper besorgt. Ick denke, der will mir aufm Arm nehmen, und sage, mir kriegste heute nich mehr nach Berlin zurück. Nee, sagt unser Ottchen, die Komische Oper is ja extra nach Buna jekommen, um vor die Betriebsanjehörigen zu spielen, ne janze Woche lang. Ick wollt ihm ja nich kränken, aber ick sagte zu Muttern, hat denn der Felsenstein dis nötig, hier in son Arbeiterkulturschuppen seine edle Jesangeskunst ertönen zu lassen? Aber dis müssense mal wieder elektrisch betrachten: Die Kunst geht nach Brot, und weil die Schemie angeblich Brot bringt, spart sich die Kunst den Umweg und geht ebent gleich nach Schemie. Mein juten Vorkriechsanzug hatt ick natürlich nich mit, bloß den kaffebraunen, den ick hier anhabe. Hierfür ist er jut jenug, sagte Muttern, aber hinterher wars uns 'n bißken peinlich, weil wir von die feinjemachten Bunaleute mächtig abstachen, wie wir ins Theater reinkamen.

Ach so, ick denke, mir laust der Affe, wie ick dis Kulturhaus sehe. Müssense sich mal vorstellen: Die beiden Mollen hier sind die beiden jroßen Werkschornsteine, und gleich schräg über die Straße erhebt sich wie ein Vater morjana ein Riesenpalast, wie er von Rechts wegen nur inne Jroßstadt jehört. Und mittendrinne ein Theater für siebenhundertfuffzig Mann, piekfein, und eine Augustik, wo man sojar jedes Wort von die Sänger verstehn konnte. Auf die Art ham wir endlich mal Hoffmanns Erzählungen zu sehen jekriegt. Sie wissen ja, in Berlin jehn wir meistens bloß ins Metropol oder im Friedrichstadtpalast. Jerammelt voll wars, und der Felsenstein soll neulich jesagt ham, dis Publikum würde er sich am liebsten mit nach Berlin mitnehmen. Ick hab bloß immer den Kopp jeschüttelt. Hinterher, wie mein Sohn inne Klubjaststätte ne Pulle echten Mosel spendiert hat, saß noch der Scheff von dis Kulturhaus mit an unserem Tisch, ein jewisser Herr Winderle, der den Laden schon seit zwölf Jahre schmeißt. Der hat sich immerfort über mir jewundert, weil ick mir so jewundert hab, deß die Komische Oper nu schon dis zweite Mal hier ne Woche lang Jastspiele jibt. Also nich, deß ick den Arbeiter für doof halte, sagte ick, aber is denn so schwere Musik dis richtige für sone Leute? Warum spielt ihr denn nich lieber den Vogelhändler oder so? Da sagt der, er stammt zwar selber aus Tirol, aber mit so was würde er die Leute jar nich so sehr erfreuen. Die wollen heute am liebsten was mit Niwau, und wenn er seine Fahrten mitn Sonderzug nachs Berliner Angzambel veranstaltet, denn is immer ausverkauft. Sehnse, der Brecht war mir schon immer unheimlich, und nich bloß wegen sein Haarschnitt. Herr Wuttke, bringense mal zwei Bier und zwei kleine Kurze dazu!

Später hat er noch erzählt, deß die Berliner Theaterleute extra vorher herkommen und lauter Vorträge halten. Ick jrinste nur still vor mir hin und sagte, is ja man schön, deß ihr son ollen Mann wie mir die Taschen vollhaut. Aber da zeigtense mir mal son Veranstaltungsplan, und da stand wirklich alles drinne. Unter uns jesagt: Es is man 'n bißken ville, was se machen, Wochenendexekutionen nach Weimar, Konzerte und Vorträge, und außerdem kann in die janzen Räume jeder machen, wozu er jrade Lust hat; Fülme, Danzen, Briefmarken und weiß der Deibel, was noch. Hats denn so was früher jegeben? Sehnse, und da hats auch ohne jegangen.

Nu spielte ick aber mein dicken Trumpf aus und stellte sie eine Fangfrage: Sagense mal, sagte ick mit mein schlaues Lächeln, was sagt denn ihr Herr Direktor zu die Art und Weise, wie Sie die Arbeiter mit die Kunst vons Rabottern ablenken? Fängt doch mein Sohn, der Bengel, laut zu lachen an, und denn kucktense sich an und lachten alle Mann, was ick sehr unjebührlich fand, jrade von sone kultivierte Leute. Aber Pappa, sagte mein Sohn, unser Direktor is ja der eifrigste För-

derer von die Kultur und sagt immer, es machen noch ville zuwenig Arbeiter Jebrauch von die jroßartigen Möglichkeiten. Aha, meinte ick schlagfertig, denn wird sich der Mann wohl nich lange halten können, wenn er dauernd sone Sachen im Koppe hat. Doch, meinte unser Ottchen, der als Kind schon immer hat mußten widersprechen. Unser Professor leitet dis Werk schon seit zwanzig Jahre, und unsere Erzeugnisse sind inne janze Welt berühmt. Kannst ja morgen mal mitkommen.

Jut, ick hatte nu jenug vonne Kultur und wollte lieber mal was vonne Schemie sehn, weil man ja als Frisör davon doch 'n bißken mehr versteht als vonne Kultur. Mein Jroßer hatte eigentlich frei, aber er sagt, dis machense öfter, desse trotzdem mal ins Werk rüberkucken, ob alles lauft. 'n bißken hab ick ja doch jestaunt, weil mein Sohn sein Laden ville jrößer is wie meiner, haha. Zwanzigdausend Mann sollen da arbeiten, und es is die jrößte Karbidfabrik vonne janze Welt. Mein Sohn sagte, aus dis Zeuch machense nu notjedrungen Gummi, weil die Radfahrer nich mehr mit Karbidlampen fahren tun, aber er wollt wohl Vatern bloß auf die Schüppe nehmen. Wenn ick nich wüßte, deß sich mal Leute wie unser Ottchen so was ausjedacht ham, würde icks direkt fürn Jotteswunder halten, wie aus sone Art Haferflockensuppe mit Hülfe von eine jewisse Polly-Marie richtigjehende Jummiballen jemacht werden.

Unterwegs sprech ick son richtigen Arbeiter an, 'n Elektroschweißer. Na, sage ick, Sie wollen bestimmt nischt mehr vonne Kultur wissen, wenn Se nach Feierabend hier aus den Schemiejestank raus sind. Doch, meint er, nach Feierabend mach ick ja drüben den Vorsitzenden vom Tanzklub. Aber daran könnse sehn, wie se bei uns die Arbeiter beeinflussen. Nich mal ihren Feierabend jönnse ihr. Bringense mal ruhig noch zwei Doppelte, Herr Wuttke, ick hab nämlich immer noch den Jeruch von die schemischen Dünste inne Kehle.

Am Nachmittag bin ick mutterseelenallein nach Merseburch rüberjetippelt. Alte Erinnerungen aus meine Wanderburschenzeit. Aber die Kleene hab ick natürlich nich wiederjefunden, Wie ick da so bei ein Bier im Schloßjartenpawilljong vor mir hin stimmuliere, setzt sich 'n Mann an mein Tisch, und wir kommen ins Jespräch. Ick jerate ja immer gleich an Prominente, dis war nämlich der Bürjermeister von

Merseburch. Jott, in den seine Haut möcht ick auch nich stecken. Der hatte sich jrade mächtig jeärgert. Und bloß wegen dieses Jebäude, sagte er, und zeigte quer übern Park auf ein Jebäude, wo fast jenauso monumentan is wie der Berliner Dom. Wat denn, erkundigte ick mir mitfühlend, is dis etwa auch ein Kulturhaus? Nee, meint er, aber wir wollen eins draus machen, denn Merseburch mit seine sechzigtausend Einwohner braucht nu mal so was. Na, machense doch, redete ick ihm zu. Wenn sich ne Fabrik wie Buna so was leisten kann, warum wollen Sie denn da zurückstehen? Nu fing er beinah an zu weenen. Mann, sagt er, dis is dis frühere Ständehaus so von neunzehnhundert, und allzu ville ist seitdem nich drin gemacht worden. Drei riesenjroße Säle, aber alles mächtig verjammelt. Na klar, sag ick, wer soll denn dis bezahlen? Mann, sagt er, dis meiste Jeld ham ja die jroßen Betriebe wie Buna und Leuna schon spendiert, aber seit ein Jahr kommen wir nich weiter, weil Leuna versprochen hat, die janzen Bauprotektionen, oder wie die Pläne heißen, zu machen. Und ohne dis können wir doch nich anfangen. Nu hab ick ihm zum Trost jeschildert, wie ick vor zehn Jahren alles selber aufjemalen habe, wie mein Laden auf neu renoviert wurde. Aber er meinte, bei son jroßen Bau jehts nich so einfach. Und warum fragense nich mal bei Leuna nach, warum se sich nich an ihr Versprechen halten, sag ick. Hab ick doch alles schon jemacht, aber die vertrösten mir immer wieder. Jut, sag ick, Sie ham doch hier in Merseburch sone ollen Zaubersprüche. Versuchenses doch mal damit! Aber der Mann war einfach nich aufzuheitern, und daran sehnse wieder mal, wohin dis führt, wenn man dauernd bloß an Kultur denkt. Ick hatte jedenfalls die Schnauze voll von dis Thema und sagte zu mein Sohn, nu will ick man noch 'n bißken was vonne Gejend sehn. Jut, sagt er, fahren wir mal mit Muttern nach Bad Lauchstädt, dis is nich weit von mir. Fui Deibel, wenn ick an Lauchstädter Brunnen denke. Bringense mal ne Lage für harte Männer, Herr Wuttke!

Übrigens kriegense in Lauchstädt jar kein Lauchstädter, hick, aber wozu Lauchstädter, wenns Bier jibt. In diesen kleinen ländlichen Ort wandelte ich wieder mal – hick... tschuldigense, mir bekommt auch jar nischt mehr – auf die Spuren der Klassik. Unser jroßer Dichterfürst Joethe und teilweise auch Schüller, die ham nämlich so um achtzehnhundert da ein jroßes Modebad jeleitet, das heißt, hick, nich direkt, mehr so dis dortige Theater. Und den Kurpark und die schönen Pawilljongs könnse alles noch besichtigen. Bloß da wird überall jebaut, weil dis schon vom Wurm der Zeit anjenagt is. Soll aber alles wieder janz prima werden, sojar dis Theater, wo Joethe noch eigenhändig seine Trauerspiele dirijiert hat und sein oller Sessel noch immer rumsteht. Is ja janz schön, sag ick zu mein Sohn, ick wollt ja nu nich immerzu meckern, deß der Staat nu wieder den Badeort aufbaut. Aber der Bengel muß ebent immer wieder dis letzte Wort haben. Nee, Vater sagt er, dis soll ja ein Erholungszentrum für die vielen Bunaarbeiter werden, die alle hier arbeiten, und darum kümmert sich vor allem unser Werk um die Instandsetzung. Junge, sagte ick, hick, ihr sollt doch Jummi machen und den ollen Joethe ruhn lassen, sonst kriegt ihr doch noch Ärger mit euern Direktor. I wo, meint er, dis is ja seine eigene Idee, und darum hat er sich dis alles mit die Joethefachleute aus Weimar ausklamüsert. Ick nich faul, jeb ihm Kontra: Ihr werdet euch umkucken, weil ihr nämlich keine Handwerker kriegt. Darauf er: Ham wa schon, dis machen unsere Arbeiter selber, wenn se Freischicht ham. Sehnse, hick, es is ebent alles zwecklos, man kommt mit die heutige Zeit einfach nich mehr mit, die wissen doch alles besser.

Aber wie uns unser Ottchen nachm Bahnhof jefahren hat, Jott, er hats ja janz jut jemeint mit uns olle Leute, und wir sind ja trotz alledem stolz auf den Bengel, aber da hab ick ihm doch noch in Verlegenheit jebracht. Sieh mal, sag ick, da macht ihr in euer Werk Stücker dreihundert Plaste, Elaste und Joethe und Felsenstein – aber ein vernünftiges Haarwuchsmittel, was wirklich helfen tut, dis habt ihr auch noch nich fertigjebracht. Herr Wuttke, zahlen bitte!

Frisör Kleinekorte macht selber Kintopp

Nehmse Platz, Herr Jeheimrat! Was gibsn Neues aufm Bau? Wieder Nachtschicht gehabt? Denn können wir uns ja die Hand jeben. Ick hab jetz nämlich sone Art zweiten Beruf, mehr son Hobby, wie die Jugend sprecht. Ich kriegte doch vorn paar Wochen meine Lebensversicherung ausjezahlt, und nu ham wir hin und her jeachselt, was wir mit den Zaster anfangen. Muttern wollte partuh ne Reise nach Bulgarien oder so. Aber ick sagte mir, dis Klima vertragt unsereiner nich. Außerdem bin *ick* ja derjenigte, der seinen Dod jewissermaßen finanziell zuvorjekommen is. Als jüngerer Mensch wollt ick für mein Leben jern beim Fülm jehn, aber damals jab es bloß den Stummfülm, und dis wäre nischt für mir jewesen, wo ick doch so jerne rede. Später kam denn der Kriech und die Familie und die Inflation und wieder Kriech, und da wurde die Flamme der Kunst in mir so langsam ausjelöscht. Und nu – dis werdense kaum für möglich halten – als reifer Mensch entdeckense plötzlich, wie die Jlut auf einmal sich wieder zu rühren anfangt, und kaum desse jenug Jeld inne Tasche ham, steigense auf einmal wie der Vogel Felix ausm Aschkasten zu die lichten Höhen der Fülmkunst empor.

Also kurz und jrün: Ick bin mitten dabei, mir aus eigene Kraft ein Fülmattelier inne Waschküche einzurichten, und hab mir fürn Anfang ne Pentacka nebst Projizierapperat, Pepitalampen und Kompensorium anjeschafft. Weil ick mir nich so auf der technischen Seite verstehe, hab ick mir Papendorffen angaschiert. Wissense doch: der kleine Dicke, der jetz Rente kriegt und vorher bei die Requisitte in Babelsberg war. Der macht bei mir den Kameramann, wogejen ick mehr so für die künstlerische Seite zuständig bin und mir daher auch Reschissör tituliere. Ick könnt mir ja auch Dramaturgiker nennen, bloß Papendorff sagt, die ham nich so ville zu melden und stehn sich etwas schlechter. Vorläufig soll dis noch alles jeheim bleiben, denn Papendorff und ick sind zwei zornige alte Männer, von die man noch hören wird. Als erste Maßnahme ham wir uns den Namen Künstlerische Arbeitsjruppe Friedrichshain verpaßt, weil wir unsere Außenaufnahmen da drehn wollen und weil son Name schon dis halbe Projramm is. Dis weiß Papendorff alles von die DEFA, trotzdem er auf die Brüder ziemlich sauer is. Der war nämlich vorher schon bei die UFA jewesen und hat sojar bei »Fridericus Rex« als Ziethen-Husare mitjemimt und hat den jroßen König Otto Jebühr mal persönlich ne Selter durften holen. Die wußten noch, sagt er, was die Leute jerne sehn. Nennse doch mal ein DEFA-Star, der so schön Flöte spielt wie der Olle Fritz bei Menzeln!

Was mir betrefft, so jeh ick – seit mir der Doktor wegen die Augen vor allzuville Fernsehn jewarnt hat – öfter wieder in Kintopp, um aus die Fehler der andern für meine Fülmarbeit zu lernen. Mann, bleibense mal so sitzen! Wenn ick Ihnen so als Halbtotale betrachte, würdense direkt in meinen Streifen »Der Frisör und das Schicksal« reinpassen, weil Se so schön stier kucken. Unsere Schauspieler kucken ja auch manchmal so, aber Papendorff meint, dis kommt vom Suff.

Also, wichtig is jedenfalls für unsere neue Jruppe, deß wir eine Konspektion haben. Wie ick Papendorff frage, was dis is, sagt er, dis wissen die andern Jruppen auch nich jenau. Auf alle Fälle muß man sich da ausmalen, was man so alles für Fülme machen könnte, wenn man könnte. Nehmse zum Beispiel, unsere Jruppe entwickelt ein Expresso fürn Rewüfülm. Da laß ick Stücker zwanzig rothaarige Frisösen nackicht übern Alex danzen und... Nee, dis geht natürlich nich, weiß ick selber. Aber was meinense, was bei die andern Jruppen alles nich jeht! Wichtig is nur, desse die Prospekte erst mal gründlich planen, und denn gehnse zum Studiumsdirektor in Babelsberg und lassen sich Ihren Fong bewilligen. Und wenn da alles klappt, sagt Papendorff, denn ham wir für die nächste Zeit Land und können was verbuttern. Vermutlich vermiet ick denn sojar den Herrensalong an Herrn Kafforke. Und denn soll mal unsere Jruppe noch einer mangzwischenreden. Denn können wir nämich jenau wie die andern DEFA-Jruppen alles machen, wie wir es richtig finden, außer wenn die Direktion in Babelsberg dis nich richtig findet. Nehmse mal den Kopp 'n bißken runter!

Nur bräuchten wir eigentlich als erstes einen Autor oder Zinemaristen für dis Verdrehbuch, aber Papendorff meint, bei meine eigenwillige Reschissörpersönlichkeit drück ick den sowieso anne Wand, und darum isses besser, wir verfülmen erst mal 'n Roman. Da hab ick »Die Liebe des Rittmeisters Vockerath« vorjeschlagen, der stammt aus die zwanziger Jahre von eine Frau Gunhild von der Mühlen. Isn bißken überholt, sagt Papendorff, aber die Sorge hat die DEFA öfter. Darum wollen wirs ja die heutige Zeit irgendwie anpassen und aus den Rittmeister einen ElPeJe-Vorsitzenden und aus die Jräfin ne Jeflügelzüch-

terin machen. Den Rittmeister spiele ick, denn man kann sich ja nich dauernd auf Frisör festlegen lassen wie unsere andern großen Schauspieler.

Ville weiter wissen wir bis jetz auch noch nich, aber dis is gar nich wichtig. Hauptsache, wir finden endlich Anschluß ans internationale Niwau. Und dis jeht nich von heute auf morgen, sehnse sich doch die andern Gruppen an, die würden auch lieber zehn Nationalpreise für einen jroßen Festivalpreis einwechseln, sagt Papendorff. Und deswegen hatten wir uns jestern inne Wolle. Er plädierte immerzu auf janz jroße Kunst, und ick sagte, Junge, bleib aufm Teppich, wir kreiern erst mal 'n paar Unterhaltungsfülme, zum Beispiel Fritze Bollmann als Musikal. Du Lustjreis, sagt Papendorff, dir kenn ick doch; denn versprechste ab morgen alle kleinen Meechen in eure Straße ne Rolle als Englein, und denn vernaschste ihnen. Ick war villeicht vonne Socken und fragte ihn empört, ob er sone Schweinigkeiten etwa in Babelsberg jelernt hätte. Wie wir uns noch streiten, fängt Papendorff auf einmal an, unsere janze Kameraanlage wieder abzubauen, und sagt, wenn er damit fertig is, denn is sowieso für heute Feierahmt. Länger als acht Stunden arbeitet nämich bei die DEFA kein Techniker.

Muttern jibt ja nich ville auf unsere neue Kunst. Kann mir schon vorstellen, meintse jestern, was fürn Quatsch bei euch rauskommt. Denkt ihr, so was kucken sich die Leute im Kintopp an? Da stand ja nu Papendorff wieder janz auf meiner Seite und fragte sie, ob se noch nischt von jesteuerten Fülmeinsatz jehört hat. Für jute Fülme brauch man ja nich werben. Wenn die wenig besucht werden, sind die Leute selber schuld. Aber für die Jurken muß man auf der Pauke hauen. Nehmse mal unser Prospekt »Der Frisör und das Schicksal«. Da jeht es doch dadrum, deß ein kleiner Herrenfrisör so lange selbständig rummurkelt, bis die PeJeHa im janzen Stadtviertel ihre piekfeinen neurenovierten Salongs eröffnet. Nu ringt unser Held mächtig mit sich alleine, bis er eines Tages durch die Buchhalterin vonne PeJeHa zu eine Art Einsicht jelangt. Am Ende schließt er seinen popligen Laden zu, die Puppe in seine Arme und sich selber die Jenossenschaft an. Jut, die Leute werden sich nich nach reißen, aber besucht wird der Fülm trotzdem, könnse sich drauf verlassen. Der wird nämlich alle Frisöre zur Pflicht jemacht, und wenns sein muß, mitten inne Ladenzeit. Auf die Art wird doch der Kintopp die Leute wirklich wieder zu son Stücke Herzensbedürfnis. Wie ick jrade auf diesen Stoff komme? Dis liegt nahe. Als Künstler soll man ja mitten ins Leben stehn, und darum is dis quasi eine Selbstbiologie.

Nu seh ick ja schon die Kritiker losfunken: Is Frisör Kleinekorte wenigstens selber in die PeJeHa reinjetreten? Aber dis is ebent der Witz: Bis dahin bin ick ja gar kein Frisör mehr, sondern bloß noch Filmreschissör, und denn soll mir mal einer kommen!

Frisör Kleinekorte vor schweren Entscheidungen

Nehmse Platz, Herr Jeheimrat! Was gibsn Neues aufm Bau? Wieder Nachtschicht gehabt? Was mir betrefft – ick bin vorigte Woche ausm Handwerkererholungsheim Mutzingerode zurückjekehrt. Schöne Gejend, jutes Bier und eine Verpflegung, sag ick Ihnen! Ick konnt nach Tisch kaum noch krauchen, weil ick noch die Hälfte von Muttern mit wegputzen mußte, schließlich hatten wir ja dafür bezahlt. Wie wir dis letztemal vor vier Jahre da waren, hattense bloß ein Jericht zu Mittag, und dis mußtense essen oder Kohldampf schieben wie ick, wenns Fisch jab. Dies Jahr hattense nu drei Wahljerichte, und jeder konnte sich aussuchen, was ihm am besten schmeckt. Ick wollts erst nich wahrhaben, aber glaubense, da hat noch einer übers Essen jemeckert? Nu hab ick dis Robert Köppen erzählt. Der kuckt mir jroß an und meint janz trocken: Siehste, Vater Kleinekorte, so ähnlich isses dies Jahr auch mit unsre Wahlen. Ick merk ja nu jenau, wenn der mir pullitisch kommt. Jut, sag ick, aber in Mutzingerode hattense außerdem noch ein Diätjericht für Magenkranke, und dis vermiß ick bei eure Wahlen. Mann, sagt er, wie stellsten dir dis vor? Darauf ick: Also, wenn mir als selbständigen Frisör nu jar kein Kandidate paßt, müßte ebent noch einer extra sein, der beispielsweise dafür sorgt, daß die Rejierung endlich mal Julius Wolffs Schuppenpomade ausm Westen einführt und so. Willem, sagt er, was hättest du denn in Mutzingerode jegessen, wenn de zwischen Diäthaferflocken und Eisbein wählen solltest? Sehnse, wenn der mir mit sein elektrischen Matrijalismus kommt, also für so was bin ick einfach zu alt, und darum hab ick als Retuhrkutsche nur jeantwortet: Deine Haare werden ooch immer weniger.

Soll ick anne Seiten mit Maschine oder mit Kamm und Schere? Könnse sich aussuchen. Ick werd also aus reine Neujierde bei uns zur Versammlung jehn, wo sich Albert Siedentopp als Kandidate vorstellt. Erst mal isses keine Art, son Mann vor die janzen Einwohner aufn

Repräsentierteller zu setzen und bis aufs Hemde auszufragen. Glaubense man, mir hat dis Herz jeblutet. Siedentopp is son richtiger stiller, feiner Mensch, immer wie ausm Ei jepellt und für jeden ein freundliches Wort. Und daß er alle paar Wochen voll wie ne Haubitze ist, dafür kann er nich. Der Mann hat jenug Kummer, weil doch seine Sekretärin 'n Kind von ihm kriegt und die Olle sich nich scheiden laßt. Und jenau dis habense ihm vorjeschmissen. Was jeht denn dis die Leute an? Nachher sindse alle auf ihn losjegangen: Warum er sich nich um die versprochenen Krippenplätze jekümmert hat und wieso noch kein Jugendklub da is, und ick weiß nich, was noch alles. Nu frag ick Sie, was hat denn dis mit Pulletick zu tun? Und die sagen doch immer, ein Abjeordneter muß ein pullitischer Mensch sein. Wie soll er denn Pulletik machen, wenn ihm der janze Kleinkram auffreßt?

Wollnse Birkenwasser oder lieber was mit Schwefel? Birkenwasser is besser, der Schwefel helft doch nich. Also kurz und jrün, Siedentopp hamse rundweg abjelehnt. Der Mann kann sich doch 'n Strick nehmen. Und da redense immer von Demokratie, wenn ick nich mal mehr zu ein Menschen, der seit fuffzehn Jahren mein Kunde is und ne Mark fuffzig Trinkjeld jibt, wenn ick zu den kein Vertrauen mehr haben dürf, denn jute Nacht! Ick find mir da überhaupt nich mehr mang durch. In Pietzkau wollnse sojar den Dorfpastor als Abjeordneten wählen, und

was dis Verrückteste is, der Mann hat nischt dagejen, woraus man folgern könnte, daß der liebe Jott auch schon anjehaucht sein muß. Die machen ja mit ihre Wahl nich mal vor die Pforte der engeren Familie halt. Nu hab ick meinen Sohn studieren lassen, seinen Schemiedoktor hat er jemacht. Nie hab ick Kummer mit ihm jehabt. Unser Ottchen steht sich nischt aus, fährt 'n Moskewitsch und hat 'n Solovertrag im Betrieb, hats also jar nich nötig, und was macht der Bengel? Er wird Abjeordneter in Halle. Aber dis kommt davon, wenn einen die Kinder übern Kopp wachsen. Den müßt ick doch trotz seine vierzig Jahre noch übers Knie legen.

Mein Jüngster, wo drüben in Frankfurt Hausmeister bei den jroßen Textilfritzen Emmerich und Co. is, wählt ja nu auch in diesen Herbst, aber die brauchen sich ebent nich den Kopp zu zerbrechen. In sein letzten Brief schreibt er, ob wir SPD oder CDU wählen, is schnurzpiepe, ändern tut sich doch nich ville, aber er is ebent doch für SPD. Emmerich selber macht natürlich auf CDU, und mein Sohn verdient sich noch 'n paar Piepen extra, indem er den Saal bei Emmerichens Wahlversammlungen dekoriert. Aber bei uns is ja in die Beziehung auch nich alles in Butter. Frisörmeister Patschke aus unsern Stadtbezirk hamse als Kandidaten aufjestellt und inne Zeitung abfotojrafiert, bloß weil er inne PeJeHa mitmimt. Und dabei is dis ein richtiger Mantelträger. Erst sagt er, er jeht nich inne Jenossenschaft, und denn jeht er doch, bloß weil er seinen Vorteil da hat. Und so was soll man nu wählen!

Nehmse mal den Kopp 'n bißken runter! Wissense, manchmal lieg ick so nachts noch wach und stimuliere vor mir hin. Und denn überleg ick mir so – also janz unter uns –, warum mir in mein janzes langes Leben noch kein einziger als Abjeordneten jewählt hat. Inne Süstemzeit konnt ick mir für keine von die zweiunddreißig Parteien entscheiden, weil ... Jott, man hat sich ebent als anständiger Mensch rausjehalten. Bei Adolfen jabs bloß SA und keine Abjeordneten. Und heute ... also ick würde natürlich sowieso ablehnen ... Aber wenn, denn würd ick die doch zu jerne mal zeigen, wie mans macht. Bis um zwölfe würd ick die Kunden bedienen, denn Tischzeit, und nachmittags würd ick rejieren. Als erstes müßte man Ulbrichten davon überzeujen, daß sich der Staat mit dis Wahlalter jeirrt hat. Mit achtzehn Jahre

Kinder inne Welt setzen, umsonst studieren und denn noch wählen, dis verkraftet son jugendlicher Orgasmus noch jar nich, dazu fehlt einfach die Erfahrung. Fürs nächste müßten die Tarife für Herrenfrisöre erhöht werden, und damit dis Volk nich murrt, würd ick zum Ausgleich die Schnapspreise runtersetzen.

Als Abjeordneter brauchte ick natürlich ein Dienstauto und ne schmucke Sekretärin, weil ja Muttern doch nich mehr für alles jeeignet is. Aber daran scheiterts ja ebent. Unser Staat is in solche Dinge ville zu poplig. Was hat denn bei uns son Abjeordneter von sein Posten? Nischt als Ärger und sich um andre Leute ihre Bauchschmerzen kümmern. Und wenn ick die Sache mal so betrachte, werd ick diesen Patschke vonne PeJeHa nu schon aus pure Jemeinheit wählen. Einen Tag später bin ick nämlich bei ihm, und denn muß er dafür sorgen, daß die Wohnungsverwaltung endlich unsre Klosettspülung in Ordnung bringt. Bloß – was mach ick, wenn er dis wirklich schafft? Denn sprecht es sich bei uns rum, und sein Ansehen steigt noch mehr. Also wähl ick nun Patschke – oder wähl ick ihn nich? Da soll sich son oller Mann wie ick noch mit die Demokratie auskennen. Na, prost Wahlzeit, Herr Jeheimrat!

Frisör Kleinekorte im Frisörmuseum

Nehmse Platz, Herr Jeheimrat! Was gibsn Neues aufm Bau? Wieder Nachtschicht gehabt? Jott, die Bauleute jönnen sich ja auch keine Ruhe. Nu sollnse bloß den Fernsehturm nich mehr allzuville höher machen. Wenn der mal umkippen tut, reicht der doch mündestens bis zum Prenzlauer Berg und haut mein Herrensalong in Klump. Dis wäre jammerschade, weil ick doch nach mein Tode die wertvollsten Stücke von meine Einrichtung an dis Frisörmuseum vermachen will. Da staunse, wa, und denken, ick will Ihnen verklapsen? Nee, es gibt tatsächlich so was in Berlin, jar nich weit wech von mir, inne Choriner Straße Nummer drei. Brauchense sich nich schenieren wegen Ihre mangelhafte Büldung. Bis vorigte Woche hab ick dieses hüstorische Etablissemang selber nich jekannt. Aber der Zufall jeht manchmal verschlungene Trampelfade, und die führten mir diesmal bei die Einkaufs- und Lieferjenossenschaft vons Frisörhandwerk. Ick wollte nämlich mal Krach schlagen, warum se ausm Westen nich Julius Wolffs Schuppenpomade einführen.

Bei die Jelegenheit erfuhr ick zweierlei: desses bei uns auch janz passable Schuppenmittel und außerdem ein Frisörmuseum jeben tut. Maiwald werdense wohl nich kennen? Dis is der Scheff von die Jenossenschaft, und der hat die Jedächtnisstätte von unser ehrwürdiges Handwerk in die letzten Jahre eigenhändig aufjebaut. Wissense, son Mann reist ja dauernd in die Weltjeschichte rum und kommt mit Hinz und Kunz zusammen. Da sammelt und sucht er ebent in alte Frisiersalongs und auf Dachböden und Schrotthaufen den janzen Krempel zusammen, macht alles sauber und stellt es ordentlich auf. Na, sage ick zu Maiwalden, davor hamse bestimmt schon dicke Prämien und Ehrenurkunden vonne Innung und sojar vonne Handwerkskammer kassiert. Nee, sagt er, dis macht er alles für Jotteslohn, und mit die Dankeschöns sind die vonne Kammer man ziemlich knauserig. Also, wenn ick dis wär, hätt ick schon alles hinjeschmissen. Der Mann hat doch als Museumsdirektor 'n richtigjehenden zweiten Beruf. Aber Maiwald is ja ein janz Verbohrter. In ein paar Jahre, sagt er, werden die Leute staunen und sich die Finger lecken nach sein Museum.

Aber nu werd ick Sie mal diese Fundjrube für Kenner beschreiben, ohne deß ick Ihnen dafür zu ne Koppwäsche überrede. Also, die erste Abteilung hat Maiwald direkt in sein Jenossenschaftsbüro. Jerahmte alte Meisterbriefe aus die Jründerzeit zum Beispiel, wodran man erkennen kann, deß die damals ville mehr Sinn für Prunk und Schönheit hatten wie heute, wo sojar die Rejierung wat gejen Schnörkel hat, besonders, wenn se Jeld kosten. Nehmse etwa die sojenannten Ahnenarbeiten, wo bei Maiwalden unter Jlas hängen. Da machte die Tochter von unsere Urjroßeltern ein künstlerisches Blumenjebinde aus die letzten Haare von Pappan, aus Mamman ihre Stocklocke und villeicht sojar noch aus eine ehrwürdige Silbersträhne von Oman. Dis hing man inne jute Stube anne Wand. Und wenn die Jören nich artig waren, konnte man mit den Finger dahin zeigen und sagen: Paßt jo uff, hier hängt noch 'n Stücke von deine Jroßeltern anne Wand und wird böse, wenn de nich parierst. So ehrte man damals seine Ahnen, und heute? Da brauchense sich jar nich erst wundern, wenn die Kinder kein Reschpekt mehr vor jroße Leute ham.

Ach, es jab ja noch ville schönere Sachen. So um neunzehnhundert flegte die junge Dame ihren Bräutijam mit eine Uhrkette aus ihr eigenes jüldenes oder brünettes Haar zu erfreuen. Sone Dinger sehnse noch bei Maiwalden. Und dis erinnert mir lebhaft an meine Lehrzeit. Da hab ick mir manchen Jroschen verdient, indem ick die besseren Damen mit zusammenjesuchte fremde Haare ausm Kehricht versorgt habe. Dis ahnten die feinen Herren aber nich, wenn sie jerührt den blonden Uhrenzopf aufn festlich jedeckten Jabentisch neben Schokolade und Pfeffernüsse liegen sahn. Ach Jott, in dis Museum kommen einen so ville teure Erinnerungen. Maiwald hat noch echte Barbiertaschen, wo man damals sozusagen als Bartambulanz von Haus zu Haus rannte, Pinsel, Seife, kleene Wasserpulle aus Blech drin, weil manche Kunden jar kein fließend Wasser hatten. Und dazu dis Besteck zum Zahnziehen. Mein Lehrmeister machte ja als junger Mensch auf sein Dorf noch gleichzeitig den Heiljehülfen. Müssense sich mal ankucken, son ollen Zahnbrecher – da war doch der Frisör wenigstens noch eine achtungsjebietende Persönlichkeit. Denn findense da auch ne kleine Bücherei mit alte Lehrbücher und Fachzeitungen aus meine Kindheit. Jott, was hat man damals, vor über siebzig Jahren, noch für Reklame um unser Jewerbe und seine Hülfsmittel jemacht! Heute bringt ja die Zeitung bloß noch Sport und Pulletick und hat kein Platz mehr für die Hügüné. Aber für jewisse Erzeuchnisse – ick will ja nich deutlicher

werden – durftense früher als Herrenfrisör und inne Zeitung keine Reklame machen. Ein son Ferkel, der doch für die »Ramses«-Artikel – werden Sie als junger Mensch wohl nich mehr kennen – jeworben hatte, mußte fünfhundert Joldmark Strafe zahlen. Und nu kuckense sich heute die Wochenpost an! Fui Deibel, kann ick da bloß sagen!

Die richtigen Attraktionen hat Maiwald in dis eigentliche Museum, zwei Kellerräume inne Choriner. Is ja 'n Jammer, deß die schönen Andenken da so wie Aschenputtel ihren Dornröschenschlaf halten und in die feuchte Luft womöglich noch verjammeln. Dis erste Zimmer erinnert mir an son olles Rittermuseum, bloß deß die vielen Eisenjestelle keine Rüstungen, sondern lauter Trockenhauben aus diverse Zeiten sind. Manche wurden noch mit Petroleum jeheizt, andere mit Jas. An die verschiedene Süsteme könnse erkennen, wie erfinderisch den Menschen sein Schöpferjeist is. Auch die Folterjeräte fehlen in diese Ritterabteilung nich. Olle Rasiermesser von vor hundert Jahren. Am liebsten hätt ick mir heimlich eins einjesteckt, jibt doch bei uns keine vernünftigen. Und denn die Perückenbügler und Perückenknüpfjeräte und Lausekämme! Dis waren noch joldene Zeiten fürn Herrenfrisör. Heute scheniert sich ja keiner mehr mit seine kahle Bombe, und die Läuse hat der Staat auch abjeschafft. Und trotzdem steht immer noch in unse Hügüneordnung, deß wir verlauste Kunden nich bedienen dürfen oder die Jeräte, mit die wir Leichen frisieren, nich für die lebende Kundschaft benützen dürfen – und noch mehr scheußliche Sachen. Könnse selber nachlesen. Aber nich ins Museum. Brauchense sich bloß umdrehen. Hängt laut Vorschrift in jeden Salong und stammt von neunzehnhunderteinundfuffzig.

Sehnse, der Frisör is doch schon von Natur aus ein hügünischer Mensch und nich wie in den doofen Witz, wo ein Lehrling beis Rasieren den Kunden ein Ohr abschneidet und sagt: Steckenses rasch inne Tasche, damits der Meister nich sieht, sonst schümpt er mit mir! Tschuldigense, jetz is mir vor Lachen dis Messer ausjerutscht. Ick jeh mal schnell mitn Alaunstift rüber. Tröstense sich, Zähne ziehn war beim Barbier früher schlimmer, weil er ja den Kunden nich betäuben durfte. Wissense, einesteils bedaure ick sehr, deß uns der Staat diesen wichtigen Zweig von unser altes Jewerbe abjeschnitten hat. Bei mir brauchte kein Kunde so lange warten wie bei Zahnart Doktor Stippekohl, und ick hätte längst 'n Wolja statt mein ollen Drahtesel. Von mir aus könntense ja dafür die Zahnärzte mit ne zusätzliche Konzession fürs Haareschneiden entschädigen.

Sehnse, früher war hier in Berlin der Herrenfrisör, jedenfalls der bessere, sone Art König. Inne Mittelstraße jabs doch nachm Kriege noch den Salong Haby. Und janz früher schümpte sich der olle Haby sojar Hoffrisör von Seine Majestät. Haby machte inne achtziger Jahre seine dolle Erfindung mit die Haarmode »Es ist erreicht« – und dis verband ihn mit Kaiser Willem. Der hatte erreicht, deß Deutschlands Zukunft auf dem Wasser lag und im Jahre achtzehn bei Schkapa Floh sojar unter Wasser. Und sein Hoffrisör hatte erreicht, deß die Schnurrbartenden nich mehr inne Nudelsuppe einstippten. Nu trug man ihnen nämlich senkrecht hochjezwirbelt. Dazu bedurfte es aber eine Bartbinde, könnse bei Maiwalden alles noch sehen. Jott, was war dis noch fürn üdüllisches Familienleben, wenn Vatern beim Frühstück saß und man ihn als Kinder einesteils bloß teilweise sehen konnte, weil ihm die Bartbinde die Mittelpartie verdeckte, und andernteils jar nich, weil er zum Kaffe die Berliner Morgenpost las. Meine Schwester hat ihm zu Weihnachten mal ne rosenbestickte jeschenkt, ein wahres Jedicht! Nu jehnse mal heute in son Kunstjewerbe; allen möglichen Tinneff kriegense, aber keine Bartbinde mehr. Wenn denn die Ballsäsong kam, verjoldete Haby sojar die Schnurrbartspitzen, damit se mit ihr jeheimnisvolles Jlitzern schüchterne Meechens aus die Reserve rauslockten. Kuckense sich doch heute mal die glatten Eierköppe an! Wat is denn da noch Männliches dran? Sehnse, und darum halt ick bis zu mein Tode an die Bartmode fest, wo ick noch ein richtiger Salonglöwe war und in unsere Straße bloß der Baron vom Friedrichshain hieß.

Aber einmal sind mir in Maiwalds dusteren Keller beinah die Tränen jekommen. Wie ick nämlich vor den Orijinalfrisierstuhl vom Hoffrisör Haby jestanden habe. Da steht noch 'n Schirm im Ständer, hängt ne uralte Zeitung am Haken, jrade so, als ob der olle Haby bloß mal schnell 'n frischen Kittel holen jejangen wäre. In meine Jugend hab ick manchmal als armer Deibel in den piekfeinen Salong reinjeluchst und jedacht, wenn du fleißig und strebsam bist, Willem Kleinekorte, biste in zwanzig Jahren selber Hoffrisör. Fleißig und strebsam war ick man. Aber zwanzig Jahre später hattense den Kaiser zum Deibel jejagt, es war

Inflazjohn, und ein Haarschnitt kostete dausend Mark, wovor se sich höchstens 'n Lausedarm kaufen konnten. Na, wenigstens is aus mein Ältesten was Ordentliches jeworden, wenn er auch nischt von Vaterns Handwerk wissen wollte.

Übrigens, kuckense sich mal ins Museum die Jeräte und Einrichtungen von die ollen Frisörmeisters an. Da hamse in die letzten fuffzig Jahre eigentlich kaum was Neues erfunden, und dis einzige Jesichtsdampfbad für Damen, was noch in ein Berliner Salong benutzt wird, stammt aus die Jahrhundertwende. Aber daran könnse wieder sehn, wie stolz unser Handwerk auf seine alten Bräuche is. Gejen verrückte Neuigkeiten hat unsereiner immer ein jesundes Mißtrauen, und darum könnt ick nie Schemiker werden wie mein Jroßer. Ach, und denn die schönen Schaufensterbüsten von damals. Dabei hab ick immer noch einen unanjenehmen Jeschmack auf die Zunge. Unser Dekorationsstück hat Muttern nämlich nach fümmenvierzig zu Brotaufstrich und Streuselkuchen verbraten, weil es aus echtes Vorkriechswachs war. Wissense, dis Frisörmuseum is dis einzigste vonne janze Welt und jeeignet, den Jeist von janze Jeschlechter raufzubeschwören. Aber ick seh ja schwarz. Wenn dis Unternehmen keiner unterstützt, verliert der Museumsdirekter doch noch die Lust, was für mir persönlich ein Vorteil wäre. Denn bei seinen Sinn für orjinelle Stücke laßt mir der später womöglich ausstoppen und stellt mir als mechanischen Nickaujust am Einjang auf.

Frisör Kleinekorte und die neuen Propheten

Nehmse Platz, Herr Jeheimrat! Was gibsn Neues aufm Bau? Wieder Nachtschicht gehabt? Jott, jeder jenießt ebent unsere nördlichen Nächte auf seine indiwelle Weise. Nehmse zum Beispiel Herrn Kurbjuhn, den ick jrade den Bürschtenschnitt verpaßt habe. Der arbeitet ins Motorenwerk und stellt da sone Art Haupttechnologiker vor. Nu würdense doch denken, der Mann steht sich nischt aus, der hats zu was jebracht – ja, Kuchen! Die halbe Nacht hat er mußten studieren, weil er nu auch noch pullitische Ökonomie zu sein Posten brauch. Na ja, da hamses doch wieder, oder wollen Sie behaupten, deß die Ökonomie früher auch schon pullitisch war? Wenn ick bloß mal an den Herrn Ökonom vons frühere Ritterjut in Pietzkau denke: Der war kein Stücke pullitisch und hat nur jemacht, was der Jutsherr jesagt hat.

Nehmse mal den Kopp 'n bißken runter! Auf die eine Seite – nee, nich von Ihren Kopp –, also auf die eine Seite von unsern Staat schümpt man auf die Süstemzeit in die joldenen Zwanziger, und auf die andere Seite – haltense doch mal Ihren Kopp stille! –, also da führt man janz heimlich ne neue ökonomische Systemzeit ein und denkt, ick merk dis nich. Aber ick bin ja nu mal kein feuriger Hase und komm den Staat immer wieder auf seine Schliche. Da steckense noch und noch Jeld inne Wirtschaft, und sojar die Wissenschaftler müssen jetz für die Jroßindustrie arbeiten. Überlegense doch mal selber, wann son Forscher noch zum Forschen kommt! Oder glauben Sie, der scheniale Edinsohn hätte jemals in sein stülles Kämmerlein die Jlühbirne erfinden können, wenn ihm dis Berliner Jlühlampenwerk immerfort jedrängelt hätte, sie wollen nich sone kleine Funzel erfunden kriegen, sondern lieber sone Leuchten, wie se erst neunzehnhundertachtzig brennen sollen oder so. Die sind noch schlümmer wie der olle Joethe, wo dis Wort »Mehr Licht« ja mehr so jeistig jemeint hat. Wartense mal, ick knips bloß die Lampe an. Sonst verschnipple ick Sie noch dis letzte bißken Haupthaar. Jott, nu reg ick mir schon wieder so auf, deß ick gleich auf Joethen komme. Wissense, ick war zeitlebens ein Tatmensch. Janz tief drinne in mir schlummerte sojar son Stücke faustische Natur, aber mir hamse ja nie jelassen.

Sehnse, wie mein Sohn, der Herr Schemiedoktor aus Buna, vorigte Woche hier war, hab ick ihm so ins Jewissen jeredet. Junge, hab ick jesagt, mach deine Arbeit ordentlich, dafür wirste jut bezahlt, aber spinn nich immer mang die Zukunft rum wie dis Orackel von Neu-Delhi. Also, wenn Se den hätten reden hören! Siebzig machen wir dis, und achtzig sieht dis schon wieder so aus. Ick sage, Junge, bleib doch mal aufm Teppich, hab ick jesagt, was weißte denn, was nächstes Jahr schon sein kann! Wie wir deine Taufe ham jefeiert, hab ick auch alle

Kunden erzählt, wenn der Bengel jroß is, übernimmt er meinen Salong. Und isses etwa einjetroffen?

Bei Ihnen aufm Kopp wirds verdammt dünne, Herr Jeheimrat. Dis sind schon keine Jeheimratsecken mehr, dis wird bald ne Versuchsstrecke für neue Staublappen, falls ick mal aus meine Sicht einen Blick in der Zukunft werfen dürf. Na, sehnse, die ham in Buna trotz meine Ratschläge noch immer kein Haarwuchsmittel erfunden, was wirklich helft. Die ham nämich bloß ihre Prognose im Koppe, wie dis neue Modewort heißt. Sind wir doch mal ehrlich: Dis wird ja die Menschen durch die Zeitung förmlich einzuckeriert. Die reinste Schampanje machense damit. Erst soll man sich auf seiner Verjangenheit besinnen und denn gleichzeitig an die Zukunft denken. Da kriegense doch glatt 'n Drehwurm und verrenken sich den Hals dabei. Ick hab doch keinen Johanniskopp wie die ollen Römer, deß ick gleichzeitig nach vorne und hinten kucken kann.

Also schön, was is denn eigentlich ne Prognose? Bei ein Mediziner is dis kein Problem. Man jeht bei ihm hin, der horcht Ihnen ab, denn schreibt die Sprechstundenjehülfin die Amnestie auf, und der Herr Doktor stellt seine Prognose, wobei er Ihnen meistenteils doch nich sagt, wasse eigentlich haben. Aber nu jreift ja dis Prognosestellen so sehr auf der Öffentlichkeit über wie inne zwanziger Jahre dis Jo-Jo-Spiel oder die Horoskope. Und da hamses mal wieder: Die Sternkunde, wo schon die ollen Ejüpter ihr Hobby war, davon wollense partuh nischt wissen. Und ins Fernsehn machense sich über die Buch-Ella lustig. Na schön, ick halt ja selber nischt von die Wahrsagerei. Aber nu zwingt man doch sone anständigen Menschen wie unse Ottchen oder Herrn Kurbjuhn, sich auch mit son Schwindel zu befassen und obendrein noch wissenschaftlich! Jawoll, is doch wahr! Ich hab immer jedacht, die letzten Propheten, so wie Hesekiel und Jeremias, sind mit die Bibel ausjestorben. Und was is? Da kriegen wir ne Sorte neue Propheten, und die bezahlen wir beide von unsere Steuerjelder.

Nu setz ick mal dreist den Fall, die behalten wirklich recht und können so unjefähr voraussagen, wie dis in zehn Jahren inne Wirtschaft aussehn tut. Denn steht die Industrie janz dicke da, der Handel rollt noch ville besser, die Leute sind schlauer und jebüldeter... Und icke? Ick bin denn Neese und sitze immer noch in meinen mickrigen

Laden. Und warum? Bloß weil mir keiner meine Prognose stellt. Nu kommse mir aber nich gleich mit die PeJeHa Wellenreiter – die ihre Prognose is nämlich nich mein Bier. Also muß ick selber ran. Und nu werd ick Sie beweisen, was dis fürn Unsinn is.

Rechnense mal mit: Jeden Tag vierzig Kunden, inne Ferienzeit weniger, dafür jehts bei Kinder schneller, die Schließtage, den Urlaub und die Sonntage ab – macht rund zehntausend Kunden pro Jahr. Dis sind in zehn Jahre hunderttausend. Die jenaue Zahl könnt ick Sie natürlich erst in zehn Jahre nennen. Wenn ick nu jenau wie mein Ältester ranjehn würde, müßt ick Ihnen heute schon sagen: Sie als Kunde sind mein Zulieferbetrieb. Also tragense sich auf Ihren Kalender ein, am dreißigsten Mai neunzehnhundertsechsundsiebzig nachmittags um viere tanzense zum Haarschneiden an. Aber dis kann ick jar nich sagen. Und warum nich? Weil ick jar nich weiß, wie *Ihre* Prognose is und ob Sie an den Tag Zeit fürn Frisör und überhaupt noch Haare aufm Koppe ham. Außerdem werde ick an dis Datum jenau achtzig Jahre alt und mach nachmittags den Laden dicht, weil ich mit meine Familie einen schmettern will.

Also sehnse schon, deß man sich in meine Lage am besten jar nich mit die Prognose einlaßt, wenn man nich wie die in Buna ein Elektrojehirn hat, was einen dis Denken abnimmt. Jott, ick bin doch in diese Beziehung höchstens auf meinen Jehülfen, Herrn Kafforke, anjewiesen, der sich auch nich weiterzudenken traut wie icke. Und Muttern nimmt dis alles mehr so jefühlsmäßig und sagt: Bist 'n oller Dussel, Willem. Kuck mal, sagtse, du bist nu mal keine Industrie, und die Leute wachsen alle Jahre wieder neue Haare aufm Kopp. Und wenn du die ordentlich schneidest und nich soville quatschst, wo du bloß die Hälfte von verstehst, denn haste ja auch noch deine Perschpektive. Sehnse, und je mehr icks mir überlege, desto rechter hat Muttern. Dis einzigste, wo mir heute schon leid tut, sind die Schulkinder. Wir brauchten damals bloß sechzehn alte Propheten lernen. Aber nu stellnse sich dis mal vor, wenn die neuen Prognosepropheten wie Pilze aus die Erde schießen!

Anfeuchten oder trocken lassen?

Frisör Kleinekorte gründet einen Verband

Nehmse Platz, Herr Jeheimrat! Was gibsn Neues aufm Bau? Wieder Nachtschicht gehabt? Sehnse, während Sie in sone lauen Sommernächte bloß arbeiten, sitz ick so bis übern Zappenstreich im Blauen Affen und mach mir meine Jedanken. Beflügelt, wie der Dichter sprecht, von Stücker fünf Pils und zehn Spezi, zischt den ollen Kleinekorte sein schenialer Jeist durch die nächtliche verräucherte Kneipe und bringt die verwegensten Jedankenjebäude ins Rollen.

Jott, wat brummt mir der Schädel von dis anjestrengte Stimulieren. Aber ick muß mal von vorne anfangen, damit Se mir jeistig noch folgen können. Also eigentlich wollt ick mir in die Budike bloß ne Zijarre kaufen, weil der Konsum schon zu hatte. Und da treff ick Brennecken, wo ja verjleichsweise noch ein junger Spund is und erst seit zwei Jahre Rente kriegt. Unter uns jesagt, Brennecke war schon voll wie dausend Mann und weinte immer stüll vor sich hin. Nu bin ick ja meinem Wesen nach sone Art Samariter und werd gleich ne neue Lage kommen lassen. Wat hasten, Arthur? frag ich ihm. Nu heult er erst recht Rotz und Wasser. Willem, sagt er, ick fühl ma so alleene. Kick mal, wir paar selbständige Herrenfrisöre, wo die letzten Mohikaner wie Warus der Schirusker in janze Legionen in die PeJeHas desertieren, wat soll denn bloß noch aus uns werden? In den Moment durchzuckt es mir wie ein Blitz aus heitren Hümmel. Herr Wuttke, sag ick, noch mal disselbe! Und nu ick wiederum zu Brennecken jewandt: Arthur, ick habs. Wir jründen einen Verband. Nehmse mal den Kopp 'n bißken runter, sonst verschnippel ick Ihnen noch, und dis wäre ne schlechte Werbung für unsern neuen Verband der letzten selbständigen Herrenfrisöre. Jott, Brennecke hat man während meine lichtvollen Ausführungen dusselig wie son doter Stockfisch vor sich hin jepliert, und ick bin mir nich mal sicher, ob ick bei den Jründungskongreß wirklich auf ihm zählen dürf. Aber irgendwie muß man doch dis alles mal loswerden.

Also, Sie wollten wissen, wie ick mir so meinen Verband vorstelle. Nu könnte ja irjend son Hannepampel kommen und sagen, wozu? Ihr seid doch schon inne Frisörinnung orjanisiert. Aber, Sie werden mir recht verstehn, 'n neuer Verband is ebent was Besonderes, und da steht man wenigstens mal inne Presse, sojar, wenn es dreist nur heißt, der Verband der selbständigen Herrenfrisöre hat mal wieder jetagt. Sehnse, und dis alleine reicht natürlich nich aus. Zuerst muß man sich allerhand vornehmen und verkündigen, deß man ein aufjeregtes Verbandsleben entfalten will. Da hatt ick ja nu meine janzen Hoffnungen auf Brennecken jesetzt, weil der manchmal nach Feierabend als freiweltlicher Beerdigungsredner auftritt und die Trauerjemeinde so schön an den Rand des Tränenkrügleins bringt. Aber Brennecke hatte schon wieder die Augen zu und schnobbelte. Jott, an diese Stelle weiß ick auch bald nich mehr, wie ick Ihre Glatze tarnen soll. Wissense, wenn die andern Herrenfrisöre mein neuer Verband jenauso schnurz und piepe is wie Brennecken, denn muß ick am Ende noch selber die jroße Jründungsrede reden. Und dis is villeicht sojar dis beste.

Werte Meister der edlen Kunst – Quatsch, ick meine Zunft –, werd ick feierlich bejinnen. Die Zeit is heranjereift, wo wir die Frage stellen, warum sollen bloß andere Leute ihren Verband haben? Desse mir nich mißverstehn, ick meine verjleichsweise die Kleintierzüchter und schwebe nich etwa in höhere Religionen, was nämlich bloß die Jeistesschaffenden zukommt. Wenn also, würde ick fortfahren, ein Verband nich bloß so einfach für die Mitglieder von Nutzen sein soll, sondern auch nach was aussehn soll, denn brauch er seine Sektionen. Ick würde vorschlagen, deß wir gleich am Werk schreiten und dieselben auch noch mitjründen. Da is zum Beispiel Meister Schumacher, wo immer schümpt, weil sich die männliche Kundschaft sowenig die Haare veredeln laßt. Herr Schumacher, Sie deichseln also die Sektion Haarfärben und Ondulieren. Villeicht findet sich ein anderer Kollege, welchen ich zum Vorsitzenden für die Sektion Kinderhaarschnitt abstellen dürf. Aha, dis will natürlich wieder keiner machen!

Sehnse, Herr Jeheimrat, so hat man gleich an Anfang seine Sorgen mit son neuen Verband, wobei ick im Jeiste die andern Sektionen schon besetzt habe, nämlich Messerformschnitt, Koppschuppenexperten, Schaufrisieren. Ick könnt Ihnen die Namen nennen, aber der normale

Mensch kennt ja die Leute doch kaum. Jroße Sorgen macht mir zur Zeit bloß noch die Sektion Haarspalterei, hahaha, kleiner Scherz von mir. Offiziell muß dis natürlich Frisierwissenschaft heißen. Da kenn ick nej ne janze Menge Berufskollegen, die tun zwar immer so, als ob se dis Schwefelpulver erfunden hätten, aber im Jrunde quasselnse auch bloß, was ja keinen anständigen Frisör richtig helfen tut. Sehnse, beinah hätt ick noch die Arbeitsjruppe Jungfrisöre verjessen. Werte Meister – also icke nu wieder aufs Rednerpult –, die Sorge um den Nachwuchs bewegt uns alle tief. Und darum müssen erfahrene Meister alle die Kollegen anleiten, die noch nich wie wir ins Rentenalter sind.

Nu kann man natürlich nich einfach 'n neuen Verband jründen und dabei dis Wichtigste unter dem Tisch fallen lassen. Werte Meister, und darum schlag ick vor, deß wir für besonders verdienstliche Kollegen die Fritze-Bollmann-Medaille stiften. Bedingung für die Verleihung is: entweder besondere Leistungen im Angeln oder wer besonders jut seine Stammkunden durch züchologisch interessante Jespräche die Zeit beis Haarschneiden vertreibt. Könnse Jift drauf nehmen, Herr Jeheimrat, die erste Medaille verleih ick in alle Bescheidenheit an mir selber.

Nu dürf dis natürlich nich darin ausarten, deß sich der Verbandsvorstand bloß immerzu mit sich selber und seine eigene Probleme befassen tut. Er muß auch mal rausfahren zu die jrößeren und kleineren Salongs in der Provinz und die Leute erzählen, wie wir an Kamm und Schere jereiften ollen Knacker aus die Hauptstadt unsererseits die Haare schneiden. Da freu ick mir schon richtig drauf. Wenn denn da draußen von die Waldheinis einer auch nur ein Zentimeter kürzer oder länger schneidet als wie ick in mein Salong, denn komm ick rein und mach ne öffentliche Disputation wie Martin Luther seinerzeit mit Doktor Eckstein auf die Pleißenburg, also deß die Haare nur so fliegen. Jott, wenn man selber nich mehr so richtig in Form is, glaubense man, dis schärft den Blick für die Schwupper, wo sich andre leisten tun.

Nun aber – jetz jeht meine Rede weiter: laßt Not, laßt, wie der Inglischmänn sprecht – brauchen wir ein Verbandsorjan, und davorhalben schlag ick den Titel »Haarmode der Zeit« vor, damit die Innungskollegen daraus entnehmen können, wie schön bewegt unser Verbandsleben so vor sich jeht. Auch muß alles über unsere Sorgen drin stehn, und wenn wir zufällig mal keine haben, denn machen wir uns schon welche. Und als Verbandslokal schlag ick einstweilen den Blauen Affen vor, bis wir den Majistrat breitjeschlagen ham, deß er uns zuliebe aufn neuen Alex noch sone Art Haus der Herrenfrisöre zwischenklemmt. Und nu könnt ihr mir als neuen Präsedenten wählen. Erstens wird es mit meine Jicht immer schlimmer, und wenn ick hier in Laden nich mehr aktiv kann sind, für sone Verbandsarbeit langt es immer noch. Und Herrn Kafforke bring ick gleich als Verbandssekretär mit.

Tschuldigense, Herr Jeheimrat. Jetz hab ick janz verjessen, Ihnen weiterzubedienen. Und sehnse, trotz die Schwierigkeiten mit den neuen Verband, dis Haarschneiden jeht weiter!

Frisör Kleinekorte an den Grenzen seiner Macht

Nehmse Platz, Herr Jeheimrat! Was gibsn Neues aufm Bau? Wieder Nachtschicht gehabt? Mir solltense heute lieber jar nich ansprechen, ick hab schlecht jeschlafen, aber dis is meine eigene Schuld. Warum macht man sich als oller Mann überhaupt noch soville Jedanken um alles. Zu sagen hat man so und so nischt, nich mal hier zu Hause. Muttern sagt immer, is jut Willem, hast ja recht, und denn machtse letzten Endes doch alles so, wie sie dis richtig findet. Sehnse, und jenauso isses mitm Staat. Nehmse mal den Kopp 'n bißken runter!

Beim Kaiser war alles noch so schön einfach. Da hamse die Hände anne Hosennaht jelegt und jawoll jesagt, denn hamse sich nischt ausjestanden, höchstens als Sozi. Denn kamen die joldenen Zwanziger, da konntense sagen, wasse wollten, und jemacht wurde es doch andersrum. Na, und in die zwölf Jahre bei Adolfen hattense sich schon so schön dran jewöhnt, desse jar nischt zu sagen hatten. Und nu hieß es auf einmal, jetz soll der kleine Mann wieder alles sagen und sojar rejieren helfen. Dis war leicht jesagt. Ick hätt ja auch janz jerne mal mitrejiert, aber nu stand ick schon auf dem Klimamax von mein erfülltes Leben, und keiner hatte mir ja beijebracht, wie man rejieren tut. Ick hatte schon inne Pantinenschule jelernt: Jehe nie bei deinen Fürst, wenn de nich jerufen würst! Und dabei bin ick zeitlebens am besten jefahren. Jott, was mach ick bloß gejen Ihre Koppschuppen?

Sehnse, ick hab ja auch heute noch ne Menge Arbeiterkundschaft. Nehmse zum Beispiel Robert Köppen, Sie wissen, der, wo ick immer sage, wenn se alle so wären wie der... Is 'n richtigjehender Arbeiterjunge aus de Kellerwohnung jewesen. Aber sein jroßen Mund hat er nie konnten halten, nich mal in schlümmste Zeiten. Und nach fümmenvierzig war er immer vorneweg und hat die Leute, sojar die Fungsionäre, dauernd jete Ratschläge mußten jeben. Beliebt jemacht hat der sich mit seine harten Töne damals bei keinen. Und recht jehabt hat er immer. Na schön, und was war die Folge? Nachher hamsen studieren jeschickt und zum Werkdirektor jemacht. Die Partei is doch 'n Fuchs. Als kleiner Mann war er ihnen nich recht, wo er mitrejieren wollte, also hamsen so pöapö zum jroßen Mann befördert, weil ses ebent nich leiden können, deß man ein kleiner Mann bleibt, wenn man wirklich mitrejieren könnte. Aber dis is wohl elektrischer Matrijalismus, und davorhalben bin ick nich zuständig.

Vorhin war Otto Klapproth hier; müssense doch kennen, der arbeitet als Maurer am Alex. Da hamse dis lebende Beispiel, deß man als kleiner Mann lieber die Pfoten von schwierige Proppleme laßt, wenn man se sich nich verbrennen will. Otto Klapprothen hat mir ne janze Masse erzählt, sone Korken, wasse da so alles in sein Betrieb zurechtschludern. Und denn erzählnse den Arbeiter noch, da is alles in Butter. Was die da so mit dis Baumaterial rumsauen, also dis is jenauso, als wenn mir die Rasierseife ins Waschbecken fallt und ick verjeß, ihr rauszulangen. Könnse sich ja vorstellen, was da an andern Morgen noch übrig is, wo noch obendrein der Wasserhahn seit Jahren droppt. Otto Klapproth is nu fuchtig jeworden und hat sein Scheff auf ne Versammlung die Meinung jesagt und noch ne janze Menge Vorschläge, wie er sich vorstellt, wie mans richtig machen müßte. Aber nu hat er den Salat. Dis konnte ja jar nicht jut jehn.

Nächsten Tag hamse Otton zum Brigadier ernannt, und dis is immerhin was; bei die österreichische Armee in ersten Weltkriech war dis mündestens sone Art Jeneral; und nu steht Otto da und rennt von eine Sitzung zur andern. Überall holnse ihm dazu und fragen ihm um seine Meinung. Dadran sehnse, deß auch bei uns der kleine Mann nich unjestraft sagen kann, was er denkt. Und dis Schlimmste, der Dussel freut sich noch darüber und sagt, nu fallt ihm langsam son dicker Mauerstein vom Herzen. Erzählnses ruhig weiter für andere leichtsinnige Jemüter, wo der Hafer stecht. Aber mitzureden hat unsereins im Jrunde doch nischt. Höchstens Ratschläge soll man jeben. Aber nu frag ick Sie, was is dis für ne Rejierung, die sojar auf die Ratschläge vom kleinen Arbeiter oder sojar vom Rentner anjewiesen is? Wenn ses für sich behalten, Fleischer Meusel und sone Leute sollen dis lieber jar nich wissen. Ick hab jetz den Abjeordneten selber 'n Vorschlag jemacht. Damit mir die Kinder im Laden nich die Kundschaft verjraulen, will ick an mein freien Mittwochnachmittag im Kinderjarten die kleinen Kröten umsonst die Haare schneiden. Und stellnse sich vor, der sagt, is ja prima, könnse sofort anfangen. Und warum? Der wollte mir bloß kaufen, damit ick für mein Teil im Laden nich mehr erzählen kann, der kleine Mann hat nischt zu sagen.

Frisör Kleinekorte in Frühjahrsnöten

Nehmse Platz, Herr Jeheimrat! Was gibsn Neues aufm Bau? Wieder Nachtschicht gehabt? Sehnse, dis sind so die unruhigen Frühjahrsnächte, wo sojar in einen ollen Weltstadtmenschen wie mir so gegen Mitternacht die Lindendüfte erwachen, wie der rasende Uhland dis so schön ausdrückt. Irjendwo knackt es in die ollen Knochen, und denn denksense, gleich laßt der Frühling sein blaues Band übern Balkong ins Schlafzimmer reinflattern. Aber Kuchen! Jrade wenn Se sich so die Hallo-Nationen an die Lenznächte von damals hinjeben wollen, denn krächzt Muttern unter ihre Bettdecke: Willem, wiste woll det Fenster zumachen! Morjen kannste vor Hexenschuß wieder nich krauchen! Na, denn stehnse ebent auf und knallen den Laden wieder ran. Is man auch besser so, denn draußen jrölen nu auch schon die letzten Besoffenen ausm Blauen Affen. Und nu dröhmle ick so vor mir hin und frage janz leise: Weißte noch, Frieda, wie wir damals auf die kleine Bank in Friedrichshain und so? Aber Muttern schnarcht wie ein Sägewerk, und nun findense schon aus augustischen Gründen keinen Schlaf mehr. Und dis is ebent der Frühling von Berlin – hörnse mir doch auf!

Früher sind wenigstens noch die kleinen Zugvögel über die Hauptstadt jen Norden jemacht und haben hoch in die blaue Luft ihre possierlichen Liebesspiele jetrieben. Jott, die kleinen Vöjel! Heute traunse sich nich mehr, weil sie der Fernsehturm im Wege steht. Und dis verbindet mir mit die ollen Piepmätze: Manchmal stört uns ebent der janze neumodische Kram in unsere liebe alte Jewohnheiten. Nehmse mal den Kopp 'n bißken runter! Ick bin bestimmt in meinen Herzen jung jeblieben, bloß die Beine wollen nich mehr so. Aber die heutige Jugend hat doch so jar kein Jefühl mehr für die innerlichen Werte. Seh ick am besten an mein Enkelsohn, wo seitm vorigten Herbst hier in Berlin Schemie studiert. Nich, deß ick den Jungen 'n Vorwurf draus mache. Die Entwicklung laßt sich ja nich mehr aufhalten. Zuerst ernährnse bloß dis Hühnervolk schemisch, aber sone Broiler dürf Muttern jar nich kaufen. Und als nächstes kommt denn die übrige Bevölkerung ran, künstliche Butter und schemische Kartoffeln. Passense auf, was ick Ihnen sage, und eines Tages knabbert die Menschheit villeicht noch Bongbongs aus Kupferwittrijol, aber dis werd ick Jott sei Dank nich mehr erleben. Und wenn der Bengel bei uns kommt, denn laßt er sich immer noch Mutterns Nappkuchen ala neunzehnhundert schmecken.

Ick hab ja sooft davon jeträumt, wie ick als oller Mann mein Enkel anne Hand nehme und ihm mein liebes altes Berlin erkläre. Vorigten Sonntag war es nu soweit. Ick mein Jürjen jenommen und losjeschoben – wir beiden Männer. Ick war ja schon ewig nich an Alex, aber ick hätt bald bütterlich losjeheult, wie ick dis jesehn hab. Da redense immer so ville vons kulturelle Erbteil, und was machense? Sie verbubanzen einen die letzten Stätten der Erinnerung. Mein Enkelsohn wußte natürlich jenau Bescheid: Hier kommt dis neue Hotel her und da dis neue Kaufhaus. Ick hab mir kaum noch konnten orientieren, und dabei hab ick mir damals an jede Ecke zurechtjefunden, dreist, wenn ick noch so stockbesoffen war. Hinten 'n bißken kürzer, weils Frühling wird?

Nachher ham wir unser Bierchen janz oben ins Haus des Lehrers jepichelt. Son Unsinn, früher ham die Pauker jenug inne Schule zu tun jehabt, statt in son vornehmes Etablissemang rumzuländern. Und heute wissen die Schulkinder nich mal mehr, wann Kaiser Rotbart den Prinzen Eujehn besiegt hat. Tschuldigense die Abschweifung, aber bei Erziehungsfragen stoßt mir immer die Jalle auf. Nu sitzense da mit son Kind von die jüngere Schenneratzjon mitten über die Dächer von Berlin, und was sehnse? Lauter Kräne und Baugruben, weil der Staat ebent immer dis Unterste zuoberst kehrt und umjekehrt. Und wie ick mir den Jungen, was nu mein eigen Fleisch und Blut is, so mit ein jewisses Jefühl der Rührung betrachte, frag ick mir: Was hat er nu von seine Jugend? Schemie und Negerjatz und 'n Haufen pullitische Versammlungen. Wie ich in dis Alter war, da ließ man sich als junger Spund erst mal den Wind um die Nase wehn.

Siehste, sag ick, hier, wo jetz dis tiefe Loch hinter den Kran is, da war früher dis berühmte Kaffe; wie es richtig hieß, weiß ick nich mehr, aber bei uns hieß es bloß Kaffe Röckchenhoch. Da sindse reinjejangen – mir nanntense ja damals mit mein Strohhut bloß den Baron vom Friedrichshain, und sowie ick aufkreuzte, spielte der Klavierspieler schon: Du hast ja keine Ahnung vom Herzen einer Frau. Herz is jut, wa? Denn wurde anständig einer jefiffen. Und nachher machte Narbenpaule – so hieß der Wirt –, machte der also wie jesagt vorne dichte, und denn jingen die Stammjäste in die schummrigen Hinterstübchen. Wattense ma, ick mach bloß die Türe zu, denn so schwerhörig, wie se immer tut, is Muttern jar nich. Also Pferdchen hatte Narbenpaule zu laufen ... Junge, sag ick, da hätteste abjeschnallt und erst mal jemerkt, wie porfan und mickrig eure Meechens heute sind. Der Jürgen hat aber bloß doof vor sich hin jegrient, denn sone Kinder kriegen ja auf ihre Universität alles einjetrichtert, nur keine Phantasie. Also versteh mir recht, Junge, sag ick, nich deß Opa ein oller Schweinigel war, aber dis war damals ebent so. Wenn man denn in den Stand der heiligen Ehe reintrat, denn war dis vorher wie mit ein Serum: Man war jeümpft und sozusagen gejen die Anfechtungen des Fleisches immun wie'n Reichstagsabjeordneter. Nich wahr, Düfterie kriegt man ja auch bloß einmal?

Gejenüber von Kaffe Röckchenhoch war dis Stammlokal von den Sparverein Waldeslust. Dis waren natürlich richtigjehende Ganoven, aber noch solche mit 'n joldenes Herze, und mancheiner ließ sich bei mir die Haare schneiden. Und in die ihre Kneipe hat sojar die Polente mal jerne einen jeschnasselt. Dis war ebent in die jute alte Zeit alles nich so säuberlich jetrennt reinjejangen heute, und die Jrünen kriegten manchen juten Tip von die Ringvereinsbrüder und waren denn ihrerseits auch nich kleinlich. Tschuldigense, ick jeh gleich mitn Blutstiller rüber! Dis sind alles Dinge, die die Jugend nich mehr kennenlernt, und dabei jehörte so was einfach zu den pulsierenden Atem von einer Weltstadt. Schlagense doch mal heute die Lokalnachrichten auf. Was lesense? Hausjemeinschaft und Wettbewerb und sauberes Berlin. Keine Seeschlacht mehr, wos einen beim Lesen so eiskalt den Puckel runterrennt, keine Puffs mehr, und dabei war dis janz hügünisch, und nich einen einzigen Janoven mehr von Rang und Namen, bloß irgend son popliger Bürger mit zwei Anfangsbuchstaben, wo im Selbstbedienungsladen jeklaut hat. Junge, sag ick zu mein Enkel, da unten in die Baujruben beerdigense Opan sein liebes altes Berlin, wie es weint und lacht, und die letzten süßen Jeheimnisse von Kaffe Röckchenhoch nehm ick eines Tages mit ins Jrab. Tagsüber hamse bei Wertheim Schlipse verkauft, die Meechens, und weil der Zaster nich reichte, sindse ... na, is ja auch egal, aber schön wars doch.

Aber Taktjefühl hat unserer Jugend nich fürn Sechser. Wie ich noch so vor mir hin stimuliere, erzählt mir der Bengel, desse diesmal vonne

Effdejott aus anne Ostsee zelten wollen, Jungs und Meechens, alle durcheinander. Hamse dafür noch Töne! Von unser Jeld studieren und denn womöglich noch Nacktkultur treiben wie die Wilden aufs Bismarckarchepipel, wie wir noch unsere Kolonien hatten. Und dis soll nu die höhere Moral sind! Wissen Sie villeicht, ob sich die jungen Menschen nich dis Schönste von die Ehe schon vornewechnehmen? Aber die wollen ja von uns reifere ältere Menschen partuh keine Lehre annehmen. Macht zweifuffzig.

Frisör Kleinekorte denkt wissenschaftlich

Nehmse Platz, Herr Jeheimrat! Was gibsn Neues aufm Bau? Wieder Nachtschicht gehabt? Da hamses jut: Wenn sie von Arbeit kommen, isses noch duster, und Muttern hat dis Bette anjewärmt, und denn rin inne Federn und ausjekokst. Und wenn Sie am hellerlichten Tage beim Frisör jehn, steht derselbe schon wieder im Laden, und keiner fragt ihm, wie er denn seine schlaflosen Nächte verbracht hat. Also nich, desse denken, ick war inne Kneipe. Dazu komm ick inne letzte Zeit jar nich mehr. Wenn Muttern schon lange vorm Fernsehen einjeschlafen is, was ick ihr andrerseits jar nich verdenken kann, denn sitz ick vor mein dickes Diaquarium, wie der Jebüldete sone Schreibebücher nennt, und stimuliere, wie ick wohl zu dis jünstigste Süstem komme. Nehmse mal den Kopp 'n bißken höher, damit ick Ihren interessanten Haarwuchs auch so richtig von alle Seiten erfassen kann!

Dis wird Ihnen villeicht neu sind, aber soweit ick dis aus die diversen Zeitungen, wo ick immer zum Kaffe lese – dis muß man ja leider, damit einen die Kundschaft nich jeistig über den Kopp wachsen tut –, also, wie ick dis rauslese, hängt dis heute alles von die verschiedenen Süsteme ab. Wenn Se dis aus meine Sicht mehr so chronisch betrachten, könnense natürlich sagen, der olle Kleinekorte war doch schon in die joldenen zwanziger Jahre janz dicke da, wo sich ja andererseits ebenfalls Süstemzeit nannten. Aber nach was für ein Süstem der Deutsche damals eigentlich lebte, dis is mir nach die langen Jahre jar nich mehr erinnerlich. Wissense, es jab einfach zuville Parteien und Süsteme, und keines hat sich so richtig halten können. Nehmse zum Beispiel die Stenographie. Da hattense dis Süstem Jabelsberger und den stolzen Schrei. Und wer sprecht Sie noch davon? Die jungen Meechens in die Büros, die schreiben alle die Einheitskurzschrift, was mir nu wiederum mißtrauisch gegen zuville Süsteme auf einmal macht.

Jrade darum werdense mir verstehn, wenn ick, son oller Fuchs, wie ick nu mal bin, wieder mal mißtrauisch gejen den Staatsrat werde. Wenn man dis die Leute doch bloß mal persönlich sagen könnte! Fangen die doch – ick schwörs, dis hab ick eigenhändig inne Zeitung jelesen – wieder mit mehrere Teilsüsteme an, ein ökonomisches und ein kulturelles und so, und oben drüber soll die Wissenschaft stehn und alles zusammen vereinigen. Aber dis is natürlich völlig verkehrt, und unter uns jesagt: Mir solltense mal regieren lassen. Im Moment käm ick aber jar nich dazu, weil ick bis um Mitternacht bloß an mein Bestellsüstem arbeite.

Sehnse, ick hab doch eine derart jemischte Kundschaft aus alle Stände, und wenn ick mir die so ankucke, kann ick nur sagen: Jeder Mensch is verschieden; und dazu bemüh ick mir ebent, die Rechnung zu tragen. Nu will ick dis so machen: Montags kommen nur die Arbeiter und Inschenöre und Werkleiter, meinswejen auch noch die Buchhalter, verstehnse mir recht, die Leute, wo mehr so die Ökonomie machen und die Werte schaffen. Dazu muß ick der Vollständigkeit auch noch Fleischer Meusel von nebenan rechnen, weil ja seine Leberwurscht auch ziemlich wertvoll is, seit se ihm die Arbeiter- und Bauernkonschpektion zur Kontrolle ins Haus jeschickt haben. Und die Meister so wie Albert Hauhechel von nebenan, die jehören auch aufn Montag, und weil der immer soville quasselt, brauch ick auch noch gleich den Dienstag dazu, woraus Sie ersehn können, wie wichtig die Ökonomie is. Mittwochs mach ick mein Ruhetag. Erstens steht mir dis zu, zweitens brauch ick ihm, um mir mit die Wissenschaft zu befassen, und drittens dient dis dem Sportsüstem; Herr Kafforke, mein Jehülfe, der rennt nämlich zu jedes Spiel, sojar mittwochs, von die eisernen Unionfußballer. Und damit gibt er die prominenten Fußballer ein Beispiel an Eisernheit, denn der würde sojar denn noch hinrennen, wenn die schon längst wieder inne Bezirksliga spielen. Der Donnerstag is denn der Tag für die Sportanhänger und die Sportler inne Kundschaft, und da führt Herr Kafforke dis jroße Wort. Denn überall kann ick ja als privater Leiter nich selber den Ton anjeben. Da bin ick nu wieder einsichtiger als wie son richtiger Werkleiter, die wo überhaupt alles selber machen wollen. Aber dis is Quatsch. Für manches brauch man ebent seine Leute.

Mein eigentlicher Höhepunkt is denn mehr so der Freitag, wo die Herren Kulturschaffenden und sonstige Jeistesriesen antanzen, zum Beispiel wie Herr Lobedanz vom Fernsehfunk. Der Werkleiter, doch da eine richtigjehende Kaprizität und hört dis Jras über alle Affären wachsen und verratet mir schon immer vier Wochen vorher, wer der Mörder is. Der muß es ja wissen, weil er in die Adlershofer Kantine als Kellner funkzioniert, wo man volkstümlich auch die Wanne nennt. Und in die Wanne is er Kapitän und kommt laufend mit sone Stars wie Otto Mellies und Aufnahmeleiter Lehmann zusammen. Die Kotletten grade oder schräg? Und am Sonnabend nehm ick denn die Kundschaft ran, wo unter Sonstiges läuft oder schwer einzusortieren is, wie zum Beispiel Robert Köppen vonne Partei. Robert kennt sich nämlich in alle Süsteme aus, in Ökonomie, Sport und Kultur. Und wie neulich keiner im Laden war, hab ick ihm – brauchense aber nich weitererzählen – heimlich jewarnt, deß er nich auf dem laufenden is. Denn seine Partei – und dis weiß ick nu wieder aus de Zeitung – hat jesagt, so ab neunzehnhundertsiebzig sollen alle Süsteme vereinigt werden.

Aber nu hat er mir janz im Vertrauen jeraten, er und icke sollten man schon immer 'n bißken mitm juten Beispiel vornewechjehn.

Sehnse, und darum sortier ick ja die Kunden so: Ick will mal sagen, janz oben über alle Süsteme von Montag bis Sonnabend schwebt die Wissenschaft, und die verkörpere ick mit meiner Wenigkeit. Die Industrieleute erzähl ick was über Fernsehen und obendrein noch von Kultur. Die Sportler hingejen komm ick janz raffiniert mit dis Thema Arbeit. Und die Kulturfritzen erschüttere ick mehr so züchologisch, indem ick erzähle, wie sich die Werkleiter für Kultur interessieren und sich wundern, deß über ihr Werk noch immer keiner einen Roman jeschrieben hat.

Nu werdense villeicht fragen, warum ick die einzelnen Süsteme so nach Wochentage auseinanderhacken tue. Aber dis müssense ebent wie den elektrischen Matrijalismus betrachten: Wo ein Zusammenhang besteht, dis soll der Mensch nich auseinanderreißen. Wenn ick die einzelnen Leute in ihr Süstem jenügend weiterjebüldet habe, denn führ ick alles wieder zusammen und hebe mein Bestellsüstem auf. Denn kann sich jeder an jeden Wochentag nach Herzenslust die Haare schneiden lassen, und denn herrscht in mein Salong sozusagen ein Zentrum des jeistigen und wissenschaftlichen Lebens. Aber erzählense dis nich weiter. Im Moment jeht dis nämlich noch nich, weil jeder bloß an sein eigenes Süstem denkt und den andern villeicht fürn Dusseltier hält, weil er nich mitreden kann. Aber kommense mal in einem Jahr wieder, denn findense an diese historische Stätte ein entwickeltes jeselliges Süstem, und denn beantrage ick als jeistig-wissenschaftlicher Schrittmacher beim Staatrat Freibier für meine janze Kundschaft. Und denn soll mal die PeJeHa Wellenreiter sehn, wo se bleibt! Scharf nachwaschen?

Frisör Kleinekorte unternimmt einen Betriebsausflug

Nehmse Platz, Herr Jeheimrat! Was gibsn Neues aufm Bau? Wieder Nachtschicht gehabt? Ick seh ja man heute auch nich jrade wie Jungsiechfried aus und würde mir am liebsten auf mein Kannapeh verpfeifen, aber als Kapitän, da geht man ebent als letzter von Bord, ganz im Gejensatz zu Herrn Kafforke. Der macht nämlich heute blauen Montag, und dis hat man nu als Scheff davon, wenn man seine Belegschaft einen richtigjehenden Betriebsausflug in dem undankbaren Rachen reinschütten tut. Sindse doch mal ehrlich: der Mensch kann nich bloß immerzu arbeiten wie son Kümmeltürke, er brauch auch sone Art Erholungssüstematik und nich bloß andauernd Kneipe und Schkat. Dis is aber jar nich so einfach, wenn Se nich zufällig ein Jroßbetrieb wie beispielsweise mein Sohn in Buna sind. Die fallt es natürlich ville leichter, 'n kompletten Wochenendausflug inne Berge oder so aufe Beine zu stellen, wo dann auch Hand und Fuß hat. Aber grade dis ließ mir nich rasten oder ruhn, weil ick nämlich schon immer jroß ins Orjanisieren war. Janze Abende lang hab ick wie son Jeneralstab meine alten Ausflugskarten studiert und mit Muttern die schönen Erinnerungen an unsere Jugendzeit aufjefrischt. Jott, was sind wir damals noch jewandert und mit die kleinen Waldvögelein um die Wette tiriliert, wo se heutzutage mit ihre ollen Motorräder und Autos längst aus sämtliche Wipfel verscheucht haben. Muttern wollt ja für ihr Leben jerne mit, aber ick sagte zu ihr, son Jewaltsmarsch, wie wir dis vorhaben, is nich mehr dis richtige für ihre wackligen Beine. Dafür hat sich uns noch in letzter Minute Meister Grundgeyer aus de Brunnenstraße anjeschlossen, der wie ick auch immer noch als Selbständiger rumkrebst. Ick hatt mir nämlich partuh in Kopp jesetzt, wie wir zu dritt vom Jasthof Rübezahl rauf auf die Kanonenberge emporklimmen und denn aus luftiger Höhe hoch über die blauen Wogen des Müggelsees, ein Lied durch die rauhe Bergwelt schmettern, deß die Heide wackelt:

Wir sind drei gute Kameraden und deß uns der Frühling einjeladen hat, bei ihm mang die blühenden Felder zu Jast zu sein. Dis hab ick alles schon förmlich vor mir jesehn und mir jefreut wie'n kleines Kind. Nehmse mal den Kopp 'n bißken runter!

Aber dis Schicksal muß wieder mal 'n Rochus auf mir jehabt haben. Mir beschlich schon sone Ahnung, wie wir uns jestern früh am Bahnhof Jreifswalder Straße trafen und Herr Kafforke wie üblich vollkommen ausm Rahmen fallen mußte. Müssense sich mal vorstellen: Jrundjeyer und icke als honorige ältere Männer mitn Panamahut und 'n leichten, jepflegten Sommeranzug und Herr Kafforke wie ne Vogelscheuche – Rucksack, Nagelschuhe und Knickebocker, und dazu hatte er sich heimlich meine olle Botanisiertrommel aus de Rumpelkammer rausjekramt. Am liebsten hätt ick ihm gleich nach Hause jeschickt, und wie die Leute inne S-Bahn über ihn jelacht haben, hab ick so jetan, als kenn ick ihm jar nich, und vor Verzweiflung noch feste mitjelacht. Na jut, früher, am Vatertag, war ick man ooch 'n ziemlicher Dollbrägen und hab mir ausstaffiert wien Pfingstochse, 'n Vogelkäfig aufn Rücken und 'n sauren Hering ranjehängt, Mann, war dis ulkig. Aber son Betriebsausflug hat doch nichts mit sone Herrenpartie von früher zu tun, und unser hätte sich bestimmt mächtig zur Anschaffung von neue Arbeitsfreude und alles so jeeignet, wenn wir wenigstens mitn Dampfer mitjekommen wären. Aber so sehnse aus. Hümmel und Menschen anne Weiße Flotte, und nich eine Schiffskarte mehr. Die waren alle schon im Vorverkauf wechjejangen, da sollte sich mal die Volksbühne ne Scheibe von abschneiden. Wenn die ihre Stücke aufm Dampfer spielen würden, hättense bestimmt noch ville mehr Zuschauer als wie jetz. Herrn Kafforke konnt ich jrade noch davon abhalten, sich als blinder Passaschier auf son jroßes Motorschiff zu mogeln. Da hätt er ja nischt von die schöne Landschaft jesehn. Laß man, Willem, sagte Jrundjeyer tröstlich, Wasser hat keine Balken, und da tummeln wir uns ebent 'n bißken in Treptow.

Dis war mir recht, denn in diese ländliche Gejend bin ick nachm Kriege jar nicht mehr hinjekommen, aber glaubense, wenn da nich die Spree jewesen wäre und anne andere Seite Stralau mit sein Kirchturm, ick hätt mir ja nich mehr zurechtjefunden. Früher war da ein Lokal ans andere, die kann ick noch herbeten wie sämtliche deutsche Kaiser:

Zenner, Spreediele, Spreejarten, Körnerdiele, Tusculum, die Remterdiele auf de Abteiinsel, Sonnenwende, Schloß Treptow, Paradiesjarten, Kaiserbad und die Alten Eierhäuser. Den Ausschank inne Spreediele, den nannten wir bloß Dreijroschenoper – zwei Jroschen für ne Molle und den dritten für den Korn. Dis waren noch Zeiten, auf die jroße Liegewiese ham sich die Arbeitslosen mit ihre Familien wie im siehmten Himmel jefühlt. Da hattense Sonne und frische Luft und konnten den ollen Hinterhof janz und jar verjessen. Aber jestern waren wir drei Musketiere die einzigen, wo sich da rumjeaalt und Mutterns Kartoffelsalat verdrückt haben. Bloß die Autos machten soville Staub, deß wir schnell was Nasses in der Kehle brauchten und zu Zenner marschierten. Aber da in die Gejend war jrade ne Ausstellung mit Boote und Zelte und kostete Eintritt.

Und nu hatten wir schon ne halbe Pulle Klaren intus, da fing Herr

Kafforke an zu randalieren, deß er sich sowieso kein Boot kaufen tut und lieber ein Bier will. Da sind wir denn weiterjesockt und ham wenigstens jetzt dis Lied von die drei guten Kameraden jeschmettert. Aber da war kein Stück mehr von blühende Felder in Treptow. Obwohl der Staat sonst so sehr für Landwirtschaft schwärmt, findense hintern Plänterwald nich ein Kornfeld mehr, bloß noch Neubauten. Jott sei Dank steht Ecke Köpenicker noch son richtiges kleines Jartenrestorang, wo Familien wie in alte Zeiten Kaffe kochen können. In diese beschauliche Oase, Süße Ecke jenannt, ham wir denn mehr so innere Einkehr jehalten wie auch sonst. Und bei Lichte besehn, muß ja son Betriebsausflug nich gleich in Jewaltmärsche ausarten. Oben blühten die Kastanien, und auch dies Bier hatte ne jepflegte Blume, Vetter Starmatz pfiff seine frohen Weisen und erinnerte mir an die jroßen Mülletärkapellen, wo früher in Spreejarten spielten und nich bloß sone jeschniegelten Jatzkomposte von sechs Mann wie heutzutage. Is ebent schade, deß Herr Kafforke so jar nischt vertragen kann und immer gleich anfangt, Wirtinnenverse zu singen und ausjerechnet, wie Jrundjeyer und ick da oben aufs Riesenrad dis schöne Volkslied anstimmten: Was kommt da von der Höh. Ach so, wie wir eigentlich in den neuen Lunapark mitten anne Spree reinjeraten sind, weiß ick selber nich mehr. Mir wurde bloß janz schwummrig zumute, wie ick in dis Spiejelkabinett plötzlich merke, deß wir Herrn Kafforke verloren haben. Glaubense man, mir machte die janze Sauferei auf einmal keinen Spaß mehr, denn als Scheff fühlt man sich doch verantwortlich für seine Leute und sagt sich, so was Undankbares. Man bietet ihm die janzen Schönheiten unserer Heimat, und der Kerrel macht sich dünne. Nach zwei Stunden hatten wir ihn endlich jefunden. Da hat er an die Selbstbedienungsampel beis Ehrenmal dauernd auf Rot jeschalten und wie 'n Ziegenbock jemeckert, wenn alle Autos seinetwegen anhalten mußten. Bis einer ausjestiegen is und ihm eine jelangt hat. Unter uns jesagt, den nächsten Betriebsausflug mach ick lieber gleich nachm Blauen Affen. Und dabei weiß ick haarjenau, deß uns aufm Bahnhof Frankfurter Allee die Transportpullezei bloß deshalb aus de S-Bahn rausjeschmissen hat, weil son kleiner Betrieb als wie meiner nu ebent mal nich die Struktur bestimmen tut. Macht zweifuffzig, aber bei mir hats jestern gleich fünf Mark jemacht.

Frisör Kleinekorte bestimmt die Struktur

Nehmse Platz, Herr Jeheimrat! Was gibsn Neues aufm Bau? Wieder Nachtschicht gehabt? Man jut, desse heute so frühzeitig kommen, wo mein Salong noch leer is. Nachmittags hättense müßten mit doppelte Wartezeiten rechnen als wie sonst, weil nämlich momentan der janze Betrieb bloß auf meine eigenen gramjebeugten Schultern ruht. Nee, Herr Kafforke is nich krank. Im Gejenteil, den Mann hat es noch nie so jut jegangen als wie jetz. Aber deß er heute nich da is, dis hängt mit die verdammte Struktur zusammen, was ja nu seinerseits schon wieder die allerneuste Tour is, wo sich der Staatsrat ausjedacht hat. Was dis so janz jenau is, hab ick noch nich spitzjekriegt, weil se mir ebent im Gejensatz zu die heutige Jugend inne Schule nich den elektrischen Matrijalismus jelernt ham. Außerdem hab ick so im stüllen den Verdacht, unter Struktur versteht jeder was janz anderes. Nehmse beispielsweise Malermeister Matzke vonne PeJeHa Santos-Bodo Tschelli, was ein italienischer Künstler war und nackte Meechens jepinselt hat. Und der hat letztens unser Wohnzimmer neu renoviert und wollte mir ne Strukturwand einreden, also verstehnse mir recht, eine Wand ohne Tapete, aber ville teurer, und nich mal glattjeputzt, mehr so wie Kiefernborke. Son Quatsch! Da wär ick mir ja vorjekommen wie son Kauboy in seine Blockhütte. Nehmse mal den Kopp 'n bißken runter, sonst schneid ick Sie aus Versehn noch Treppen, und die Leute sagen denn, jetz verpaßt der olle Kleinekorte seine Kundschaft sojar schon Strukturfrisuren. Was dis mit Herrn Kafforke zu tun hat? Na, dis will ick doch jrade erzählen. Bloß, dis erfassense jeistig erst, wenn Se kapiert ham, was die Struktur is.

Am besten, Sie erzählens aber nich weiter. Ick habs nämlich durch Robert Köppen vonne Partei erfahren, und ick möchte wetten, der hat dis aus die allerhöchsten Kreise. Also Struktur, dis soll nach mein Dafürhalten mehr so dis Wirtschaftsleben betreffen und is im Jrunde jenommen auch jar nich so janz verkehrt jedacht. Nu isses bestimmt so, deß die Rejierung bestimmt, welche von die einzelnen Industriebrangschen in Zukunft die Struktur bestimmen dürfen. Robert Köppen meint zum Beispiel, die Hundekuchenindustrie dürf keine Struktur bestimmen, weil se nich so wichtig is wie etwa die Datumsverarbeitung. Und daran sehnse wieder mal, wie die neue Zeit mit Riesenschritten immer mehr um sich rumgreifen tut. Früher jenügte noch 'n einfacher Abreißkalender – heute brauch man für alles so was schon Elektrojehürne. Aber die Herren Inschenöre sind noch ville zu bescheiden in ihre Ausdrücke, weil die Dinger ebent nich bloß dis Datum verarbeiten, sondern manche Sachen janz alleine bestimmen können, möglicherweise sojar die Struktur, aber so jenau kenn ick mir nu auch wieder nich aus.

Nehmse mal an, Sie sind in Moskau und wollen sich aber partuh bloß von mir die Haare schneiden lassen. Denn gehnse einfach zu mein russischen Kollegen Towaritsch und tragen ihn diesen Wunsch vor. Darauf nimmt der einen Zettel mit lauter kleine Löcher drin und steckt ihm in der Haarschneidemaschine rein. In denselben Moment kommt bei mir derselbe Zettel aus meine Maschine rausjeflattert. Ick schreibe rauf, was Sie für einen Haarschnitt für jewöhnlich bevorzugen, und steck ihm wieder rein. Sehnse, und denn isses mitten in dis ferne Moskau jenauso, als ob Se eigenhändig von mir bedient werden. Was dis mit Herrn Kafforke seine Abwesenheit zu tun hat? Nu wartense doch mal ab!

Was ick Sie soebent geschildert habe, is leider nischt wie ein Vater morgana. Der Staat hat nämlich einen jewaltigen Fehler jemacht, weil die Strukturisten auch bloß Menschen sind. An alles hamse jedacht, an Elektrotechnik, an die Maschinenbauerei und sojar an die Schemie. Dis weiß ick aus sicherste Quelle, von mein Sohn in Buna. Aber davon will ick jetz lieber nich reden, sonst ärgere ick mir gleich wieder über unsere Zeitungen. Na, sagense doch selber, ob dis ne Art is, sone wichtigen Leute wie in Buna öffentlich ne Koppwäsche zu verpassen? Was sollen denn sone Wissenschaftler wie unse Ottchen in Buna noch alles machen? Entweder sie kümmern sich um Verbesserungsvorschläge und machen Prognose, oder sie bestimmen die Struktur, aber doch nich alles auf einmal.

Wo war ick denn stehnjeblieben? Sehnse, und nu is die Rejierung ein schwerwiegendes Mißverständnis unterlaufen. Ham die doch glatt vergessen, dis Herrenfrisörhandwerk als eine Struktur zu deklarieren, was die Struktur auf seine Art mitbestimmt. Ich sage vergessen! Denn man will ja nich gleich von Böswilligkeit reden. Aber die Folgen wird die Kundschaft auf ihre eigenen Köppe ausbaden. Denkense doch mal logisch: In die nächsten Jahre wachst doch nich bloß der Jeist in die

Köppe, sondern auch dis, was obendrauf wachsen tut, manchmal sojar schneller. Aber die Struktur zieht ebent die Arbeitskräfte mehr an als wie so ein jahrtausendealtes Handwerk. Nehmse mal meinen Betrieb, und kuckense sich daraufhin meine Katersorgen an, um mir mal strukturmäßig auszudrücken! Mein einziger wohljehüteter Kater in Jestalt von Herrn Kafforke macht sich plötzlich mausig und fangt an rumzumeckern, deß er sich verändern will und so. Na ja, er möchte nich etwa in die Datumsverarbeitung reinsteigen – dazu is er, unter uns jesagt, ville zu dusselig. Aber er hat, sagt er, ein jünstiges Anjebot nach die PeJeHa Wellenreiter. Die bestimmen zwar auch nich direkt die Struktur, aber sie tun jedenfalls so als ob.

Was sagense denn zu son schnöden Undank? Nie hat sich der Mann beklagen brauchen. Kinder, sag ick zu Muttern, was ham wir denn da verkehrt jemacht? Villeicht hätt ick sollten ne Katerakte von ihm anlegen und immer eintragen, wann er inne Jeschäftsstunden im Blauen Affen sitzt und schnell 'n kleinen Kurzen trinkt. Denn hätt ihm nämlich die PeJeHa nich erst jenommen. Aber dis is nu zu spät. Und nu versuchen wirs mit Jüte. Muttern kocht ihm jetzt jeden Nachmittag 'n Kännchen Kaffe, und ick hab ihm aus eigene Tasche seinen Lohn erhöht. Ja, ick laß ihm sojar ab und zu sone Kunden wie Doktor Stippekohl bedienen, die immer – nehmse dis nich persönlich! – für ne Mark Trinkjeld sicher sind. Nächsten Monat kriegt er auch son modernen Rasierstuhl wie ick – wenn die PeJeHa sich janz neue anschafft und die alten nich allzu teuer abjibt. Sehnse, und heute hab ick ihm zwanzig Mark inne Hand jedrückt und jesagt, er soll sich im Tierpark 'n schönen Tag machen. Im Jrunde jenommen wurmt es mir mächtig, deß ick mir nu alleine abschinden muß. Aber so schlau wie der Staat bin ick noch lange, und wenns nich anders is, bestimme ick zumündestens in meinen Laden janz alleine, wie die Struktur bestimmt wird. Scharf nachwaschen?

Frisör Kleinekorte als Meister aller Klassen

Nehmse Platz, Herr Jeheimrat! Was gibsn Neues aufm Bau? Wieder Nachtschicht gehabt? Dis is ja dis Schöne an ein Herrenfrisör: deß er nämlich nachts keine Nachtschicht machen brauch. Wenn dis nich wäre, hätt ick schon längst umjesattelt. Aber so: Was steh ich mir denn aus? Schallesie runter, Laden ausjefegt und die paar Pimperlinge zusammenjekratzt, die 's Jeschäft noch einbringt. Muttern lauert schon mits Abendbrot, und denn is schon der Weg zu die höhere Büldung frei. Jott, ick bin ja nu ein Mensch, der öfters auch mal Adlershof anstellen tut, wenn se was Vernünftiges haben. Aber inne letzte Zeit is dis Bild mächtig flau jeworden. Kann natürlich auch am Apperat liegen. Oder an meine Antenne. Aber nu nehmse mal son Mann, der abends um halb zehne auf Arbeit muß. Zum Beispiel Albert Hauhechel von nebenan. Immer, wenns inne Röhre halbwegs spannend wird, jeht er in Betrieb. Könnse sich vorstellen, wie der sich andern Vormittag mits Ausschlafen beeilen muß, wenn er den Schluß von den Fülm noch mitkriegen will. Der Mann hat ja kein Leben mehr. Nich wegen die Nachtschicht, dis kennt er ja seit Jahren, aber seit Dezember is er doch nu Meister im ... nee, den Betrieb nenn ick lieber nich. Sie können ja auch nischt für sich behalten. Schüttelnse nich so den Kopp, sonst verschneid ick mir!

Also, was nu Albert Hauhecheln betrefft, der befindet sich sozusagen inne Zwickmühle oder, wie der Jebüldete sprecht, mittenmang zwischen Schiller und Kalypso. Na jut, dis is Ihnen zu hoch. Stellnse sich vor: die Bürschte hier, dis sind seine Kollegen Kumpels, die Schere is die Werkleitung, und die Flasche hier zwischen soll – bildlich jesprochen – Albert Hauhecheln als Werkmeister sind. Hält sich die Flasche zu dichte an die Bürschte, denn kommt die Schere und macht schnippschnapp: Kritik von oben. Will es Hauhechel die Schere recht machen, denn bürschten ihm die Kollegen ab: Kritik von unten.

Möchten Sie da Meister sind? Also janz im Vertrauen: Neulich hattense ne Versammlung, und da beschwerten sich die Meisters, desse kein richtigen Respekt mehr bei den Arbeitsmann mit die schwielige Faust haben. Albert hat selber mächtig aufm Putz jehauen – sagt er. Aber nu müssense sich mal in die Züche von son Mann reinsetzen. Wie er noch nich Meister war, hat er mit die andern inne Spätschicht oder inne Nachtschicht immer schon ne Viertelstunde eher Fuffzehn jemacht. Der alte Brauch wird nich jebrochen und so. Wo er nu was jeworden is, soll er nu etwa vor seine ehemaligen Kollegen admiralisieren, was sojar streng verboten is, wie die Partei sagt? Jut, er hats trotzdem versucht, und da hamse ihm ausjelacht und jesagt, er soll man bloß nich auf einmal 'n dicken Willem rausbeißen. Na schön, nu drückt er ebent 'n Auge zu, weil man dis Kollektiv ja nich kränken dürf. Könnses ihm verdenken? Trefft ja kein Armen, wa? Wo doch inne Zeitung steht, deß der Staat immer reicher wird. Nehmse mal den Kopp 'n bißken runter!

Ick hab ja zu Hauchecheln jesagt, beim ollen Kleinekorte kannste dir 'n Beispiel abschneiden, wie man als Meister seine Leute behandelt und gleichzeitig Respektsperson bleibt. Kuckense sich mal Herrn Kafforke an! Nee, ich meine dis nich wörtlich. Den hab ich nämlich vorhin in Blauen Affen jeschickt, weil die Luft hier wieder mal so trocken is. Da soll er 'n paar Pullen Bier holen. Sehnse, man muß ebent menschlich zus Personal sein. Ruhig mal 'n Kleinen zusammen picheln, dis fördert die Beziehung zwischen Arbeitjeber und Arbeitnehmer. Unter uns jesprochen: Wie machts denn der Unternehmer im Westen? Also nich, deß er mitn Arbeiter inne selbe Kneipe sitzt, aber er bietet ihm jenauso ne chloroformierte Jesellschaft wie ick Herrn Kafforke: Ick bin der Scheff, weil mir nu mal der Laden und die Einrichtung jehört, aber der Jehülfe kriegt natürlich auch seine Pulle Bier ab und dürf sojar dis Flaschenfand behalten, wenn er se wieder hinbringt. Hauhechel hats ja nich janz so einfach. Als Werkmeister stehnse doch dauernd zwischen Baum und Borke. Inne Mittagspause sprecht er mit seine Leute über den neuen Krimi ins Westfernsehn und wer der Täter is, und nach Feierabend inne Versammlung soll er dieselben Leute dis neue ökumenische Süstem erzählen. Denn steht einer auf und sagt, Hauhechel is ein Kamel-John – dis sind die Tiere, die immerzu ihre

Farbe verwechseln. Sehnse, dis gibs bei mir jar nich. Ick rede zwar mit Herrn Kafforke ab und zu übers Fernsehn, aber mit Pulletick komm ick ihm jar nich erst. Als Meister muß man ebent über alle Dinge drüberstehen. Nehmse mal den Kopp 'n bißken runter!

Wie wars denn früher? Wenn ick als Jehülfe bei mein Meister ne andere Meinung jehabt hätte, denn hätte der mir gleich die Papiere inne Hand jedrückt, weil er sehr deutschnatzjonal war und keine Witze über unsern abjehauenen Kaiser vertragen konnte. Und wie isses heute? Da

muß der Meister, zumündestens in son VauEBe, seine Leute nachm Munde reden. Nächstens soll ja Hauhechel 'n andern Meisterbereich kriegen. Da weht der Wind jenau aus die andere Ecke. Jenossen und so. Die werden ihm janz schön Zunder jeben, sagt er. Und denn isses mit ihm bald soweit, deß er nach Feierabend bei mir rumkommt und sich dis Neue Deutschland erklären laßt, damit er am nächsten Tag mitreden kann. Ich bin ja nu in diese Beziehung ein Fuchs und immer aufm laufenden. Wenn ick durch 'n blöden Zufall in sone jroße Fabrik plötzlich Meister sein müßte, denn wüßt ick schon, wie ick mir Ansehen verschaffen täte. Ick würde mir mit die Leute auf folgenden Molus einigen: Ick tu euch nischt, und ihr laßt mir in Frieden. Denn wäre beide Seiten jeholfen. Arbeiten müßtense natürlich wie die Kümmeltürken, damit ick nich als Mullekin Doof vorm Direkter dastehe. Aber dafür wären wir nach Feierabend inne Kneipe rein privat, und wer vonne Arbeit anfangt, jibt ne Lage. Solltense mal sehn, was ick für ne Disseplin hätte. Disseplin is alles, und die brauch der Deutsche nu mal.

Um wieder auf dis Beispiel von Herrn Kafforke zurückzukommen: Der Mann lebt doch bei mir wie Jott in Frankreich und brauch sich vor nischt graue Haare wachsen lassen. Sagense mal, wie spät isses eigentlich auf Ihre Uhr? Meine Kartoffel is nämlich stehnjeblieben. Was? Nu hört sich doch alles auf! Vor ner jeschlagenen Dreiviertelstunde hab ick den Kerrel inne Kneipe jeschickt und ihm einjeschärft, er soll sich beeilen. Aber ick kann mirs schon denken: Der Jammelbruder steht bestimmt anne Theke und polimerisiert womöglich mit die Leute vonne Frühschicht über Pulletick und son Quatsch. Aber dis kommt ebent davon, wenn man zu jut is. Und Sie werden an meine porfetischen Worte denken: Ein Volk, was seine Meister nich mehr achtet, dis is ... also, da find ick jar keine Worte mehr!

Kafforke kontra Kleinekorte

Nehmen Sie Platz, Herr Geheimrat! Was gibt es denn Neues auf dem Bau? Haben Sie wieder Nachtschicht gehabt? Nun wundern Sie sich ohne Zweifel, daß ich Ihnen heute bediene anstatt von Ihrem verehrten Meister Kleinekorte persönlich! Aber dieses ist mir ganz recht, zumal ich mir mit Ihnen schon lange mal unterhalten wollte, na ja, wenn ich auch bloß der Gehilfe bin, aber man ist ja schließlich auch ein Mensch. Nein, keine Sorge, gerade bezüglich der Kotletten, dieses ist nämlich meine starke Seite, wo der Scheff immer mit der Maschine ... aber ich werde mich hüten, mit ihm darüber zu erörtern, schließlich ist er nun einmal der Scheff.

Im Krankenhaus? Wo denken Sie hin! Dem seine Gesundheit möcht ich haben! Dieser rüstige Greis steht noch mit hundert hinterm Stuhl und ruiniert den Kunden die Frisuren. Zur Zeit weilt er mit der Frau Meisterin im Handwerkererholungsheim Mutzingerode, welches aber auch sein Gutes wiederum hat. Wenn Sie bitte den Kopf etwas tiefer halten könnten! Man blüht nämlich richtig auf, wenn man einmal allein den Laden hüten darf, womit ich, nein, daß wir uns recht verstehn, ich will nichts gegen den Scheff gesagt haben. Er ist ein alter Mann und hat seine Eigenheiten, aber Sie kennen ihn noch lange nicht, was ich in all den Jahren in diesem Salon ausgestanden ... hatten Sie hier als Kind mal einen Wirbel? Na ja, als ich aus der Gefangenschaft kam, alles, was recht ist, aufgenommen haben sie mich wie einen Sohn; ist ja auch kein Wunder, wo doch Ottchen, ich meine, der leibliche Sohn, den Vater so enttäuscht und Chemie studiert hat, statt als Herrenfrisör ... aber ich muß das alles ausbaden, weil der Scheff immer einen zum Anmeckern braucht, und da läßt er seinen Zorn an demselben aus. Schön, daß ich mir diesmal von der Seele hinunterreden kann. Nein, dem Scheff können Sie das nicht sagen. Der verträgt doch keine Kritik. Nicht doch, schweigen wir lieber! In der Zeitung steht immer, man soll freimütig die Kritik ausüben, aber, Sie, mir sind Fälle bekannt, man hört ja allerlei so von der Kundschaft. Nein, so kurz steht Ihnen gar nicht. Ich will keine Namen nennen, aber von meinem Schwager der Neffe, so wahr ich hier stehe, schreibt an die Zeitung, weil es, ich sage das nur ungern, in seinen Betrieb stinkt. Nun kommen die Herren von der Zeitung, wollen Näheres ... ich meine, Sie wissen ja, wie das ist, man braucht nackte Tatsachen, und nun kommt das Schöne, keiner macht den Mund auf, und alle sagen, ihr Pressefritzen – Pardon! –,

fahrt wieder nach Berlin, wohingegen wir ... na und, was meint ihr, wie der Direktor mit uns schlittenfährt, weil wir... Glauben Sie, so einfach ist das nicht mit der Kritik. Sind wir doch mal ehrlich, am besten, man denkt sich sein Teil, und ändern tut sich ja doch nichts, Sie ingenausofern wie ich.

Über diesen wurmstichigen Herrensalon hier, wenn ich da auspacken würde. Diese Scheffwirtschaft! Die Stammkunden wie Fleischer Meusel, der Mann ist von jeher großzügig mit die Trinkgelder, da sitzt der Scheff wie eine Glucke drauf, und für unsereinen bleibt bloß die Laufkundschaft und die Kinder, wobei er, aber dieses bleibt unter uns, längst nicht mehr mit der Haarmode unserer Zeit mitgeht. Ist ja kein Wunder, wo er alle möglichen Zeitungen, sogar Witzblätter liest, aber unsere Fachzeitschrift »Frisör«... und so was braucht man heutzutage wie die Butter aufs Brot, da bildet er sich einfach nicht weiter, und das weiß er bei sich im stillen sogar selber. Herr Kafforke, sagt er neulich, übernehmen Sie mal Robert Köppen, Sie wissen ja, der ist jetzt bei der Partei was Höheres, und die hatten am anderen Morgen ihre Tagung. Sehnse, und da mußte ich ran, weil der Scheff Angst hatte, er schneidet die Staatsmacht vielleicht Treppen. Ist denn das die feine Art?

Und dabei habe ich überhaupt erst mal Kultur in den Laden ..: jawohl, den Gipsschnitt mit den Rehen hab ich aufgehangen und das Schild hier »Werter Kunde, Sie haben die Wahl bei meinem Personal« eigenhändig; nein, das ist Brandmalerei, aber so was wird ja alles nicht anerkannt, nur, was der Scheff – entschuldigen Sie, mein Magen, immer wenn ich mich aufrege –, dieser, mit Verlaub gesagt, alte Quatschkopf, was der den Kunden so alles an ... ich bitte Sie, wenn ich nun auch zu den Kunden ein so ungereimtes Zeug, das gehört sich einfach nicht. Anfeuchten oder trocken lassen?

Natürlich, ich hatte auch schon Angebote zur PGH Wellenreiter, sicher steht man sich ohne Zweifel besser, aber dieses hat eben wie jede Schattenseite ihren Pferdefuß und ... nein, das weiß ich aus sicherster Quelle, daß die da sogar politische Versammlungen machen; ich bitte Sie, hier leb ich doch wenigstens ungestört, und verstehen Sie mich recht, man ist ja auch bloß ein Mensch, und lieber nehm ich die kleinen Ärgernisse hier, na, sag ich doch, Ärger gibts überall. Sich beschweren? Wo leben Sie denn? Womöglich, ich geh zur Innung oder zur Handwerkskammer. Dann krieg ich vielleicht recht oder vielleicht aber auch nicht, worin genau das Risiko besteht. Und dann? Freilich, man hat sein Auskommen – ich will Ihnen bloß noch den Kragen abbürsten –, aber manchmal stehts einem bis hier; schön, daß man sich mal so richtig mit jemand aussprechen ... aber erzählen Sie's um Gottes willen nicht weiter, oder wenn das in Ihre Zeitung ... ich schwöre Ihnen, dann hab ich das letzte Mal so offenherzig Kritik geübt, und das soll man ja auch. Macht zweifuffzig!

Frisör Kleinekorte und der neue Mensch

Nehmse Platz, Herr Jeheimrat! Was gibsn Neues aufm Bau? Wieder Nachtschicht gehabt? Werd ick in mein Betrieb auch bald einführen müssen. Ick komm ja in diese Tage jar nich mehr allein durch mit meine Kundschaft, wo doch nu mal der Sommer der reinste Hochkonjunktiv für uns Haarkünstler is. Sehnse, in die grimmige Winterszeit trägt der Mensch Hüte und Mützen, und in diesen Falle merken die Vorüberjehenden jar nich, wie ungeflegt er über der Straße lauft. Wenn nu aber die liebe Sonne scheint, denn juckt es auf die Kopfhaut, und der Mensch emfindet dis wie eine Alarmklingel. Und wenn die reden könnte, würde sie sagen: Höchste Zeit, deß de mal wieder bei Vater Kleinekorten gehst. Denn ein geflegter Haarschnitt is nu mal der Anfang von einen neuen Menschen. Diesen komplessierten Begriff erklär ick Ihnen gleich noch. Und grade wie nu mein Salong in diese Beziehung mithelfen soll, mehr neue Menschen in der Welt von heute und morgen zu setzen, laßt mir Herr Kafforke aufsitzen.

Dabei hab ick dem Mann sone dolle Schangse jeboten. Wie ick mit Muttern verreist bin, hab ich ihm gesagt: Herr Kafforke, hab ich gesagt, ich ernenne Ihnen zum Entwicklungskater, und Se dürfen in meine Abwesenheit janz von alleine im Betrieb schalten und walten. Nehmse mal den Kopp 'n bißken tiefer! Und wie hat ers mir jedankt? Indem er alle Stammkunden erzählt hat, ick richte ihm mit meine Menitschermanieren zujrunde, und noch mehr solche Schlechtigkeiten. Nu war ick ja auf achtzig und hab ihm zur Rede jestellt, wie er sich son Quatsch aus seine ollen Wurschtfinger polken kann. Sagt der doch, er hat inne Zeitung jelesen, jeder Werktätige soll sich eigene Jedanken um seinen Betrieb und die Zukunft machen. Aber da könnense wieder mal sehn, wohin dis führt, wenn sone Perlen von jute Jedanken so wahllos unter die Leute jeworfen werden. Da hat der Staatsrat einfach nich bedacht, deß Herr Kafforke überhaupt kein neuer Mensch is und daher sone Anregungen völlig in falschen Hals kriegt. Und denn meckert er wahllos über seinen erfahrenen Meister. Aber den hab ick vor alle Kunden Bescheid jestoßen, mit sone richtigjehende Steintorstimme, wo ick immer kriege, wenn ick mächtig wütend bin. Herr Kafforke, hab ich ihm ins Gesicht geschleudert, jemand wie Sie und ich sind wie Feuer und Wasser, wobei ick natürlich dis Feuer bin, und schließlich machen wir in mein Salong keine westliche Konferenztheorie, dis hab ick jesagt, weil auch welche mits Parteiabzeichen im Laden saßen. Aber die ham so ulkig jegrient. Darum schoß ick mein stärkstes Jeschütz ab und sage: Aus Ihnen wird nie ein neuer Mensch, aber ick mach Ihnen noch dazu, darauf könnense Jift nehmen. Und wie reaschiert der Kerrel? Bums – laßt er sich am andern Tag krank schreiben. Anjeblich wegen Heuschnuppen. Hamse für son boshaften Racheakt noch Töne? Haatschiii!!! Tschuldigense! Anjestochen hat er mir auch noch mit sein dusseliges Rumjeniese.

Und da soll man nu in Ruhe über den neuen Menschen und so nachdenken. Der spukt ja schon jeraume Zeit über der Fernsehröhre und den Blätterwald, soweit ick diesen halte. Und ins Berlinger Angzambel soll der Mann von die Frau Flinz sojar ein Theaterdrama darüber verfaßt ham. Ick beschäftige mir in letzte Zeit viel mit sone filosofische Probleme, und dis mit den neuen Menschen find ick inwiesofern interessant, weil es nich so pullitisch is, und kann sich jeder auf seine Weise ausmalen. Außerdem hab ick Angst, ick bin eines Tages nich mehr aufm laufenden und kann mir denn mit die Kundschaft bloß noch über Koppschuppen und so unterhalten. Anjefangen hats mit Robert Köppen vonne Bezirksleitung. Mit den kenn ick mir ja nu schon so lange, deß er mir manchmal anvertraut, worüber man sich in die höchsten Kreise momentan so seine Jedanken macht.

Sagt er zu mir – die Kotletten wieder grade? –, wir brauchen neue Menschen. Jut, sag ick, dis seh ick ein, weil wir nämlich mit die, wo wir ham, sowieso nich reichen. Beispielsweise die Verkäuferinnen ins Jemüsejeschäft oder die Arbeitskräfte bei meinen Sohn in Buna. Nu klärt mir aber Robert auf, man dürf dis nich so zahlenmäßig sehn. Wir müssen vielmehr aus die alten Menschen neue Menschen machen. Da wurd ick erst mal ärgerlich und sagte, immer wollt ihr die alten Leute ändern, wo wir in unser Leben schon jenug durchjemacht ham. Vielleicht fangt ihr lieber mal bei die Jüngeren so bis sechzig an. Anjefangen, sagt Robert daraufhin, ham wir schon vor Stücker zwanzig Jahre, und sogar son oller Meckerkopp wie du is nich mehr janz der alte, und ick soll mir man nich dusseliger anstellen, als wie ick bin.

Von einen andern würd ick mir so was jar nich bieten lassen, aber Roberten laßt sich ja auch mal von mir Kontra geben. Da stell ich ihn beispielsweise eine Fangfrage: Wie soll denn euer neuer Mensch nu in Wirklichkeit aussehn? Na, sagt er, überleg dir mal selber, Willem! Und wenn ick nächstens wiederkomme, machste mir deine Vorschläge. Also da könnense doch wieder mal sehn, wie die von janz oben sogar auf meine wertvollen Überlegungen anjewiesen sind. Nu berede ick mir schon mit alle Kunden über diese Frage, aber Muttern is, glaub ick, aufn richtigsten Dampfer. Vatern, meintse jestern, der neue Mensch hat ne jesunde und mäßige Lebensweise, is ziemlich jebildet und macht sich um alles Jedanken, vor allem über den neuen Menschen. Wennse Muttern kennen, waren da natürlich 'n paar dicke Spitzen gejen mir

selber drinne. Oder jehts Ihnen etwa nich so, desse viel zuville Jeld fürn juten Schluck und besonders schnuddlige Sachen inne Läden tragen? In diese Beziehung kommt mir die Rejierung wie die himmlischen Mächte vor: Erst führt sie uns mit die janzen Schmackazien in Versuchung, und denn erwartetse, deß wir ihr widerstehn und janz jesund essen. Nu kuckense bloß nich auf den kleinen Mollenfriedhof, wo ick mir in letzter Zeit zujelegt habe. Da bin ick man noch 'n janz schwacher neuer Mensch, weil ick mir so was in mein früheres Leben alles nich hab leisten können.

Der Züchologe, der hier manchmal kommt, teilt ja nu wieder die Menschen janz anders ein: in Lesbiosomen, Schützofremde, mehr so Melankolische und sone Picknicker wie mir, die Essen und Trinken schmeckt. Aber dafür hab icks mit die Bildung wieder ville leichter, weil ick da schon von jeher ne Art neuer Mensch war und mir immer leicht an dis anpassen konnte, was jrade modern war. Oder denkense, ick pöble noch die jungen Burschen an, weil se lange Haare tragen? Ins Gegenteil: Ick frag ihnen bloß, ob se unter ihre Mähne schon wenigstens 'n Stücke neuer Mensch sind. Denn es soll ja noch welche geben, die ackern tagsüber fleißig aufm Bau rum, womit ich Ihnen mal ausnehmen will, und nach Feierabend verschiebense ne janze Ladung Kies für Zahnarzt Stippekohl sein Wochenendjrundstück. Und so betrachtet, hat natürlich Robert Köppen jar nich mal unrecht, wenn er sagt, die Haare aufm Koppe wachsen ebent schneller als wie der neue Mensch. Und nu mach ick den Laden für heute dichte und jeh aufm Schnäpperken in Blauen Affen. Wenn ick denn so 'n paar kleine Kurze intus habe, fühl ick mir vorüberjehend wie ein janz und jar neuer Mensch. Bloß Muttern kommt denn mit sone Bejriffe nich mehr janz klar und nennt mir auf janz rückständige Weise ne alte Schnapsdrossel.

Frisör Kleinekorte als Verschönerungsrat

Nehmse Platz, Herr Jeheimrat! Was gibsn Neues aufm Bau? Wieder Nachtschicht gehabt? Was mir betrefft, ick werd wohl heut auch nich pünktlich Feierabend machen können, indem nämich die janze Koppverschönerung sozusagen auf meine gebrechliche Schultern beruht. Nu werdense villeicht denken, Herr Kafforke sitzt wieder im Blauen Affen, sauft rum und blamiert seinen greisen Meister mittels dumme pullitische Reden, wovon er sowieso nischt versteht. Aber nee, dazu hat er diesmal jar keine Jelegenheit. Ick hab ihm nämich als meinen Delektierten versandt; nein, nich aufm Deutschen Frisörkongreß, wo es, bei Lichte besehn, gar nich gibt. Nein, auch nich zum Schaufrisieren. Wo denkense denn hin! Kuckense sich mal Kafforkes Mohrrübenfinger an, den laß ick doch nich mal an meine alten Stammkunden ran. Na, nu haltense mal stille, und sindse nich so neugierig! Dis is jewissermaßen ein Jeheimnis, und ick bin doch keine Quasseltante, deß ick so was ausplaudere, wo es noch dazu obendrein um ne ziemlich brenzliche Sache betreffen tut.

Sagense mal, ham Sie eigentlich diese Schampanje verfolgt, wo es als Motto immer lautet: Schöner unsere Städte und noch ville schöner als unsere Jemeinden? Wörtlich krieg icks auch nich mehr beisammen. Man erzählte sich ja sojar, deß der Majistrat 'n künstlichen Mond an Fernsehturm ranbammeln wollte. Wie ick Ihre Glatze noch tarnen soll, weiß ick bald auch nich mehr. Na, jedenfalls soll es nur daran jescheitert sind, desse nich wußten, wie se dis mit die einzelnen Mondphrasen hinkriegen.

Also, wenn Se mir fragen, ick finde den Naturmond ville preiswerter, jedenfalls solange, wie der Ami nich wirklich anfangt, unsern blassen Heinrich da oben parzellenweise an seine Mülljonäre zu verscheuern. Herrjott noch mal, ick sag ja gar nischt gejen die wüssenschaftliche Leistung, aber mitm Sack voll Mondklamotten als Jebrauchsmuster fängts an und ... nehmse mal den Kopp 'n bißken runter, sonst werdense am hellerlichten Tage noch mondsüchtig, und ick verschnipple Ihnen den spärlichen Rest.

Moment mal! Muttern, jeh doch mal kicken, ob sich Herr Kafforke immer noch so dusselich anstellt! Wenn nich, kannste ihm auch 'n Töppchen Kaffe bringen. Tschuldigense, also wie jesagt, mir intressiert der Mond nich fürn Sechser. Ick komm ja doch nich mehr rauf, und darum bleib ick lieber aufm Teppich. Sehnse, zum Beispiel die janze Verschönerungskiste in Berlin, dis hat mir eigentlich richtigjehend jefreut, und da war ick auch mal ausnahmsweise von Anfang an nich dagejen. Wenn Se sich noch erinnern sollten, ick hab schon vor zwanzig Jahre zu meine Stammkundschaft jesagt, wenn die hier im Laden meckerten: Paßt mal auf, dis kommt noch ville schöner! Hab ick natürlich janz anders jemeint, wo ick doch damals nich wissen konnte, deß der Staatsrat dis janz wörtlich nimmt.

Ick selber hab ja schon immer sehr auf Reinlichkeit jehalten, schon weil unsereinen die Hügüneordnung dis so vorschreibt! Aber son Reinemachefimmel wie beinah alle Berliner auf einen Haufen, den kriegt Muttern beispielsweise nur im Frühjahr. Momentan siehts ja nu ziemlich manierlich inne Stadt aus, Jrünanlagen, Blumenschmuck und natürlich meine Laube nich zu verjessen, wo ick eijenhändig neu anjepinselt und mit neue Kletterrosen versehen habe. In jewisse Weise isses aber auch zu einige Übertreibungen jekommen, wo ick mir sage, dis hätte nich sein brauchen. Wissense, auf die eine Seite macht der Staat immer so mächtig auf der Arbeitertradition und wünscht in alle Fernsehspiele, deß man sich auf ihr besinnt. Und wie sieht die Wirklichkeit aus?

Grade hier, unsre Gejend, wo immer mehr so ein Proletenviertel war, was man ihm auch ansah ... und plötzlich kommense und kloppen die letzten schönen vermurkelten ollen Fassaden runter und verputzen alles wie son richtigjehender Neubau. So werden einen ebent die letzten Erinnerungen jenommen. Kaufmann Uppendahl wird Ihnen doch 'n Bejriff sind? Jenauso 'n privater Fels inne volkseigene Brandung als wie icke. Und über sein Laden prangte noch immer dis Schild Colonialwaren. Jott, wissense, der olle Mann is ja so charakterlos. Dis schöne Schild, noch von sein Opa eigenhändig jemalen, dis hat er sich überpinseln lassen. Bloß weil ihm die Natzjonale Front bei die Jelegenheit gleich sein janzen Laden mitrenoviert hat. Janz so dusselig isses freilich auch nich. Kolonien gibs hier schon lange nich mehr, aber schließlich hamse bei uns auch die Herren abjeschafft – könnense mein Jedankenjang noch folgen? Ick überlege ja auch schon dauernd, wie ick am jünstigsten unsere olle Küche renovieren lasse. Wenn ick mir nu bei die Natzjonale Front erbietig zeigte und sagen täte, die sollen statt »Wilhelm Kleinekorte – Herrensalong« dreiste ranpinseln »Kleinekortes Werktätigenverschönerung«?

Aber vermutlich würdense denn kommen und sagen: Der jroße

Jeburtstag vonne Republik is vorbei, jetz gehts wieder ohne Musike, und nu ham wir schon wieder janz andere Sorgen, als wie unsere Städte noch ville schöner zu machen. Die Menschheit is ja manchmal so kurz von Jedanken. Jestern hab ick mir mit Albert Wuttken, den Wirt von HO Blauer Affe, inne Wolle jehabt. Wissense, wenns da nich so jemütlich wär, würd ick ja in diesen ollen Räucherschuppen jar nich mehr verkehren. Albert, sag ick, eijentlich könntste mal 'n paar neue Jardinen anschaffen und 'n paar Vasen auf die Tische stellen, die paar Herbstastern spendier ick sojar aus mein Jarten. Wie er mir daraufhin wie son anjeschossener Rehbock ankickt, werd ick mir doch zu diese Äußerung hinreißen lassen: Sinngemäß – denn sprech ick immer janz fein – hat der Staatsrat nämlich auch gemeint: Schöner unsere Eckkneipen! Wissense, was Wuttke mir jeantwortet hat? Die janze Aktion is längst abjeblasen, und dis weiß er aus sicherste Quelle, von einen Majistratsanjestellten, der jesagt hat: Endlich hamwa wieder unsere Ruhe!

Mit hat dis ja nu keine Ruhe jelassen. Erstens war ick von Natur aus schon immer 'n Schönjeist, und zweitens war dis die erste jünstige Jelegenheit, den Staatsrat mal zu zeigen, deß ick würklich auch alleine mitrejiere, zumündestens hier bei uns ins Haus, da bin ick denn in solche Fälle wie Julius Cäsar. Ick also jestern abend noch alle jreifbaren Hausbewohner zusammenjetrommelt. Fritze Ladenthin, Dokter Zielke und so. Denn hab ick jeden erst mal 'n Doppelten einjeschenkt, mit se meine Absicht nich so schnell durchschauen, und denn schlängelte ick mir so pöapöh an meinen Jeheimplan ran: Wie wärs denn, wenn wir unsern ollen Hinterhoff mal alle zusammen renovieren würden? Wissense, und nu kommt da 'n Buddelkasten für die Jören hin, dazu 'n Kletterjerüst und 'n klitzekleines Stücke Rasen mit zwei Bäumchen. Die hab ick direkt überrumpelt, wo ick ja auch noch mitm guten Beispiel voranjegangen und für heute nachmittag Herrn Kafforke zum Dreckwegkarren delektiert habe. Sehnse, auf die Art jeh ick ebent doch meine eigenen Wege. Aber erzählnses bitte nich weiter, sonst kriegt mir womöglich der Majistrat anne Hammelbeine, weil ick so einfach ohne Anweisung die Verschönerungsschampanje auf eigene Faust verlängert habe!

Frisör Kleinekorte macht Datumsverarbeitung

Nehmse Platz, Herr Jeheimrat! Was gibsn Neues aufm Bau? Wieder Nachtschicht gehabt? Jott, nu is Ihnen doch glattwech mein neuer technischer Affekt entjangen. Herr Kafforke! Sie sollten doch die Batterie an die Kundenlampenautomatikapperetur erneuern, und was is? Aus Ihnen wird nie ein richtigjehender Kübergenetiker werden. Villeicht isses auch bloß ne Art Wackelkontrakt inne Leitung.

Tschuldigense, Herr Jeheimrat, dis war bloß 'n kurzes Fachjespräch. Die kleine Lampen hier anne Stuhllehnen, die müssen nämich immer aufleuchten, wenn der Rasierstuhl frei is, und der Kunde gleich weiß: Aha, jetz is hier frei, hier werd ick als nächster bedient. Und damit mans besser unterscheiden kann, leuchtet backbord, also bei mir, ne rote Birne, und steuerbord, bei Herrn Kafforke, ne jrüne. Meine Funzel brennt natürlich 'n bißken heller, weil ick nu mal der Meister bin. Herr Kafforke, haunse nochmal kräftig mitten Hammer auf dem verdeckten Schalter. Na also, jetz fungsjonierts.

Nu werd ick mal Ihre moderne technische Büldung auf einer hochintressanten Probe stellen, sozusagen ein Intiljenzlertest: Also, was is Edeevau? Überlegense jut, und ick jeh unterdessen schon mal anne Seite mit die Maschine rüber. Kommense mir nich etwa mit dis berühmte griechische Muttersöhnchen, der hieß ja König Edepuß. Mitte Kirche hat dis auch nischt zu tun, die heißt nämich Ekadee. Die meisten Kunden tippen immer auf was Medizinisches. Und dis kommt die Sache schon näher, indem es da auch zum Teil elektrisch zujeht und sich streng wissenschaftlich Elektroherzogramm nennt. Weiß ick noch von meine Krankenhausstudien.

Aber nu will ick Ihnen man nich länger auf die Folter raufspannen: Also in diese Tage bin ick dabei, in meinen Salong die elektrische Datumsverarbeitung einzuführen. Mein Sohn, was der Schemiedokter is, war kürzlich in Berlin bei Vatern und hat jesagt, ohne diese neuartige

Tour kann sich 'n moderner Betrieb wie beispielsweise er in Buna jar nich mehr auf den Beinen und die Übersicht behalten. Darum hamse unse Ottchen schon wieder zu ein neuen Lehrgang delektiert. Sagense doch selber, is dis nich ne Schande, desse so verdienstliche Wissenschaftler wie mein Jroßen überhaupt nich mehr zur Ruhe kommen lassen? Die ham doch nu langsam jenug für den Staat jeleistet, und nu solltense lieber mal ne ruhige Kugel dürften schieben und man so ihren Strehmel wechmachen. Aber in diese Beziehung wird ja unse Ottchen immer verrückter und findet dis sojar noch schön, wenn er mit seinen verjeistigten Kahlkopp noch mal aufe Schulbank muß. Laß mal, Pappa, hat er jesagt, auch mang uns und sojar mang die Direktors gibs noch genug Faulpelze, wo sich mit alle mögliche Fisematenten vor der neuen Wissenschaft inne Betriebe rumdrücken tun. Erzählnses aber nich weiter, Herr Jeheimrat, denn wenn mir nich alles täuscht, hat mir unse Ottchen da ein wichtiges Staatsjeheimnis anvertraut.

Ick werds mal nich janz so kurz machen, es soll bald wieder kälter werden. Dis heißt, wenn die Metropologen nich spinnen und villeicht noch nich mal mit elektrische Datumsverarbeitung mang die Wolkenfelder rumfuhrwerken. Für mir und Muttern hatte ja Ottchen sein Lehrjang auch einen Vorzug. Der Bengel hat nämich dis piekfeine Lindenhotel was jehustet und lieber bei seine ollen Eltern aufs Sofa jeschlafen, janz wie in alte Zeiten. Den einen Abend hat er sojar mit Robert Köppen und meine Wenigkeit 'n anständigen Schkat jedroschen. Und bei diese Gelegenheit hab ich mal die Partei in Jestalt von die beiden jungen Spunde mächtig einen überjebraten. Stellnse sich vor: Zwei fette Bierlachse hamse jeder gejen mir vergeigt. Da hab ick jelacht wie der Herr Fuchs aus Sandmännchen sein Märchenwald. Na, sag ick, wo bleibt ihr denn nu mit eure janze moderne Wissenschaft und elektrische Jehirne, wenn ick euch schon bei son einfaches Kartenspiel über bin, indem man da nischt als wie Köppchen brauch? Jut, wa? Nehmse mal den Kopp 'n bißken runter!

Nu hatt ick villeicht was anjerichtet. Unse Ottchen sauste gleich noch mal rum nachm Blauen Affen, holte ne Pulle echten Rumänischen, und denn hamse mir beide unbedingt mußten aufklären, wasses nu wirklich mit die elektrische Datumsverarbeitung auf sich hat. Wissense, man will ja um Jottes willen nich hintern Mond zurückbleiben und ebent doch immer 'n bißken voraußer sein als wie die vonne PeJeHa Wellenreiter. Darum wende ick jetz alles an, was ick so von mein schlauen Sohn behalten habe.

Stehnse mal 'n Moment auf, und kickense sich meine Ladenbimmel an! Wattensema, Herr Kafforke kann Ihnen 'n Stuhl ranstellen. Ja, jenau, dis is 'n ausjedienter Kilometerzähler von Fritze Ladenthins altes Fahrrad. Damit ham wir seit jestern ein kombiniertes Läut- und Zählwerk konschturiert. Immer wenns da bimmeln tut: Üb immer Treu und Redlichkeit, denn rückt dis Ding ne Nummer weiter, und ick weiß abends jenau, wieville Kundschaft wir jehabt ham. Bloß Herr Kafforke

begreift schon wieder nich, desser für seine Privatwege den Ausjang durchs Kabuff benützen soll. Jawoll, Herr Kafforke, was ham Sie neulich jesagt? Hinterausjang für Dienstboten! Dabei isses wirklich bloß wegen die nummerische Datumsverarbeitung, wo sonst janz falsche Werte speichern tut.

Momentan knoble ick ja an die sojenannte binehrische Methode rum. Dis is eine Art Elektronjehirn, wo man fragen kann, was man will, und da kommt bloß immer ja oder nein raus. So was schwebt mir mit Herrn Kafforke vor Augen. Wenn den ein Kunde was frägt, erzählt er doch gleich immer alles, was die Leute jar nich wissen wollen. Falls Se mir mal die Adresse von Jraf Ardenne in Dresden besorgen könnten, würd ick mir vertrauensvoll an den schenialen Wissenschaftler wenden, ob er für Herrn Kafforke nich sone Einrichtung programmieren möchte. Dis wär doch von beiderseitigem Vorteil: Son großer Mann wie er würde durch meine Anregung noch berühmter, und meine Kundschaft hätte endlich mal Ruhe vor Herrn Kafforke seinen andauernden Stuß.

Mit meine Arbeitsmaschinerie is mir leider noch nischt Aufregendes an Neuigkeiten einjefallen. Was haltense denn beispielsweise von eine Haarschneidemaschine, wo janz von selber die optimalische Schnittlänge regelt und, sagen wir mal, einen klitzekleinen Glockenton von sich gibt, falls man den Kunden zu dicht an der Kopfhaut gerät? Bis jetz merkt man dis doch bloß auf sone altmodische Weise, indem der Kunde plötzlich aua schreit. Tschuldigense, ick jeh gleich mitten Blutstiller rüber! Was nützt denn die janze Elektrofixfaxerei, wenn unsere Messer trotzdem nischt taugen? Da muß ick mir doch mal wieder eins von Justaven aus Frankfurt schicken lassen, wobei ick eigentlich meinen Stolz habe und nich jerne auf Bettelrentner mime. Sehnse, wenn schon die Volksarmee die modernsten Waffen hat, denn sollte der Staatsrat ebent auch mal an uns Herrenfrisöre denken.

Jott, nu erschreckense doch nich gleich! Nee, dis war keine Stimme aus die Geisterwelt, dis war bloß Muttern. Die hat mir aus de Küche ne Informatzjon rüberjespeichert, deß der Kaffe fertig is. Und dis klingt ebent noch 'n bißken nach technische Kinderschuhe, weil die improvisorische Rufanlage momentan bloß aus zwei ausrangschierte Staubsaugerschläuche besteht.

Frisör Kleinekorte und das Mini-Mädchen

Nehmse Platz, Herr Jeheimrat! Was gibsn Neues aufm Bau? Wieder Nachtschicht gehabt? Tut mir ja leid, desse nu obendrein so lange ham warten mußten. Aber dieser Hochkonjunktiv in meinen Salong is nur von eine vorübergehende Natur und heißt jewissermaßen Peggy. Nee, nee, ick spinne nich und bin weder noch besoffen. Jetz merk ick erst, Sie wissen wohl noch jar nischt von die neueste Attraktion in mein Laden. Tschuldigense mal 'n Moment. – Herr Kafforke, wenn der Kunde 'n Römerschnitt wünscht, denn diskutiernse jefälligst nich mit ihm, sondern schnippelnse los in diese Richtung! Julius Cäsar soll ooch ne kahle Geije jehabt ham und war trotzdem 'n echter Römer. Bloß von klassische Jeistesriesen ham Sie ebent keine Ahnung! – So, Herr Jeheimrat, denn wollen wir mal wieder ran an Ihr vom Sturm entblättertes Löwenhaupt. Herr Kafforke lernt dis einfach nie. Seine besten Momente hat der Mann noch, wenn er den Laden ausfejen tut. In diese Beziehung is Peggy ein richtigjehender Lichtblick. Na, ick komm ja gleich auf ihr. Nehmse mal den Kopp 'n bißken tiefer!

Im Jrunde hängt die janze Anjelegenheit mit die unüberlegte Katerpulletick vonne Frisörinnung beisammen. Herrenfrisör alleine is kein Lehrberuf mehr. Wenn sich heute son junger Mensch zu unser ehrwürdiges Handwerk entschließt, muß er sich auf Damen und Herren gleichzeitig schmeißen, bloß deß er die wirklichen Feinheiten ebent nich inne PeJeHa jelernt kriegt, weil dis nämlich bloß noch sone Kaprizitäten wie beispielsweise ick ausm Effeff beherrsche. Lassense sich mal spaßeshalber nich nur im Urlaub 'n Bart stehn, sondern mehr so überhaupt! Denn denkense villeicht, Sie sparen sich ne Masse Arbeit mits Rasieren, aber Kuchen! 'n richtiger Bart brauch ville mehr Flege als wie jar keiner, wenn ick mal von den sojenannten Damenbart absehe, wo wiederum den Herrenfrisör nich so sehr kratzen tut. Dis wär übrigens 'n ernsthafter Rat für Ihnen und hätte zwei große Vorteile: Lassense sich dreist auch mal son bißken Sauerkohl wachsen! Erstens, wasse mir nich vor übelnehmen dürfen, denn sehnse nich immer nach überhaupt nischt aus, und andererseits kommen Sie in diese Eigenschaft auch mal in den Jenuß von unse Peggy. Quatsch, dis is kein neues Haarwuchsmittel, dis is einfach unser Lehrmeechen. Eigentlich heißtse Gretchen, aber sie laßt sich Peggy rufen, dis klingt mehr so nach englischen Schlager und is mir auch janz recht. Wenn ick nämlich dauernd Gretchen zu ihr sage, nachher denkt Muttern noch, ick will mir durch ein Zaubertrunk aus meine Birkenhaarwasserpulle verjüngen und unse Peggy womöglich wie der jroße Schwatzkünstler Faust als eine sehr freie Darstellung in einen von meine diverse Spiegel erblicken. Nee, aus dis Alter bin ick wohl raus, und außerdem hat Peggy mit ihren Minirock schon jenug Wind inne Bude reinjefächelt.

Sprach ick neulich mit Herrn Kaminsky vonne PeJeHa Wellenreiter, wo trotzdem nich der schlechteste Herrenfrisör is, denn er hat vor vielen Jahren hier bei mir jelernt. Und der wird mir also sein Leid klagen, desse jar keine Zeit da ham und auch jar nich im Ausbüldungspojramm drin stehn tut, wie man richtig Bärte stutzt und so. Kurz und jrün, ick hab mir breitschlagen lassen, ausnahmsweise mal die PeJeHa unter ihre schwachen Arme zu jreifen. Man is ja kein Unmensch, und sonst machense mein Sohn, den Schemiedokter, noch Unjelegenheiten, wenn er wieder mal beim Staatsrat einjeladen is und womöglich jesagt kriegt, sein Pappa hat nischt mitte Chor-Operation im Sinn. Nu laß ick mir also jeden Lehrling vier Wochen lang hierherschicken, damit ich ihm ins Bärtestutzen und andere Finessen der Bartbildnerei unterweisen tue. Nach Jahren endlich mal wieder junges Blut im Laden. Sie glauben jar nich, wie einen dis aufmöbelt! Alleine kann ick mir kein Lehrling mehr halten. Ick wär ja bescheuert – wo die zweimal inne Woche nach de Berufsschule müssen, wo se wissenschaftlichen Krempel, aber ebent nich mal Bartstutzen lernen. Bloß, dis kostet ja bei Peggy nich mein Jeld. Ganz ins Gejenteil.

So jut wie seit vierzehn Tagen hat mein Jeschäft seit lange Zeit nich mehr floriert. Die janzen jungen Bengels machen sich jetz 'n Jewerbe und lassen sich einen stehn, der eine son Schnauzer mitten unter der Nase, der andre will sich wiederum sein Konterfei mit ne Schifferfreese einrahmen lassen, denn jeder Mensch is ebent verschieden. Sojar Atze Langerwisch, wo schon mit seine Bauarbeiterbrijade inne Zeitung jestanden hat, lauft jetz mit einen spanischen Bart ala König Drosselbart von Matzedonien übert Baujerüst. Und stellnse sich vor, dis machen die jungschen Burschen aus reine, uneigennützige Unterstützung für Vater Kleinekorten. Atze hat jesagt, dis wäre janz furchtbar, wenn Peggy nachher zur PeJeHa zurückkehrt und nich mal Jelegenheit hatte, sich an ihm zu bewähren und ordentlich was zu lernen.

Und dis wird ja Zeit, weil se neulich schon ihren achtzehnten Jeburtstag jefeiert hat und bald auslernt. Jott, wenn ick die olle Kleene so von hinten betrachte, wie se sich über der Kundschaft beugt und immer sone Kulleraugen macht, denn freu ick mir richtig, wie jung ick mir noch finde. Muttern is dis ja nich janz recht, aber sagen tut se nischt, außer desse Frollein Peggy ihren Rock 'n bißken zu reichlich mini findet. Ick sage immer, was regste dir denn auf? Der Rock is doch jar nich zu sehn, weil Peggys Minikittel zu lang is, aber nu findet Muttern einfach den Kittel zu mini, und dabei isse vor Stücker vierzig Jahren selber so rumjelaufen. Bloß dis war ebent noch die Mode mit oben ohne – jedenfalls war oben nischt zu sehen, und Peggy is mehr so mit oben doch was, und dis sieht man sojar, vor allem, weil dis Herrn Kafforke dauernd vonne Arbeit ablenkt. Was meinense, wie schief der neulich Zahnarzt Stippekohl jeschnitten hat! Aber daran hatte der Doktor selber schuld, weil er bloß dauernd nach die Püppi jeluchst hat. Dis haltense nich für möglich, wie jrade so die reifere Jugend... ick meine, ick bin selber kein Kind von Traurigkeit, aber so was jehört sich einfach nich. Namen will ick lieber nich nennen, aber ick sage Ihnen: son dickes Auto, dazu ein Bummerloh anne Ostsee, und denn laßt sich dieser olle Kerrel mutwillig son Mennjuhbart oder auch volkstümlich Popelbremse stehn, bloß um mit unse Peggy... Sie verstehn mir schon! Also, der hat hier vorm Laden rumjebalzt wie son Minisänger bei Richard Wagnern, mein lieber Schwan! Aber in diese Beziehung schiebt sich nu bei unse Peggy janischt zusammen, trotzdem nach Ladenschluß die janzen Schnauz- und Backenbärte da draußen rumjummeln wie die Katers, wenn man Baldrian verschüttet hat. Unse Peggy is mit ihre achtzehn nämlich noch ein richtiges Kind... Sie brauchen jar nich so morbider zu jrinsen, Herr Kafforke! – Der alte Esel hat ihr neulich sojar aufm Hintern jeklapselt. Und in sone Dinge versteh ick keinen Spaß. Schließlich bin ick hier der Scheff, und mein Jehülfe dürf sich nich dieselben Freiheiten rausnehmen wie ick. Aber Muttern hat schon recht. Nächstens soll uns man Kaminsky lieber 'n Jungen schicken, durch die Meechens kriegt man doch bloß Scherereien!

Frisör Kleinekorte als Fels in der Brandung

Nehmse Platz, Herr Jeheimrat! Was gibsn Neues aufm Bau? Wieder Nachtschicht gehabt? Also, ick bin neulich schon wieder mal jefragt worden, warum ick meine Stammkunden immer mit diese sterilotypische Redensart begrüße. Dabei is dis nischt weiter wie son Stücke züchologische Zauberformel. Nehmse Platz – is klar: Ick kann ja den Kunden nich im Stehn die Haare schneiden, weil ick jar nich ranreiche. Herr Jeheimrat – dis gibt meinen Salong son bißken jutbürgerlichen Glorienschein, und der Kunde fühlt sich als was Besonderes. Was gibsn Neues aufm Bau? Dis is reine Höflichkeit von mir, denn der Kunde weiß meistenteils nischt Neues und laßt sich lieber dis Allerneuste von mir erzählen. Wieder Nachtschicht jehabt? Dis trefft jewissermaßen auf alle Brangschen zu, und kann sich jeder was bei denken, sojar der Dings vons Berliner Angzambel. Wenn ick den nämlich diese mehr so rhetortische Frage stelle, fühlt er sich ordentlich jebumfidelt, weil er an den Remmidemmi denkt, wo se da manchmal bis nach Mitternacht abziehen und sich so schön proletarisch anhört, wovor diese großen Künstler ja bekannt sein sollen. Was nu die richtigjehenden Arbeiter betrefft, da find ick mir sowieso nich mehr mang durch. Ick will ja nich meckern, Muttern und ick ham unser Auskommen, 'n Fernseher und so, aber was mir an unseren Staat ebent jar nich paßt, desse hierzulande nie wissen, wo der Arbeiter aufhört und der Intilijenzler anfängt. Die sollen doch mal halblang machen! Sehnse, der Arbeiter, dis is eine sojenannte Klasse, wo sich jahrhundertelang entwickelt hat und immer Arbeiter jeblieben sind, und dis soll sojar schon Karl Marx erfunden haben. Und was machen die heute? Die setzen den Arbeiter einen Floh ins Ohr, deß er was Besseres werden kann. Glaubense nich? Ick könnte Sie mehr Beispiele aufzählen, wie Sie Haare aufm Koppe ham, bloß hier aus unsere Straße. Nehmse doch Robert Köppen: Den seh ick noch wie heute als jungen Burschen mit seine olle Kaffeepulle inne Fabrik jehn. Nu hamse ihm vorm paar Jahren erst zum Werkdirektor jemacht, und denn hamse ihm mir nichs, dir nichs nu sojar mitten in einen Parteiapperat reinjesteckt. Nu frag ick Sie: Wozu hat denn der Mann erst Dreher jelernt, wenn er nachher noch studieren muß, bloß mit se ihm aus sein Fabrikmülljöh reißen können? Aber die da oben sind ja selber schuld, wenn der Arbeiter immer höher hinaus will.

Kuckense sich Jüttners an: Vor fümmenvierzig hatten die Jören nich

mal jeder ihr eigenes Bette und sind mit Holzpantinen in mein Laden reinjeklotzt. Die hab ick manchmal aus lauter Mitleid vor umsonst die Haare jeschnitten. Und was kommt dabei raus? Der eine is Schiffsoffezier jeworden, der andere Lehrer, und die Jüngste hat 'n Zahnarzt jeheiratet! Irgendwo hat doch alles seine Jrenzen. Aber den Sohn von Professor Schnapka lassense nich auf der Oberschule, weil er anjeblich zu faul is. Wundert Ihnen dis etwa? Mir nich. Der kleine Schnapka kann es nu mal nich zu weiter was bringen wie sein Pappa, also reizt es ihm nich. Aber den Jungen aus ne Arbeiterfamilie reizt es natürlich, Professor zu werden, weil ja sein Oller nich Professor is. Hamse schon mal sone verkehrte Welt jesehn?

Nehmse mal den Kopp 'n bißken höher! Na jut, ick hab inne Süstemzeit auch für die Fürstenenteignung jestimmt, aber man muß doch wenigstens aufm Teppich bleiben und sein Herkommen nich verjessen! Ick will damit nich sagen, deß jeder Arbeiter 'n Boofke is. Aber wenn einer den janzen Tag anne Maschine steht und dis dröhnt und wummert ihm inne Ohren, denn könnse ihm doch nach Feierabend nich inne Staatsoper scheuchen, mit er sich Johann Straußens »Elektriker« anhört. Der Arbeiter will nu mal abends seine Molle trinken und 'n Schkat spielen, aber nich nach Theater rennen. Wer immerzu Häuserwände streicht, den könnse hinterher nich mit ein Streichquartett erfreuen.

Bei unsereinen is dis was anderes, weil der Beruf schon sone Art Kunst mit sich bringt und man durch die Kundenjespräche auch jeistig tätig is. Wissense, wie der Staat den Arbeiter pussiert und korramponiert, dis erinnert mir lebhaft an Schillers Zauberlehrling, wo der erst die Jeister ruft, und nachher is dis Kind in seine Arme mausetot, sozusagen ein Zirkus virtuosus, wie der Lateiner sprecht. Is ja jut und richtig, deß der Arbeiter satt zu essen und anzuziehn hat, aber die Leute stellen doch immer mehr Ansprüche. Kuckense sich Fritze Ladenthin an: kommt vorigten Monat mit ne Jahresprämie von siebenhundert Piepen an. Na, sag ick, Fritze, da kannste ja im Blauen Affen ne Stubenlage geben. Denkste, sagt er, dis kommt alles morgen aufs Sparbuch, wir wollen nämlich im Mai nach Ungarn verreisen. Wie er draußen war, hab ick Herrn Kafforke, mein Jehülfen, erst mal stillschweigend 'n Zehnmarkschein zujesteckt. Man is ja kein Unmensch, aber die Jroßbetriebe verderben uns Selbständige einfach die Preise. Nach Ungarn! Früher sind Ladenthins höchstens mal auf irgend sone Kuhbläke jefahren. Jott, die hätten doch Ungarn nich mal auf die Landkarte jefunden. Nach Ungarn! Die sind doch bloß scharf auf Salami, weil ihnen nich mal die Wurscht von Fleischer Meusel mehr jut jenug is. Und inne Arbeitslosenzeit ham solche Leute beim Kaufmann mußten anschreiben lassen.

Die Kotletten schräg oder grade? Da heißt es immer, bei uns gibts keine Vetternwirtschaft mehr. Aber denkense doch mal logisch: Die Arbeiter ham doch heute bis in die höchsten Stellen ihre Leute sitzen, dis weiß ick sojar aus Parteikreise. Und was hat dis zur Folge? Die passen jetz auf, deß der Arbeiter bloß nich zu kurz kommt, oder was meinen Sie, wer den arbeitsfreien Sonnabend ausjeheckt hat, der sich gejen uns Frisöre richtet, weil es bei uns nu, wenn man Feierabend machen will, immer knüppeldickevoll im Laden wird. Könnse meine Jedankenjänge noch folgen? Die Regierung is ja irgendwo ein Fuchs und denkt sich bei alles was. Also, je besser der Arbeiter arbeiten tut, desto mehr Verjünstigungen schanzense ihm und seine Familie zu, bloß mit er jute Laune kriegt und noch besser arbeiten tut. Und denn kommse ihm mit neue Verjünstigungen und... Moment mal, wie ick heute nacht darüber stimuliert habe, wußt ick noch jenau, wo der Pferdefuß lag. Na, is ja auch egal, man wird ebent alt. Jedenfalls is an die Sache irgendwas faul, denn ick bin ja hellhörig. Was meinense, mit wieville alte Stammkunden man jar nich mehr richtig aufm Staat schimpen kann! Die ham nich mal mehr daran Spaß und grinsen bloß noch über mir. Aber sollnse! Ick bin in diese Beziehung wie der Fels Petri mitten in die Brandung, trotzdem ick natürlich nie rauskehren würde, deß man im Jrunde was Besseres is wie son Arbeiter, und die Leute dreiste immer noch mit Herr Jeheimrat tituliere.

Frisör Kleinekorte und das geteilte Himmelbett

Nehmse Platz, Herr Jeheimrat! Was gibsn Neues aufm Bau? Wieder Nachtschicht gehabt? Na, dis hat auch sein Jutes: Wer nachts bloß arbeitet, sündigt nich. Sehnse, die Zugvögel fliegen ebent auch Tag und Nacht, da kommense nich auf dumme Jedanken, und jenauso isses mit die Menschen. Dis dürfense natürlich nich wörtlich nehmen, denn in jewisse Beziehung unterscheidet sich der Mensch ja doch von die kleinen Piepmätze.

Setzense sich mal 'n bißken jrade hin, sonst werden nachher die Kotletten schief. Und nu betrachtense mal beispielsweise dis schöne Lied: Ein Vogel wollte Hochzeit machen in dem jrünen Walde, widirallala – ick muß bloß mal die Türe zumachen, sonst denkt Muttern, ick hätt am frühen Morgen schon einen jepichelt –, widirallala und so, also daran sehnse eins janz klar: Heiraten tun die Vögel. Könnense mir bis hierher folgen? Aber hamse schon mal jehört, deß sich ein Vogel hat scheiden lassen? Da is ihm ebent der Mensch, wo ja als die höchste Wesen inne janze Zoologie jült, mächtig über. Der rennt beis Jericht, knallt den zerbrochenen Haussegen aufn Tisch und sagt: Hier stehe ick, nu kommt es anders.

Nehmse mal den Kopp 'n bißken runter. Mir kümmern ja die Ehejeschichten von andere Leute jar nich. Ins Gegenteil, ick bin für die janz dolle Ranz, wie dis schon der Olle Fritz so treffend jesagt hat: Jeder soll nach seinen Fassongschnitt selig werden. Muttern kennt ne Reinemachefrau vons Stadtjericht, und die hat jesagt, mit die Scheidungen hamse in Berlin und die weitere Umjebung direkt Weltniwau. Sie wissen ja, ick jeb ville auf die Weisheit vons deutsche Volkslied, aber immer tuts auch nich stimmen. Von wegen scheiden tut weh – so siehste aus! In Wirklichkeit sind die jungen Leute doch heilfroh, wenn se die Termine hinter sich haben. Krach gibs höchstens um die paar Klamotten. Aber tragisch isses manchmal ebent doch.

Zum Beispiel hat hier nebenan, bei Fleischer Meuseln, sozusagen der Blitz mitten in den jrünen Lebensbaum von ein junges Paar einjeschlagen. Was war dis vorigtes Jahr für ne Hochzeit! Is nu die einzige Tochter von Meusels, die Loni, und wir waren noch drei Tage hinterher blau wie die Radehacken. Muttern hat gleich zu Frau Meuseln jesagt, dis nimmt kein jutes Ende, und wegen Heiratenmüssen muß man heute nich mehr heiraten, und die Loni hätt lieber erst ihre Lehre zu Ende machen sollen. Aber Meusels sind ja vom alten Schrot und Korn, und außerdem war der junge Mann sojar was Besseres, nämlich ein richtiger Inschenöhr. Die erste Zeit hats janz jutjejangen. Meusels hatten die jungen Leute sojar ihre jroße Stube ausjeräumt. Aber wie denn son kleiner Zuckermops ins Körbchen lag, fing der Ärger an, und schuld war bloß der junge Ehemann, denn der leistete sich nu Sachen, sag ick Ihnen, dis hätt ick vorher sagen können, so was lassen sich die alten Meusels nich bieten. Dauernd blieb er abends wech. Nee, nich, was Sie denken. Ville schlimmer. Der war nämlich inne Partei reinjetreten und hatte nu manchmal Versammlung, wo Meusel doch so ziemlich kontra is, und nu jab es jeden Abend Buh und Baff, und die Loni heulte, aber letzten Endes hatse ebent doch mehr zu ihre Eltern jehalten. Und da hat der junge Mann jesagt, nu is Sense. Ick will bloß mal dis Messer schärfen, is doch gleich was anderes. Hat mir mein Sohn von drüben jeschickt.

Nu jing bei Meusels dis Theater los um die paar Möbeln, die se sich anjeschafft hatten. Und wie se sich endlich einig waren, blieb bloß noch dis schöne jroße Himmelbett übrig, auch sone Schnapsidee vom ollen Meusel, ne Sonderanfertigung für dis glückliche junge Paar. Unten war dis son unsittliches französisches Bette ohne Ritze, was man bei eine Scheidung ebent nich auseinandersägen kann, und oben son janz jroßer Dederonghimmel mit Rüschen, wo in die erste Zeit bestimmt voller Geijen jehangen hat. Und so was könnse doch nich inne Mitte durchschneiden. Aber denn sindse auf einer praktischen Lösung jekommen. Der Schwiegersohn zog mit dis unsittliche Bette aus, und den Himmel hat Mutter Meuseln in Wäschespind jelegt. Da willse nämlich dis Brautkleid draus machen, wenn Loni nächsten wieder verheiratet wird. Der junge Mann hätt ja statt dis Bette lieber sein Kind behalten, weil er sagt, dis werden die ollen Meusels mit ihre Affenliebe völlig vermurksen, und Loni hat sowieso nischt zu melden. Aber so neumodisch is ja dis Jericht nu auch wieder nich jewesen. Dis Kind jehört bei seine Mutter und basta. Wo kämen wir denn sonst hin? Tschuldigense, ick jeh gleich mitm Blutstiller rüber. Hab ick nich jesagt, die sind schärfer als die von uns?

Eigentlich find icks direkt unmoralisch, wie so die jungen Leute sich erst zusammenschreiben lassen und denn wieder auseinanderlaufen.

Und dis fangt schon mit die falsche Erziehung als Kinder an. Wir mußten inne Schule noch Schillers Glocke auswendiglernen. Drum prüfe, wer sich ewig bindet, der Wahnsinn is kurz, und die Reue dauert ziemlich lange. Aber wer bringt dis sone jungen Menschen heut noch bei? Statt dessen lernense Russisch und sone fortschrittlichen Dichter wie Brecht und Hans Sachs, wo die meisten Schuhmacher-PeJeHas jegründet hat. Und warum jehn die meisten Ehen kaputt? Weil die Frauen nich mehr aufm Hintern bleiben wollen und partuh 'n Beruf haben müssen, statt desse ihren Mann lieber ein jemütliches Heim zubereiten. Sone Frau, die immer zu Hause is, kann sich doch ville mehr flegen und zur Dauerwelle gehn. Kuckense sich doch die Frau von Zahnarzt Stippekohl an. Der hat zwar außerdem noch seit Jahren 'n Verhältnis, dis weiß die janze Straße. Aber scheiden lassen die sich nich, und zu seine Kinder is er auch nett, sojar zu dem Kleinen, der jar nich von ihm is. Mitm bißken juten Willen jeht alles. Bei Muttern und mir hats ja vor Stücker vierzig Jahre auch mal ins Balkenwerk jeknistert, aber weil uns der Anwalt zu teuer war, ham wirs denn lieber jelassen. Und obses glauben oder nich, wir jehn ja als olle Leute wirklich mit die Zeit mit und leben sojar sehr modern, indem wir jetrennt schlafen: icke aufs Küchensofa, weil ick nachts so schnarche. Aber vonne Ehescheidung ham wir schon lange nich mehr jesprochen. Sehnse, und daran merkt man denn doch, deß man nu schon zum alten Eisen jehört. Scharf nachwaschen?

Frisör Kleinekorte
und der letzte Glockenschlag

Nehmse Platz, Herr Jeheimrat! Was gibsn Neues aufm Bau? Wieder Nachtschicht gehabt? Na, nu kommen ja schon bald wieder die Feiertage. Dis alte abjelebte Jahr fährt in der Grube, und aus den letzten mitternächtlichen Glockenschlag steigt wie ein schöner blondjelockter Knabe dis neue Jahr hervor und vollendet seine vorjeschriebene Reise mit Donnerklang oder so ähnlich. Dis mein ick mehr so alligatorisch, indem ick mir an die büldliche Darstellung aufm Deutschen Haus- und Familienkalender erinnere. Der hat bei uns, wie ick 'n kleiner Hosenmatz war, immer übern Küchentisch jehängt. Und obses glauben oder nich: Sone Sachen geben ein zartes Kinderjemüt schon die ersten Anstöße. Nehmse zum Beispiel die Stiche vons jermanische Volksleben aufm Kalender. Da hat sich schon bei mir der Wunsch jeregt, später mal Herrenfrisör zu werden. Nu sagense mal selber: Son oller Jote rannte doch rum wie heute die Jammler. Dis versteh ick ebent nich. Einerseits laßt der Staat die janze Kulturerbschaft unter Naturschutz stellen, und andrerseits hat er was gejen die urjermanischn langen Loden. Na, mir solls ja recht sind. Bei Jammler nehm ick sowieso doppelten Tarif, weil nämlich Herr Kafforke den ersten Arbeitsjang schneidet und ick mir erst den Feinschnitt widme. Was meinense, was aus die ollen Joten noch für anständige Menschen jeworden wären, wenn ick mein Frisiersalong im Teutoburger Wald jehabt hätte. Vielleicht wär sie denn die Teilung in Ost- und Westjoten erspart jeblieben, und ihre Könige Tiger und Puntila konnten heute noch leben.

Nee, nee, ick will jar nich von Pulletick reden. Ick fahr auch dies Jahr nich bei mein Sohn nach Frankfurt rüber. Nachher fallt die da drüben noch ein, deß ick neununddreißig mal aus Versehen die Fahne vonne HaJott nich jegrüßt habe und dafür von son lausigen Hitlerpümpf mitten auf die Straße 'n paar jeballert kriegte. So was will ick in mein hohes Alter nich noch mal erleben. Dagejen isses doch auf unsre Seite vonne Mauer richtig schön unpullitisch. Muttern und ick bleiben also diesmal Silvester janz für uns, lassen die Schallesie runter, mit wir die verdammte Feuerwerksknallerei nich hören, und denn machen wir janz pöapö unser kleines Prösterken. Zum richtigen Feiern hat unsereiner nich mehr den Schneid. Jedes Jahr nuddelt Jevatter Hein oder der dustere Fährmann Karo, wie der Lateiner sprecht, immer

schneller die Zeiger der Lebensuhr um dis eherne Zifferblatt. Heute 'n bißken länger, wa? Soll wieder ne Frostperiode kommen. Jott, was waren wir früher zu Silvester für lustige Hühner! Aber so is der Deutsche nu mal: Da hamse sich noch am Vormittag die Platze konnten jeärgert ham, aber denn setzense sich 'n Tirolerhut auf, lassen 'n kleines Tischfeuerwerk steigen, und schon is Stimmung inne Bude. Is natürlich alles nich mehr wie früher. Die jungen Leute rennen in die Danzlokale und verhelfen die HaO noch zu ne dicke Jahresprämie. Und die reifere Jugend hat Schwein, wenn se den letzten Glockenschlag nich vorm Fernseher verpennt.

Zu meine Zeit trieb man ja noch die ausjelassensten Scherze. Hier nebenan, wo jetz die Natzjonale Front drin is, da saß früh son kleiner Papierfritze drin, und der verkaufte Scherzpostkarten für alle Jelegenheiten. Fleischer Meuseln seine Frau – Jott, was war die Olle eifersüchtig – hab ick mal eine jeschickt, da saßen lauter nackte Meechens im Schrank, und dadrunter stand jedruckt: In unser feines Vogelhaus / fliegt der Herr Gatte ein und aus. Da flog bei Meusels aber erst mal die Firsichbohle vons Wertiko, haha! Jott, ham wir hinterher jelacht! Aber manches jehörte sich ja nu jar nich. Ich kriegte mal ne Karte – Sie brauchen jar nich so zu jrinsen, Herr Kafforke! –, da war son mickriges Männeken abjebildet, wo einen Eisbeutel aufm Koppe hat, und dazu die Zeilen: In der Kneipe gibst du an / wie ein eitler Pfauenhahn. / Doch die schöne dicke Beule / stammt von Mutters Kuchenkeule. Dabei war ick man bloß im Dustern gejen den Kachelofen jerannt. Und über sone Jebrechen macht 'n anständiger Mensch keine Witze. Mir war auch dis janze Silvester versaut, und ick bin vor Wut gleich in Kahn jegangen.

Aber es jibt auch schöne Erinnerungen. Muttern war bei unsere Jäste berühmt für ihren Heringssalat. Manchmal hatse für Stücker zwanzig Personen jemacht und die Fannkuchen eigenhändig in Schweineschmalz jebacken und konnt denn immer kaum noch krauchen. Und dis ärgert mir immer so bei meine Schwiegertochter in Halle. Wenn die Silvester feiern, bestelltse hundert Fannkuchen beim Bäcker, janz ehrpusselig alle mit richtiges Flaumenmus, weil sie Mostrich affig findet. Und die Salate und so laßtse sich fertig ausm Menetekel-Laden kommen. Sehnse, so verwildern langsam die juten alten Bräuche.

Früher ham wir den Herrensalong ausjeräumt, und nach dis Eisbein führte ick als Metre de Plissee die Polleneese an. Da jing es übern Hoff, und ick verkündete: Die Herren tragen jetz die Damen über die Alpenpässe, und denn mußtense alle über die Mülltonnen klettern. Und der Höhepunkt für die janze Korona war denn der Danz im Spiejelsaal von Wersallje, also hier in Laden, wo ick vorher ordentlich Juckpulver jestreut hatte. Und dis war ja hier auch janz praktisch jedacht mit die Waschbecken, wenn se alle blau wie die Radehacken waren. Nehmse noch ne Koppwäsche? Fritze Ladenthin hat mal ne janze Pulle Dralles Birkenhaarwasser ausjesoffen. Den hättense andern Tag sehn sollen!

Sehnse, und von sone Erinnerungen zehrt man nu heute, wo man nich mehr so richtig hinten hoch kann. Denn jenügen schon zwei Gläser Punsch, und Muttern wird janz weinerlich zumute. Willem, sagtse denn zu mir, wenn man bloß wüßte, wie es auf die Welt aussehen tut, wenn wir mal nich mehr sind, und denn kommen wir so ins Stimulieren. Wissense, ick bin in diese Beziehung wie der Moses inne Bibel. Ich stehe auf ein hohen Berg, womit ich mehr so meinen geistigen Weitblick meine, und ich sehe dis jelobte Land, aber ich werde es nie betreten. In fuffzig Jahren, mal ick mir aus, wird es kein Kriech mehr jeben und nirgends auf die Welt mehr Hungersnot. Der Mensch brauch nich mehr so ville und so schwer arbeiten und hat jenug Zeit für Kino, Theater und sein Schreberjarten, weil er mündestens sechs Wochen Urlaub kriegt. Aber denn sag ick mir: Willem, du spinnst ja. Villeicht ham wir auch in fuffzig Jahren auf die janze Welt den Kommunismus. Und darum bin ick froh, deß ick dis nich mehr erleben tu. Oder soll ick mir etwa neunundvierzig Jahre lang ausdenken, was ick die PeJeHa erzählen soll, wenn se mir denn doch zum Eintritt überreden wollen? Scharf nachwaschen? Tschuldigense, jetz hätt ick Sie beinah dis Konfetti aufm Kopp jestreut.

Also, denn rutschense man jut rein ins neue Jahr. Und wenn denn der ewige Zeitjeist oder Schwager Krokos, wie der jroße Dichter Joethe sprecht, die Küster in alle Kirchen befiehlt, den Strang von ihre Glocken zu ziehn ... ach, Quatsch, die läuten ja heutzutage alle elektrisch, und wenn man sich dis vorstellt, is ebent die janze Silvesterstimmung im Eimer. Macht zweifuffzig.

Frisör Kleinekorte bleibt eisern

Nehmse Platz, Herr Jeheimrat! Was gibsn Neues aufm Bau? Wieder Nachtschicht gehabt? Jott, sehnse, Sie denken villeicht, son selbständiger Herrenfrisör, der steht sich nischt aus. Der macht sein Laden dichte und sprecht mit Friedrich den Jroßen: Sangzussi – zu deutsch: Wech mit die Sorgen! Und was is würklich? Man kann nachts nich mehr ruhig schlafen, bloß weil einen die verdammte Pulletick beschäftigt – und dabei hat unsereiner zeitlebens 'n Bogen um dieselbe jemacht! Fritze Ladenthin werdense doch kennen? Der, wo nu schon seit vierzig Jahre hier wohnt. Und immer hamwa uns jut verstanden, trotzdem dis man bloß 'n einfacher Arbeiter is. Manches Pülleken hamwa zusammen jeleert. Und nu diese Enttäuschung. Dis nagt ebent an einen. Nehmse mal den Kopp 'n bißken runter!

Also jestern, ick will jrade den Laden abschließen, und Herr Kafforke is schon beis Ausfegen, da kommt Fritze Ladenthin durch die Vordertüre rein. Dis war mir gleich verdächtig, denn die Haare schneid ick ihm meistenteils für umsonst nach Feierabend durch die Hintertür. Nu kuckt er schon so komisch und laßt sich einfach nieder. Ick oller Dussel werd ooch noch Muttern nach 'n paar Pullen Bier schicken, weil ick denke, der Mann hat was auf die Seele. Und was dis Schlümmste is, dis stümmte sojar, bloß janz anders, wie ick dachte.

Willem, sagt er, ick hab mir überlegt, – also wörtlich: wir sollten eigentlich bei uns ins Haus endlich mal ne Hausjemeinschaft jründen. Also ick dachte, mir laust der Affe. Bis jetz hamwa nämlich bei uns ins Haus ziemlich ruhig jelebt. Keiner jing bei keinen, und juten Tag und juten Weg, wie sich dis bei anständige Leute jehört. Fritze, sag ick und spendier ihm obendrein 'n Schnäpperken aus unsere Sonntagspulle, denn ick dachte: Jott, der Mann is überarbeitet, und nu jehnse mit ihm ab. Fritze, sag ick also, wie kommste denn auf son Stuß? Darauf er: Willem, wir beiden sind die ältesten Mieter in unser Haus, und wenn wir uns mal vorstellen, was wir hier so alles durchjemacht ham und deß heute alles anders is und son Schmus... Ick werd Ihnen mal 'n bißken Birkenhaarwasser reinmachen, dis helft gejen die Schuppen, die man vons fette Essen kriegt. Nu soll mir mal einer was über unser Haus erzählen! Wenn ick son Stücke Histologe wär, könnt ick direkt was Chronisches darüber schreiben.

Müssense sich beispielsweise mal vorstellen, wie sich die Mieter inne joldenen zwanziger Jahre dotjelacht hätten, wenn ihnen da einer mit Hausjemeinschaft jekommen wäre. Damals hieß es doch noch auf die feine englische Art: Mei Heim is mei Kassel. Hier im Vorderhaus wohnten die besseren Leute wie Majarinejrossist Haselhorst inne Belleetaasche oder beiläufig auch ich, also mehr so die Selbständigen. Haselhorsts hatten 'n Dienstmeechen und 'n Schofför und redeten mit mir bloß, wenn ich raufkam, um den Ollen in sein Herrenzimmer zu rasieren. Jott, für die Leute war ick doch man bloß 'n Piesepampel. Und ick wiederum schümpte auf Köppens und Ladenthins Jören vom Hinterhaus, wenn die immer so laut inne Aschkästen Panzerkreuzer Deutschland spielten, weil es in die Kellerwohnung zu eng war. Und im Jrunde war einer den andern sein Deibel. Bloß man zeigte dis nich so deutlich. Denn da hatten wir noch die Weimarer Verfassung, und jeder konnte sich auf seine Art über was anderes ärgern, und dis war ebent noch die echte Demokratie. Und denn – also ick hab Hitlern nie jewählt, schon weil der Kerrel sone schmalzige Ludentolle hatte –, und denn wurde Kulicke von Seitenflügel Blockleiter, trotzdem er wegen irgendwelche Schweinigkeiten gesessen hatte, und da hat man schon jar nich mehr konnten seine Meinung sagen. Dis einzige bißken Hausjemeinschaft war, wenn mir Fritze Ladenthin in Luftschutzkeller heimlich 'n Vogel zeigte, wenn der Kulicke vom Endsieg quatschte und vor lauter Schiß noch nach die Entwarnung mitn Stahlhelm in seine Forzmolle kroch. Nu stellnse sich mal son Hirten inne Hausjemeinschaft vor! Kotletten schräg oder grade?

Sehnse, ick sage immer, es bringt nischt ein, wenn man sich mit seine Nachbarschaft zu kommune macht. So die jüngeren Leute bei uns ins Haus ham ja in diese Beziehung jar keine Hemmungen mehr, und – aber dis sag ick bloß zu Ihnen – manchmal hat dis sojar sein Jutes. Nehmse zum Beispiel Dokter Zielken ausm ersten Stock. Dis is nu ein richtiger studierter Dokter, im Jrunde 'n armer Deibel, der sich nich mal ne eigene Praxis leisten kann und aus lauter Verlegenheit Scheffarzt vonne Poliklinik jeworden is. Aber 'n Vogel hat der würklich nich. Wie Muttern vorigten Herbst beinah aufn Tod jelegen hat, is er früh und abends zuerst bei uns vorbeijekommen und hat ihr wieder richtig auf den Beinen jeholfen. Nu will man sich ja nischt schenken lassen, und weil die Frau Zielke auch auf Arbeit jeht, versorgt Muttern ab und zu die Kleine, wenn Zielkes beide zugleich auf Versammlung oder ins Theater sind.

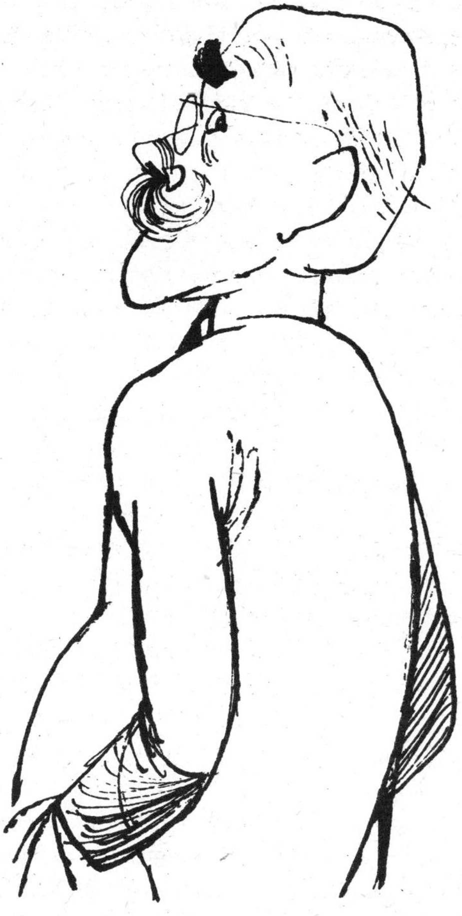

Jott, nich deß ick über die Mieter klagen will, alles soweit janz proppere Leute. Kurz nach Weihnachten, wie uns der dritte Mann fehlte, brachte Fritze Ladenthin den Otto Klapproth von Seitenflügel mit, wo von Beruf Maurer is. Nachdem ick den zweiten Bierlachs vergeigt hatte, jab ein Wort dis andere, und ick schümpte mal wieder mächtig aufn Staat, weil ick seit zwei Jahren keine Handwerker für mein Laden kriege. Nu will ick nich sagen, aus reine Freundlichkeit, aber villeicht hat die dis jeärgert, deß ick auf den Staat jeschumpen habe. Kurz und jrün, Sonnabend früh sindse ran: Otto, Fritze, der Inschenör von nebenan und noch zwei andere, und hastenichjesehn – werden die sich über mein Herrensalong hermachen und ihm pikobello renovieren. Sonntagnachmittag war alles überstanden. Nu ließ ick mir ja nich lumpen und hab ordentlich einen ausjegeben. Muttern hatte Kartoffelsalat jemacht und jesagt, die Herren sollten man ihre Frauen mit runterbringen, weil es so jemütlich is. Nachher kam noch Dokter Zielke und spielte auf unser verstümmtes Pioano: Aus der Jugendzeit. Und ick mußte immerzu erzählen, wie dis so früher in Berlin jewesen is. Nachher kamen wir sojar auf der Pulletick zu sprechen, aber da hat mir Muttern ins Bette jeschickt, weil ick manchmal nischt mehr vertragen kann. Und dis hat mir eigentlich jeärgert, denn schließlich hab ich schon mehr Regierungen erlebt wie die jungen Spunde von heute. Und was mir an unsere Regierung so fuchsen tut: Nischt is ihr auf die Dauer jut jenug. Dis deutsche Kaiserreich währte an die dausend Jahre, und die Verfassung von unsere Repulbik is schon nach zwanzig Jahre unmodern, bloß weil die Leute bei uns immer mehr Ansprüche stellen, was natürlich zu nischt führt. Sehnse, wenn bei uns früher 'n Anzug nich mehr paßte, denn hat Muttern 'n Stücke anjesetzt oder 'n Abnäher jemacht. Und heute? Da leistet man sich einfach 'n neuen Anzug, bloß weil man rausjewachsen is. Jott, im stüllen wünsch ick mir ja auch son schicken neuen Dederongkittel, aber denn sag ick mir wieder, villeicht is son neumodisches Ding wie ein Zaubermantel, und ick werd nachher auch schon vons bloße Anziehn pullitisch.

Was soll ick bloß Fritze Ladenthin erzählen, wenn er nachher kommt und mir fragt wegen die Hausjemeinschaft? Jott, einerseits sind dis hier ins Haus alles stülle feine Menschen, sojar Kuhfahls, weil die ihre Bengels mir schon öfters Kohlen raufjeholt ham. Ick würde die Mieter sojar für ihre Versammlungen meinen Laden borgen, weil hier nu mal die meisten Stühle sind, und Muttern kocht ne jroße Kanne Kaffe für alle. Ick hab auch nich mal was gejen die Dampferfahrt mits janze Haus, wo Fritze vorschlagen will. Bloß gegen sone direkte Hausjemeinschaft hab ick nu mal was, weil ick mir denke, dis is was janz was Pullitisches. Na jut, mit mir könnense sich beispielsweise stundenlang über Verfassung und so unterhalten, weil ick schon wegen die Kundschaft aufm laufenden sein muß. Bloß ebent die pullitische Pullitick, die paßt mir nich. Soll ick mir etwa noch mehr von Fleischermeister Meusel bereden lassen? Der sagt sowieso schon, ick bin auch nich mehr so wie früher.

Herrensalon
W. Kleinekorte

Frisör Kleinekorte auf Wikingerkurs

Nehmse Platz, Herr Jeheimrat! Was gibsn Neues aufm Bau? Wieder Nachtschicht gehabt? Nu hörnse bloß auf – ick war nich krank, ick war auf Urlaub. Sie sind nu heute schon der dritte Kunde, wo ick dis mühselig erklären muß. Aber deß die Seeluft jewaltig zehren tut, davon hamse wohl noch nischt jehört? Und wie se zehrt! An Leib und Seele und sojar anne Nerven. Aber erholt hab ick mir trotzdem jut. Bloß Muttern isses nich so bekommen, die hat mein Sohn gleich nach Halle jeholt, um die olle Frau wieder 'n bißken hochzupäppeln. Und dabei hab icks doch bloß jut jemeint. Immer wenn Se mit die Kundschaft reden, alle jiepernse nachm Seeplatz inne Hochseesong, da kommt man sich richtig dusselig vor, wenn man in Mai oder September nischt wie inne Bergwelt von Sperlingerode fährt. Sitzense doch mal stille, damit ick nich andauernd 'n schiefen Horizont vor de Schere habe.

Dies Jahr wollt icks also wissen. Auf anständige Art und Weise war natürlich nischt zu machen. Kinderreich is für unsereinen zu spät, sonst hätt ick mir ins Interneptun nach Warnemünde bejeben und mir über die dummen Jesichter von die Kellner ammesiert, wenn ick se statt mitn dickes Trinkjeld mit 'n jewerkschaftlichen Jruß beglückt hätte. Waren ja auch jenug Anzeigen inne Bezett: Aufenthalt in Ostseebummerloh bietet und so, aber ick werd mir hüten. Ick weiß doch, wie Zahnarzt Stippekohl dis macht. Der sucht sich aus die paar hundert Zuschriften jedes Jahr 'n neuen Handwerker raus. Den knöppt er denn fuffzig Mark pro Tag ab, und außerdem laßt er sich dis Dach decken, dis Bad kacheln, 'n Kamin mauern, Natursteinplatten legen, und wenn dis alles komplett is, nimmt er dis Jahr drauf hundert Eier pro Tag. Nu sagense selber, wo ist denn bei sone sozialistische Jemeinschaftsarbeit noch Platz fürn kleenen Herrenfrisör? Höchstens, wenn sich dis Anwesen eines Tages so ausjedehnt hat, daß der Stippekohl inserieren kann: Bummerloh mit eigenen Hausfrisör zu vermieten.

Nee, da bin ick bescheidener. 'n Kunde – wer, sag ick nich, wat ick mit dem abzumachen habe, jeht keinen wat an – also, der hatte mir ne Privatadresse in Zippelshagen, dis bekannte Ostseebad, vermittelt. Spottbillig, sagt er, für unsere Verhältnisse, dreißig Mark für Muttern und mir, pro Nacht ohne Frühstück. Machte mir jar nischt, denn frühstücken tu ick nachts sowieso nich. Da hab ick gleich noch bei Muttern dis Jeld für ne echte Schiffermütze und ne Tabakspfeife rausjeschunden, brennt zwar möchtig aufe Zunge, wenn mans nich jewohnt is – nehmse mal den Kopp 'n bißken runter –, aber man will ja da oben nich gleich als Binnenländer auffallen.

Schon aufe Hinfahrt inne Eisenbahn wurde mir zusehends nördlicher zumute. Wie ick mir dis drittemal zu de Mitropa durchjedrängelt hatte, kam ick schon mitn schrägen Seemannsjang zurück, bloß dem Schaffner fehlte jede Spur von Romantik. Der Mann wollte partuh dis schöne Lied von die Ostseewellen nich mitsingen und meinte mit ein infamiges Grinsen, ick werd mir schon noch wundern, wenn ick erst in Zippelshagen bin. Aber ick ließ mir nich irremachen und hab ihm erst mal aufjeklärt, deß ick nu endlich nach Dausenden von Jahren die Stätte von meine Vorfahren aufsuchen werde. Mir hat nämlich mal ein Kunde, wo bei Humboldts Jeschichte vorliest, der hat mir erklärt, ick müßte in jrader Linie von die Wikinger abstammen, weil die vons Rudern auch immer so lange Arme jekriegt ham. Aber wie wa denn ins Quartier kamen, hätt ick erst mal ein Wikingerschwert jebraucht, um meinen Quartierfritzen durchzubohren. Bloß der Kerl war die janze Zeit nich da, weil er mit seine Familie in Mammamia ans Schwarze Meer Urlaub machte. Und an die olle Oma, wo dis Haus und den Jarten und die Hühner und die Sommerjäste versorgen mußte, wollt ick mir natürlich nich verjreifen. Im Gejenteil, dis Elend konnte unsereins jar nich mitansehn. Muttern hat ihr denn morgens immer die Treppe und den Flur sauberjemacht, und ick hab den Kohlrabi jegossen und Unkraut jezuppt. Dafür jenossen wir vor die andern sieben Familien ne Vorzugsstellung und durften uns jeden Morgen inne Küche unsern Kaffe brühen. Auch dis Zimmer war soweit janz nett, wogejen Müllers aus Eisenach mit ihre vier Jören sehr klagten, denn die wohnten in unsern Vermieter seine Trabantjarasche, und die hatte keine Fenster. Auch Hasemanns aus Dresden, der Mann is Atomforscher, waren 'n bißken sauer, weil se sich beim Aufstehn immer die Köppe an die volljeschissenen Sitzstangen von dis ausquartierte Hühnervolk stießen. Kotletten lassen wir wieder 'n bißken wachsen, wa?

Nee, wir hattens in diese Beziehung prima. Kleine saubere Kammer, denn Muttern is ja da sehr eigen. Ick wurde immer wieder an meine

Wanderburschenzeit erinnert, da ham wa uns auch bloß unter de Pumpe jewaschen. Und über die sonstige Hügühne sieht man in son Ostseeurlaub jerne mal hinwech, und der Bahnhof war ja janz inne Nähe. Im übrigen fühlten wir uns fast wie zu Hause, weil vorne anne Straße dauernd die Baukipper vorbeipolterten, und hintenraus war 'n Zeltlager, da hatten wir die janze Nacht Radiomusik und brauchten kein Jeld für die teure Hafenbar ausjeben. Ham wir uns einfach mit unser Pülleken ans offene Fenster jesetzt und waren wenigstens abends mal so richtig alleine.

Mitten Strand wars ja man sone Sache. Ne halbe Stunde Fußmarsch, bis man sich durch dis Jedränge aufe Promenade durchjewurschtelt hatte, und ick wollt ja aus Prinzip unsern Strandkorb ordentlich abnutzen, wo ick doch den Vermieter mit zwanzig Mark und 'n Viertel Jacobs von mein Westsohn jeschmiert hatte. Die erste Woche hats noch jutjegangen. Sind wa mittags losjepeest in Joldnen Löwen, denn seine warme Mahlzeit brauch der Mensch ooch im Urlaub. Wie nu Muttern jrade zu weenen anfängt, weil da mehr Leute rumstanden und aufn Platz lauerten wie aufm Alex in Berufsverkehr, da denk ick plötzlich, mir beißt der Klabautermann. Wer rast da mit drei Suppenteller in jeder Hand durchs Lokal? Mein Jehülfe, Herr Kafforke. Ick denke, der Kerrel is auf ne Kur in Berggießhübel. Statt dessen verdient der Halunke sich hier als Aushülfskellner ne joldene Neese. Erst wollt ick vor Wut dis Büffeh umkippen, aber man is ja ooch bloß 'n schwacher Mensch. Und auf die Art hatten wir wenigstens eine Woche lang jeden Tag unser Mittagessen, und dis Trinkjeld von mir zieh ick ihm sowieso wieder vom Lohn ab. Trotzdem, Sie kennen ja Kafforken nich, der streitet Stein und Bein und meint, gejen die Barfrau von Zippelshagen wär er man bloß ne kleine Flunder, denn die jeht kein Jahr mit weniger wie fümmendreißigtausend extra nach Berlin zurück. Ick soll aber nich verraten, wie se dis macht. Dis is wie bei jewisse Frisöre, da könnt der Kunde ooch nich beschwören, ob se ihm reines Birkenwasser inne Haare jeschmiert oder bloß die Pulle auf sein Frühbeet ausjespült ham.

Aber herrlich wars schon anne See. Bloß die zweite Woche nich mehr janz so. Da hatte nämlich Herr Kafforke an janzen Körper ne Allegorie, weil er immer mang die Quallen jebaden hat, und nu ließense ihm nich mehr in Joldnen Löwen. Seitdem sind Muttern und ick 'n bißken abjemagert, denn von die Eisbecher inne Milchbar »Nordpol« können sich bloß die ernähren, wo dis Eis herstellen. Schmecken tuts wie Pappschnee mit Himbeersirup, aber dafür heißtet janz berühmt, »Störtebekers kalte Leichenfinger, eine erlesene Spezialität des Nordens« oder so. Jedenfalls kann man sich vorstellen, daß der ehrliche olle Seeräuber ne ziemlich teure Beerdigung jehabt hat.

Die letzten Tage war Muttern denn schon so schwach, desse man lieber im Quartier jeblieben is, und ick hab mir mit Mühe und Not, weil man ja was für seine Jesundheit tun muß, bis an Kamerunstrand jeschleppt, wobei ick kaum noch mein Feldstecher tragen konnte. Die richtige Freude wars auch nich mehr, weil ick mir unterwegens nich mal 'n Bier leisten konnte. Die letzten Jroschen ham wa denn zusammenjekratzt fürs Telegramm an unsern Sohn, damit er uns mits Auto abholen konnte. Scharf nachwaschen? Es war ebent mal ein richtiggehendes Erlebnis, und im Traume hör ich immer noch die Möwen schrein. Wenn mir so die Haut juckt, wo der Sonnenbrand abpellt, denn denk ick, man müßte noch mal sechzig sein, denn würde man die Hochseesong anne Ostsee ville mehr jenießen. Macht zweifuffzig.

Frisör Kleinekorte lernt leiten ohne zu klagen

Nehmse Platz, Herr Jeheimrat! Was gibsn Neues aufm Bau? Wieder Nachtschicht gehabt? Sindse erst mal so freundlich und setzense Ihren Friedrichwillem auf dieses Papier. Nee! Autojramme würd ick högstens von Berühmtheiten sammeln, beispielsweise von Ekkehard Schall reschpektive Eberhard Cohrs. Was Ihnen betrefft, so sollnse mir bloß unterschreiben, daß Sie ausdrücklichst von mir bedient werden wollen und nich von Herrn Kafforke. Nee, der kommt gleich wieder. Hoff ick jedenfalls. Angeblich isser bloß mal nach Zijaretten umme Ecke. Mitten inne Arbeitszeit. Son Jehülfe kann sich doch heutzutage alles erlauben, und ick muß noch froh sein, deß er mir nich jänzlich sitzen laßt und sich die PeJeHa Wellenreiter in die weitjeöffneten Fangarme reinschmeißen tut. Hinten werd ick mal heute 'n bißken kürzer oder?

Sindse man bloß froh, daß Sie kein Leiter sind! Da stehnse nämlich zwischen Baum und Borke wie Urians Esel. Einesteils muß dis Jeschäftliche florieren, und auf die andere Seite sollnse Ihre Belegschaft in jeden Keese rinriechen lassen und ihr obendrein noch mit Samthandschuhe anfassen, und nu bringense dis mal unter ein und denselben Hut!

Mit Herrn Kafforke hat dis jahrelang jutjegangen. Der Mann krichte sein Jeld, Weihnachten und Jeburtstag ne kleine Aufwendigkeit extra, und davorhalben hatte er ebent seine Arbeit zu machen und nich rumzumeckern. Aber nu jeht ja bei uns der Reschpekt vor die Obrigkeit immer mehr flöten. Ick hab ne Masse Kundschaft hier ausm Kombinat, und da hörte man in letzte Zeit janz schlimme Sachen hört man da. Die stellen sich aufe Versammlung hin, janz einfache Leute, wo sich nich mal in ein einwandfreies Deutsch ausdrücken können, und denn sagen die ihren Direktor die Meinung, also, da kann einen angst und bange werden. Da haunse aufm Putz wegen die sojenannten Stillstehzeiten und von wegen dis Reservemattrijal und deß die Arbeiterbesorgung inne Kantine nich klappt, und son Mann muß sich dis alles anhören, ohne mit die Wimper zu zucken. Müssense sich mal vorstellen. Son Direktor is vom Staatsrat einjesetzt, um den Betrieb so richtig flutschen zu lassen, aber die Arbeiter lassen ihm jar nich dazu kommen, weil der Mann dauernd diskutieren soll.

Sehnse, ick hab ja von Natur aus auch ne demokratische Jemütsveranlagung und sage mir, den Menschen sein Wille is sein Hümmelreich, aber dis muß doch alles seine Jrenzen ham. Wie ick schon kurz vor die Konfirmatzjohn stand, hab ick mein Ollen mal darauf hinjewiesen, desses mir peinlich is, immer noch mit Klotzpantinen inne

Schule zu rennen, und eh deß er sein Jeld versaufen tut, soll er mir lieber 'n paar anständige Schuhe kaufen. Aber son Schenneratzjohnsproblem wurde ebent damals janz einfach jelöst, indem mir der Olle 'n paar jescheuert hat und... wattensema, jetz wollt ick doch irgendwat beweisen oder zumündestens ne historische Paralüse ziehn, aber... is ja ooch ejal.

Jedenfalls kricht durch solche Kundschaft Herr Kafforke Dinger zu hören, mit die er inwendig jar nich fertig wird. Und denn fangt er neuerdings auch noch an, inne Zeitungen rumzuschmökern, und da sucht er sich mit ein tödlichen Inschtinkt jenau dis raus, was er jeistig jar nich verdauen kann. Nu werd ick ja wegen diesen Querkopp nich die Presse abbestellen, denn ein Frisörsalong ohne Zeitungen, dis wär wie Jötz von Berlichingen ohne die eiserne Faust. Aber ick dachte, ick kann Herrn Kafforke wenigstens die Lektüre inne Dienststunden untersagen. Und nach Feierabend bin ick beruhigt, da isser ville zu faul für wat Pullitisches und kuckt bloß Robert Lemke oder Schweinchen Dick. Gejen die Schuppen schmier ick Ihnen nachher mal 'n neues Präparat ein, dis wird ja immer schlümmer.

Aber Herr Kafforke benimmt sich ebent nich bloß kiebig, sondern richtigjehend unanständig. Seit vorigte Woche bringt er sich morgens immer die Tribüne vons Kiosk mit, und zwar auf eigene Kosten. Und dis hat verheerende Folgen. Frägt er mir doch allen Ernstes, wieso wir eigentlich kein Betriebskollektivvertrag ham? Ick faß mir bloß an Kopp und sage, was denn da drinstehn soll? Na, im ersten Moment wußt er dis ooch nich. Und ausjerechnet an den Abend muß doch Muttern von alle juten Jeister verlassen jewesen sein. Sagtse zu Herrn Kafforke, ick hab schöne Fettheringe einjelegt, die essense doch am liebsten, und 'n Pülleken hab ick ooch besorgt, da essense man mit uns Abendbrot. Mir hat vor Wut die Schere jezittert. Ick mußte erst mal nach hinten und Muttern Bescheid jeben. Aber da meinte se in ihre jefährliche Seelenruhe: Du oller Stiesel hast nich mal dran jedacht, daß Herr Kafforke heut aufm Tag jenau fumzehn Jahre bei uns arbeitet, aber ick hab ihm heimlich 'n Pullover jestrickt und 'n paar Nelken jekauft, und du wirst heute mündestens 'n Hunderter auße Ladenkasse rüberlangen!

Na jut, 'n bißken peinlich wars mir, und weil mir Muttern inne letzte

Zeit jetränkemäßig ziemlich kurz hält, hab ick jute Miene zum bösen Spiel jemacht. Anne Seiten lassen wir 'n bißken länger, wa? Zuerst hat sich Herr Kafforke sehr zurückhaltend benommen und war auch janz jerührt über die hundertfuffzig Mark. Im Gejensatz zu mir; also nich, deß ick jeizig wäre, aber wenn ick eher draufjekommen wäre, hätt ick ihm statt dis porfane Jeld lieber ne schöne Ehrenurkunde machen lassen. Unter uns jesagt, wenn man bedenkt, was der Staat so an Prämien rauspulvert, da kann ja die Wirtschaft auf jar keinen jrünen Zweich kommen, und dabei wären manchmal 'n paar zu Herzen jehende Worte für den Arbeiter ville anjebrachter als wie son Umschlag mit den schnöden Mammong. Jut, den hätt ick auch noch verschmerzen können. Aber nach den dritten Glas so unjefähr, da wurde Herr Kafforke ausjesprochen pampig und meinte, sonst kommt er ja nie dazu, mal seine Meinung zu sagen. Und in diese Hinsicht halt ick zum Beispiel Betriebsfeste für regelrecht jefährlich. Son Leiter, etwa meine Wenigkeit, trinkt denn notjedrungen auch mal einen, und schon muß er sich alles anhören, was sich die Leute sonst nich zu sagen jetrauen. Zum Beispiel, deß ick mir als Meister die trinkjeldschweren Kunden – Ihnen mein ick nich – alleine untern Nagel reiße und für ihm bloß die Laufkundschaft übrigbleibt. Jut, da hab ick mir breitschlagen lassen und versprochen, deß ick bestimmte Kunden nur noch auf eigenen Wunsch bediene, aber bis jetz hat sich noch keiner jetraut und jeäußert, er will statt mir lieber von Herrn Kafforke beschnippelt werden.

Und denn kam der Kerrel noch mit sojenannte Neuerervorschläge. Ick sollte die janze Scheißvorkriechsreklame – wörtlich! – rausschmeißen und statt dessen lieber 'n paar schöne Jrünjewächse im Laden anflanzen. Und einmal im Monat mit ihm ne Versammlung machen, so mit Kritik und Selbstkritik und wie wir die Kundschaft noch schneller und besser bedienen können. Und sojar ein öffentliches Kundenfurorum hat er vorjeschlagen und eine Rekonschtruksjohn von unsern Salong. Zuerst hab ick inwendig jekocht und hätt schon beinah jesagt, achtense man erst mal auf die Trauerränder an Ihre Wurschtfinger, und denn reden wir weiter. Aber denn muß mir doch irgend son kleiner Polit-Engel zujeflüstert ham, wie man sone fehljeleitete Ignzjatiefe am besten abbremst. Sehnse, und nu mach icks jenauso wie der Herr Direktor, na, ick will keine Namen nennen. Der sagte mal:

Immer sich alles anhören, Notizen machen, janz ruhig und freundlich bleiben, nich etwa sagen: ihr Quasselköppe, sondern lieber: Tja, Kollegen, das is alles nich so einfach, und die Mittel für die Neuigkeiten wollen erst erarbeitet werden – na, da kann Herr Kafforke schnippeln, bis er krumme Finger kricht. Und im übrigen mach ick nämlich doch, wie icks will, denn schließlich is dis mein Herrensalong, und die Verantwortung nimmt mir keiner ab. Und weil ich in diese Beziehung ein Fuchs bin, laß icks Herrn Kafforke jar nich merken. Aber glaubense man, so einfach is dis auch nich, denn von Natur aus hab ick ne sehr preußische Jemütsveranlagung und ordne ville lieber an als deß ich diskutiere. Macht zweifuffzig.

Frisör Kleinekorte und die Sprichwörter

Nehmse Platz, Herr Jeheimrat! Was gibsn Neues aufm Bau? Wieder Nachtschicht jehabt? Nee, dis is kein Sprüchwort. Dis is bloß ne Redensart. Auf dieses Gebiet kenn ick mir jetz aus wie Hektor mang die Buletten, trotzdem es mir jar keinen Spaß macht – also, ick meine nich die Buletten, sondern die verdammten Sprüchwörter. Nehmse mal den Kopp 'n bißken runter!

Langsam hat es sich ja nu aufm janzen Kietz rumjesprochen, deß mit mein Jehülfen hier oben nich ville los is. Und dabei hab ich ihm jahrelang jepredigt, deß der Mensch nich bloß so in den Tag hineinschnippeln kann. Er brauch auch was Höheres, wenn Se mal von den Wechsel der ewigen Mutter Natur oder die jeweilige Haarmode absehn. Hinten lassen wirs 'n bißken lang, dis kann noch 'n harter Winter werden, und wer jetz keine Kohlen hat, der kauft sich keine mehr – wie der jroße Dichter Carl Maria von Rülke sprecht. Und nu sind meine diesbezüglichen Anregungen – ich sage immer, auch ein blindes Huhn trinkt mal einen Korn – bei Herrn Kafforke auf furchtbaren Boden jefallen. Der Kerrel wird doch jetz anfangen zu sammeln. Nich etwa Käfer – dazu isser schon zu alt, auch keine Briefmarken – dazu hat er zu klebrige Finger. Er is auch nich unter die Viele-Blumen-Latilisten jegangen, wie sich die Streichholzschachtelfritzen schümpen, denn dazu müßte er ja in irgendeine jesellige Organisation wie den Kulturbund reintreten. Nein, Herr Kafforke bratet sich natürlich ne Extrawurscht, und sammelt neuerdings Sprüchwörter. Und wenn ick nich sone Seele von Kamel wäre, denn wär ick schon längst deswegen mit ihm zus Arbeitsjericht hinjesockt, denn Herr Kafforke mißbraucht seine tarifliche Arbeitszeit, um unscheniert seine Sammelleidenschaft nachzufrönen. Dis heißt – hier anne Seiten werdense immer dünner, ick legse mal 'n bißken schräg rüber –, er quasselt jeden Kunden an, was der so an Sprüchwörter drauf hat.

Dajegen hätt ick noch jarnischt, denn ein jeflegtes Kundenjespräch is nu mal dis Salz inne Frisörsuppe. Und vorher konnte ja der Kunde mit Herrn Kafforke über nischt als wie Urlaub, Koppschuppen, Fußball und Ferkligkeiten reden. Jut, aber wenn er nu ein neues Sprüchwort aufjeschnappt hat, legt er Kamm und Schere beiseite und schreibt sichs in ein speckiges Notizbuch. Dabei hat er sich schon drei Kittel mit Kugelschreiber beschmaddert, und denn schreibt er so langsam.

Schön, dis is auch noch zu ertragen, aber was dis allerschlimmste is, mit den Menschen könnense neuerdings jar nich mehr normal reden. Der ballert sofort mit son dusseliges Sprüchwort zurück und fummelt sich die Dinger obendrein fürn Dienstjebrauch zurecht.

Sage ich beispielsweise: Herr Kafforke, ich bin einfach nich streng jenuch zu Ihnen, sagt er: Allzu straff gespannt, zerspringt das Rasiermesser. Nu laß ick mir nich jerne dumm kommen, und von dem schon jar nich. Also halt ick dagejen: Es is nich alles Pomade, was glänzt! Und damit fangt der Ärger erst richtig an. Um nämlich mit ins Rennen zu bleiben, muß ich mir notjedrungen selber ein jewisses Pensum an Sprüchwörter aneignen, und dis is ville schwerer, als wenn ick auf meine ollen Tage noch den elektrischen Matrijalismus studieren würde. Tschuldigense, dis is bloß 'n Kratzer, ick jeh gleich mitten Blutstüller rüber. Die Westmesser von mein Sohn sind nämlich schärfer als wie unsere.

Bei meine Forschungen bin ick nu dadrauf jestoßen, deß dis deutsche Sprüchwort einen mächtigen Bogen um die edle Barbierzunft drumrumjeschlagen hat. Und nu müssense dis machen, was der Franzose in eins von seine Sprüchwörter Correggio de la Fortuna nennt, zu deutsch: Wenns wo nicht steht, mußtes dir hinbiegen. Und da brauchense den Dreh bloß erst raushaben, denn jehts wie jeschmiert. Wenn ick mir so den halben Kahlschlag auf manchen Kundenkopp betrachte, fallt mir gleich ein: Viele Glatzen sind des Meisters Tod. Nu kickense man nich so bedrohlich, denn ick weiß jenau: Den Glücklichen schlägt kein Kunde.

Der große Dichter Schüller muß disselbe Hoppi jehabt ham wie ich und Herr Kafforke, wobei ich Herrn Kafforke nich mit ein Schenie vergleichen will. Aber nehmse bloß mal den Willem Tell, wo wir inne

Schule noch mit verteilte Rollen jelesen ham, ich beispielsweise Rudi, den Fischer: Mach hurtig, Jenni, zieh die Naue ein, der graue Talvogt kommt, dumpf brüllt der Firnis! Heute würde Schüller ville zeitjemäßere Sprüchwörter erfinden, sagen wir mal: Wo Herrn Kafforkes Finger walten, kann sich kein Messerformschnitt halten. Oder: Die Axt im Haus erspart den Herrenfrisör.

Nu is mein Jehülfe schon richtig neidisch, weil der ja im Gejenteil zu mir die Klassiker nie jelesen hat und ick ihm auch nich verrate, wo

was steht. Ich werd doch meine wissenschaftlichen Forschungsergebnisse nich so ein Laien preisgeben! Der denkt, er kann mir mit so was imponieren wie: Haarwasser hat keine Balken. Oder: Wer andern eine Grube gräbt, muß hinterher zur Koppwäsche. Schließlich bezieh ich meine Ware aus höhere Fähren. Anfeuchten oder trocken lassen – das ist hier die Frage! Und wenn Se dis nächste Mal kommen, würd ick Ihnen ne Koppmassage empfehlen, sonst dauerts nich mehr lange, und ick muß Ihnen dis dustere Sprüchwort von den großen britischen Trajöden Scheckschpier zurufen: Der Rest is Glatze. Macht zweifuffzig.

Frisör Kleinekorte bleibt sauber

Nehmse Platz, Herr Jeheimrat! Was gibsn Neues aufm Bau? Wieder Nachtschicht gehabt? Sie wissen wohl auch nich zufällig, wie man zu 'n paar Bretter kommt? Bei mir aufe Laubenkollenie feift nämlich der Frühjahrssturm schon bald mit sein blaues Band durch die Ritzen von meine Willa Sangzussi. Ich dachte bloß, weil Sie doch aufm Bau, und son paar lumpichte Schalbretter fallen doch immer ab. Nee, nee, zu nahe treten wollt ick Ihnen nich. Sonst hab ick mir ja immer mit solche kleinen Jefälligkeiten an Maurer Klapprothen gewendet. Aber der is schon ne janze Zeitlang auf Mongtaasche – sagt seine Frau wenigstens. Könnt ick mir auch jar nich anders vorstellen, denn wegen sone Kleinigkeiten buchtense doch bei uns keinen ein. Dis sind ebent heutzutage nischt wie Kavaliersedikte, und Klapproth sagt, es gibt noch ville jrößere Fische, was ick nu janz und jar nich richtig finde. Hinten 'n bißken kürzer, wa?

Fahrnse doch mal nach Erkner raus und kickense sich Fleischer Meuseln sein neuen Bummerloh an. Wie er mal besoffen war, hat er mir mit helle Tränen ins Jesicht ausjeplaudert, unter was für Jefahren er sich dis Baumatrijal beschafft hat. Der war hinterher so mit den Nerven runter , deß er erst mal ne Woche hat nach Bulgarien mußten fahren. Und wie er zurückkam, hat er sich aufjeregt, weil ihm da ein Ober falsch rausjegeben hat. Typisch Balkan! hat er jeschumpen, unsre ehrlich verdienten deutschen Jroschen. Nu hätt ick ihm ja Feuerwerk konnten jeben, einmal wegen seine Baumogeleien und gleich noch eins druff für sein versalzenen Kaßler, wo neulich ein Laufkunde zur Untersuchung bei die Schemiker nach Rehbrücke versendet hat. Frau Meuseln kam noch bei Muttern anjeheult mitn Strafbescheid. Aber Albert Wuttke, der Wirt vom Blauen Affen, hat mir Jott sei Dank noch jebremst und mir anjestoßen. Reiz ihm man nich, Willem, sonst kriegt ihr kein Rinderfileh mehr, und wir müssen ebent alle sehn, wie wir erst mal mitten Arsch anne Wand kommen. Tschuldigense, dis regt mir so auf, aber ick jeh gleich mitten Blutstiller rüber.

Sagense doch selber: Wat hab ick denn als kleiner Herrenfrisör von diesen Staat für ne reölle Schangse, auch mal 'n bißken Schmu zu machen? Wuttke rennt inne Stadt nachn Konsum und kauft sich zehn Pullen Adlershofer, die jehn erstens nich durche Bücher und zweitens nach elfe als echter Sowjetischer inne Gläser. Und was macht unsereiner? Etwa dis Haarwasser mit Bitterlehmann oder andre Zitrojetränke verdünnen? Na, dis würden Sie doch auf Anhieb riechen. Und hintenrum kann ick mir meine Kopphaarkosmetik auch nich besorgen, da is mit Maiwaldten vonne Lieferjenossenschaft schon jar kein Jeschäft zu machen. Also, verdammt noch mal, bleibt man ebent ehrlich.

Wie ick neulich mal keine Jroschen für de Straßenbahn hatte, bin ick andern Tag gleich noch mal in der Stadt jefahren und hab ne blanke Mark in die Boxe rinjestochen, trotzdem icks jar nich notwendig hatte. Aber bei diese Jelegenheit hab ick gleich mal dis neue Warenhaus am Alex inschpiziert. Und wen werd ick doch mang dis Kunstjewerbe treffen? Ladenthins Nichte, die da als Verkäuferin wirken tut. Mann, sagt die, Vater Kleinekorte, was meinste, was hier bei uns jeklaut wird! Nu hamses aber auch den Leuten mächtig leicht jemacht, und dis kann ick mir nich anders erklären, als deß der Staatsrat die Leute mal prüfen will, wer wirklich ehrlich is. Nu könnt ick mir ja ausmalen, desses zu diesen Zwecke sone Art Warenhausdetektiv jibt, aber son Mann is ja nu auch nich wie ein Vogel, desser auf alle Etaaschen gleichzeitig sein wachsames Holzauge draufwerfen kann. Und wenn ick mir dis recht bedenke – nehmse mal den Kopp 'n bißken runter –, müßten bei uns eigentlich Detektive bloß noch mang die Krimmis jehören, und dis andre hat mehr so mit die Moralität und die janz neuen Menschen was zu tun. Wobei ick Sie kein offenes Jeheimnis nich verrate, wenn ick auf Frau Stippekohl zu sprechen komme. Sehnse, dis sind nu sojenannte besserjestellte Leute, er als Zahnarzt, und sie arbeitet jar nich, wenn man von die Partien absieht, die se ab und zu jeben. Und er is ne Seele von Jemütsmensch und meckert nich mehr als wie son normaler Sterblicher, trotzdem er sich sein Zahnjold schon längst nich mehr ausm Westen besorgen kann.

Aber die Stippekohln kann ebent die Schnauze nich vollkriegen. Jetz hamse ihr wieder beis Klauen in Selbstbedienungskonsum erwischt, aber weil da die Leitung jewechselt hat, kam dis vom erstenmal jar nich mehr aufs Trapez. 'n Viertel Kaffe und ne Pulle von Helferichs Bucklee, son janz teurer französischer Konjak, und denn kriegt die Dame einen Heulkrampf, desse am liebsten gleich mitjeweint hätten, und sagt, sie muß völlig mit die Nerven runter jewesen sind. Und wat passiert? Jar nischt. Unse Verkaufsstellenleiterin meinte bloß zu

Muttern, wenn dis ne Arbeiterin jewesen wäre, hätte man im Betrieb vor die Konfliktkommission 'n Faß aufmachen können. Aber dis Dumme is ebent, daß die Stippekohln nu mal keinen Betrieb hat. Ick muß mir doch mal diesbezüglich an Robert Köppen wenden und wieder 'n bißken mitrejieren. Der Staatsrat meint ja immer wieder, wir sollen uns auf dis kulturelle Erbteil besinnen. Da hab ick neulich ne halbe Nacht lang stimuliert, wie dis früher bei uns war, wo wir noch bei Kaufmann Feuerheerd ham anschreiben lassen. Klauen war jar nich so einfach bei Feuerherdten, weil der immer hintern Ladentisch stand und aufpaßte, nich bloß, desser beim Einwiegen zurechtekam. Aber wenn doch mal son Arbeitsloser 'n Bund Radieschen rechts ranjehn ließ, machte Feuerherd gleich 'n Anschlag anne Schaufensterscheibe: Die Familie Soundso is bei mir in Laden unerwünscht, weil einer von sie was aus meine Auslage entwendet hat. Sehnse, Feuerherd is dot, Arbeitslose gibs auch nich mehr, aber die Klaubrüder ham die janzen schlümmen Zeiten überdauert wie die Mücken den dicksten Winter. Und was meinense, was sone Anschläge mit Namen und Adresse jewisse Leute unter die Näjel und die Nieren zugleich jehn würden. Da brauchtense halb soville Richter.

Warum ick die beiden Scheren anne Kette jelegt habe? Dis sind noch echte Solinger von vorm Kriech. Bei die dritte hab ick nämlich Herrn Kafforke in Verdachte. Der verdient sich nämlich nach Feierabend sein Zijarettenjeld, indem er in sein piekfeines Hochhaus die Reihe nach die Leute die Haare schneiden jeht. Da kann ick nur sagen, fui Deibel, aber wo kriegense denn 'n andern Jehülfen her? Ick hab mir mein Leben lang jesagt, Kleinekorte, bleib sauber, und über die Bretter reden wir 'n andermal. Macht zweifuffzig. Nee, dis lassense mal. Mittwochs nehm ick keine Trinkjelder mehr. Irjendwo müssen wir doch mal anfangen!

Frisör Kleinekorte
und gewisse Verhaltungsweisen

Nehmse Platz, Herr Jeheimrat! Was gibsn Neues aufm Bau? Wieder Nachtschicht gehabt? Tschuldigense man, deß ick heute nich so jesprächig bin, ick hab nämlich ne schlechte Nacht hinter mir. Da wälzense sich von eine Seite aufe andre wie Oskar Piccolomini auf Wallensteins Lager, und denn stimulierense über den Sinn und den Unsinn von dis menschliche Erdenwallen dahin, hinten 'n bißken kürzer, wa? Muß ja endlich Frühling werden – und dräut der Winter noch so sehr mit trotzige Beschwerden. Dis hat jenausowenig Zweck, als wie wenn ick mir über irgendwelchen Quatsch beschweren jehe. Am Ende kommt dabei raus, deß der größte Quatsch doch seinen tieferen Nährwert hat, und denn möchte man sich am liebsten noch entschuldigen.

Nehmse mal den Kopp 'n bißken runter!

Da jeh ick jestern um die Mittagsstunde nischt Böset ahnend nachm Friedrichshain lang, um 'n bißken frische Luft zu schnappen. Son blauer Hümmel wie aus Dederong, die kleinen Piepmätze trillerten sich was, die jungen Meechens waren schon janz luftig und knapp jekleidet und reckten ihre strammen Pullis mitten mang die Sonnenstrahlen, so deß mir ollen Knacker so lürisch zumute wurde wie einst im Mai. Anne Seiten werd ick mal 'n bißken rausnehmen, wa?

Auf einmal kommt ein Kehrwagen vonne Straßenreinigung des Weges und die janze Stimmung is im Eimer und mein heller Sommersakko reif für Rewatex. Müssense sich mal vorstellen: der Kehrfritze fegt mit seine Bürschten den Staub zusammen, die Maschine saugt ihm in ihren dicken Bauch rein und pustet ihn nach oben wieder raus wie die jroße Fongtäne von Sangzussi, bloß ville trockener und dreckiger. Nu packte mir aber postwendend ein jewaltiger Zorn, und ick erinnerte mir, wie ick als junger Mensch schon mal als beherzter Passant inne Zeitung drinjestanden hatte, weil ick ein paar durchjehende Droschkenjäule in den Zügeln jefallen war. Ick werde mir also mitten aufm Damm stellen und die olle Dreckschleuder ein donnerndes Halt zurufen. Der Fahrer hält auch sofort an, steigt aus und blökt mir an: ob ick nich kicken kann, und es hat in diesen Monat schon drei Verkehrsdote jegeben! Wie soll ick denn kicken, brüll ick zurück, wenn Sie son Staub machen, und wenn ick dot umfalle, denn bloß vor Ärger über Ihre Straßenverdreckungsmaschine! – Nu mal friedlich, Opa, meint er ne Nummer kleiner, denkense etwa, mir macht dis Spaß, deß ick die Gejend so einnebeln muß? Wieso muß, frage ick janz konstorniert. Nu hat er mir richtig fachmännisch erklärt, deß der Staub jar nich inne Luft jepustet werden dürf. Der Herstellen von die Maschine hat sich dis janz anders jedacht, aber da is dis Filter kaputtjegangen, und die ham noch keinen Reperaturtermin. Na, sag ick, denn müssense ebent Ihren Mistbolzen solange aufm Hof abstellen. Da pliert er mir so komisch an, kneift ein Auge zu und frägt mir, ob ick schon mal wat von Plandisseplin jehört habe? Ick verstand natürlich bloß Bahnhof, aber der junge Mann hat es mir jeduldig erläutert. Die Kehrmaschinen sind teuere Importe und müssen voll ausjelastet werden, und wenn se nich ne bestimmte Laufleistung bringen, denn wird der Plan nich erfüllt, und die Kollejen kommen nich auf ihr Jeld. Denn isser rasch wieder einjestiegen und war immerhin so rücksichtsvoll, die Sonne erst wieder anne nächste Ecke zu verdunkeln. Wackelnse nich so mitten Kopp, sonst verschnipple ick Ihnen.

Sehnse, und seitdem verfolgt mir diese Anjelegenheit sojar im Schlafe. Inne Zeitung und in manche Fernsehspiele is doch immer von die neuen Verhaltungsweisen die Rede, und ick konnt mir bisher immer nich erklären, was dis eigentlich is. So richtige Helden, dis kenn ich noch von früher, die handeln immer ohne Rücksicht auf Verluste, aber dis kann ja auch nich mehr so richtig stimmen, denn die vonne Partei, ick weiß nich, ob Sie da schon was von läuten jehört ham, die sollen ja gesagt ham, wir können uns überhaupt keine Verluste leisten. Nu bin ick mir nich im klaren, ob der Fahrer von die Dreckschleuder und sein Scheff nu Helden mit neue Verhaltungsweisen sind, weil se den Verlust von Laufleistung verhindern, oder bloß Dusseltiere, weil se die Straßen einsauen und obendrein noch Verlust von teures Benzin machen. Villeicht fängt da aber schon die höhere Fillosofie an. Ick hatte mal einen Kunden, der studierte erst Fillosofie und denn jing er zur Post, und der führte immer den jroßen Denker Emanuel Hermann Kant im Munde und sein Buch »Kritik an der vernünftigen Praxis«. Dadrinne is auch von den kategorischen Superlativ die Rede. Man soll immer so handeln, deß dadraus gleich 'n neues Jesetz für die janze Bevölkerung jemacht werden kann. Wartense ma, dis is bloß 'n Kratzer, ick

jeh gleich mitten Blutstüller rüber. Nu isses andererseits janz jut, deß der Kant nich den Marxismus erfunden hat und bei uns nich mehr so jültig is. Sonst müßten sich jetzt alle Leute nach die Verhaltungsweise vonne Straßenreinigung richten. Da würd ick beispielsweise alle Kunden, ob se wollen oder nich, ne kahle Geije schneiden, bloß damit ick von die zusammenjekehrten Schnippelhaare den Staatsplan für Industriefilz erfüllen helfe. Nu hamse man keine Angst, ick muß dahinten bloß 'n bißken verputzen.

Wissense, manchmal frägt man sich, ob nich trotz den janzen Sozialismus nich noch son Stücke preußische Verhaltungsweise in die Leute drinnesteckt, wo doch der jreise Bismarck mal jesagt hat: Deutsch sein heißt, eine Sache um ihrer selbst willen tun. Wie ich noch bei die Prinz-Heinrich-Füsiliere in Brandenburch gedient habe, sagte sich der Prinz persönlich zu ner Inspektion an. Da hättense mal vorher unsern Hauptmann sehn sollen. Der ließ uns doch prompt den Rasen vor de Kaserne mit jrüne Wasserfarbe sprengen und die Birken mit Schlemmkreide anstreichen. Und wie einer von uns die Kuraasche jehabt hat und fragte, warum dis sein muß, der Prinz is doch nich doof und merkt den Schwindel, da hat der Hauptmann jebrüllt: Das wird gemacht, weil es der Oberst befohlen hat, und hätte er es nicht befohlen, denn würde es aus Prinzip jemacht. So was kann man sich doch heute jar nich mehr vorstellen, weil ja bei uns die Leute immer wieder zu eigenes Denken anjehalten werden, aber bloß so aus Prinzip wird ebent doch noch ne Menge jemacht. Hauhechel, was der Kellner vons Fernsehcasino is, der sagt, bei manche Sendungen wissense schon vorher, desses die Zuschauer jar nich intressiert, aber nu hat es mal Jeld jekostet, und denn musses schon aus Prinzip jesendet werden. Ick bin ja in diese Beziehung schon ville weiter. Muttern bringt mir jeden Tag um elfe 'n Töppken Jesundheitstee, der schmeckt schlimmer wie Birkenhaarwasser. Aus Prinzip müßt ick ihn trinken, aber als denkender Mensch streit ick nich rum – anfeuchten oder trockenlassen? – sondern jieß ihm heimlich auf den Jummibaum, denn ick sage mir, irjendwo muß man doch mal bei sich selber mit die neuen Verhaltungsweisen anfangen.

Macht zweifuffzig, und entschuldigense man, deß ick heute nich so jesprächig wie immer war.

Frisör Kleinekorte als Lärmbekämpfer

Nehmse Platz, Herr Jeheimrat! Was gibsn Neues aufm Bau? Wieder Nachtschicht gehabt? Dis hat aber auch sein Jutes, denn nachts isses einesteils kälter als draußen, dafür aber bedeutend leiser. Nich desse denken, ick betreibe schon wieder anjewendete Fillosofie, dis is ja mehr so eine Art Wissenschaft, wo über den andern drüberwegsteht, und da muß man immer an alles auf einmal denken, und nu frag ick Ihnen, wer kann dis schon? Was mir betrefft, ick hab mir momentan auf ne janz praktische Wissenschaft draufjeschmissen. Ob ihr die Fachleute nu Rumorologie oder jenauer ausjedrückt Krachematik nennen, weiß ick nich und is mir auch piepe. Der kleine Mann wie ick sagt einfach Lärmbekämpfung, und in diese Beziehung findense mir sozusagen anne vorderste Front. Oder is Ihnen nich mal aufjefallen, deß meine Ladenbimmel nich mehr bimmeln tut? Da hab ick nämlich Jummiproppen an die Klöppeln ranjekleistert. Und ick laß mir auch durch die lautesten Rückschläge in mein stüllen, einsamen Kampf nich den Schneid abkaufen. Nehmse mal den Kopp 'n bißken runter, ick schneid Ihnen heut mit Kamm und Schere. Erstens soll man Enerschie einsparen, zweitens is die Maschine jrade kaputt, aber dis stört mir nich, weil dis olle Ding vill zu ville Lärm verbreitet hat.

Die Anrejung zu meine Jroßaktion hab ick direkt vonne Staatsmacht. Vor vierzehn Tage war Robert Köppen hier, der vonne Partei, und hat mir janz ins Vertrauen erzählt, desse da jenau dieselben Sorjen ham wie icke schon ville länger. Nämlich, deß unsere Lebensart in manche Hinsicht mächtig unjesund und vor allem ville zu laut is. Und dis soll jeändert werden. Brauchense aber nich jeden aufe Nase zu binden, sonst heißt es noch, ick plaudere Rejierungsjeheimnisse aus. Mal janz angter nanu jesagt, wie der Franzose sprecht: Man hat ja als moderner Bürjer wie ick nischt gejen unser schönes Berliner Großstadttempo und wie so alles wachsen tut, bloß die Lilien aufm Felde wachsen ja auch, wie es inne Bibel heißt, und sind dabei janz mäuschenstille. Was Se zum Beispiel von Fleischer Meuseln nich sagen können.

Da hamse doch jetz bei uns aufm Hof ne janze Reihe Jaraaschen, aber dis müßtense sich mal eigenhändig anhören. Nu schlaft unsereiner schon nachm Hof raus, weil vorne, anne Straße immer diese Baudampfer mitten Affenzahn vorbeijachtern. Sindse leer, klappernse, Sindse nich leer, klappern die ollen Platten, wo se aufjeladen ham. Jut, villeicht jeht dis nich anders, weil ja die Leute immerzu um ihr Leben rasen müssen, sonst beschädigt ihnen womöglich noch 'n Trabant. Aber wennse hofwärts jrade in Orpheus Armen schlummern, kommen Meusel oder die andern Herrenfahrer nach Hause, knallen mitte Hoftüre, denn hupt er seine Olle aus Bette, damit se sich freut, deß er wieder da is, denn laßt er den Motor noch mal ordentlich heulen, mit jeder hört, dis is der Jrößte weit und breit, und denn knallt er die Jaraaschentüre zu. Und früh um sechse fangt dis janze Theater wieder umjekehrt an. Villeicht bin ick da 'n oller Meckerkopp mit schwache Nerven. Bloß, denn wundre ick mir wieder, desses mir nie stören tut, wenn so die Jören aufm Hof krakeelen und Indianer spielen, aber sehnse, dis sind ebent mehr so natürliche Jeräusche, und gejen die war ick noch nie elegisch. Wenn ick mir in Sommer schon mal zu ne kleine Landpartie mit Muttern an son See aufrappele, würden mir die Rohrspatzen und die ollen kleinen Frösche kein bißchen stören, bloß, die kommen ja vor die verrückt jewordenen Motorbootmotore jar nich mehr zu Worte.

Nich wahr, heute is schön leise in mein Salong? Herr Kafforke hat nämlich sein freien Tag, was ick richtigjehend jenieße. Hat sich doch der Kerrel zu Weihnachten 'n Kofferradio lassen schenken, und nu bringt er die olle Jaulkiste jeden Tag zur Arbeit mit, und immer volle Pulle. Und ein Jeschmack! Denkt der alte Bock, wenn er dauernd dieses Bietjequake hört, dis gibt ihm eine jugendliche Note. Und verbieten laßt er sich den Biet nich und faselt obendrein von Kultur am Arbeitsplatz. Sone Leute dürf unsere Pulletick bloß den kleinen Finger reichen, schon kugelnse ihr den janzen Arm aus, mehr so akustisch jesehn. Aber wissense, wie ick den schaffe? Da schlepp ick jeden Morgen mein alten Super rüber und mach Lärmbekämpfung, indem ick janz laut Operetten und Opern anstelle. Dis woll wir doch mal sehn!

Nu sagte ick mir, wenn die Staatsmacht auch gejen die Rumlärmerei is, brauchste dir ja nich querstellen und gehst mal mit juten Beispiel voran. Ick mir Muttern jenommen und jemeint, dis janze Jahr ham wir immer abends 'n kleinen Schluck aus unser Pülleken, und überhaupt, die janze widerliche Fresserei und Sauferei anne Feiertage hängt mir nu langsam zum Halse raus. Also werden wir Silvester mal bloß Fefferminztee trinken, die Jrippe stach uns sowieso inne Knochen, jehn zeitig schlafen, und Neujahr machen wir mitten klaren Kopp

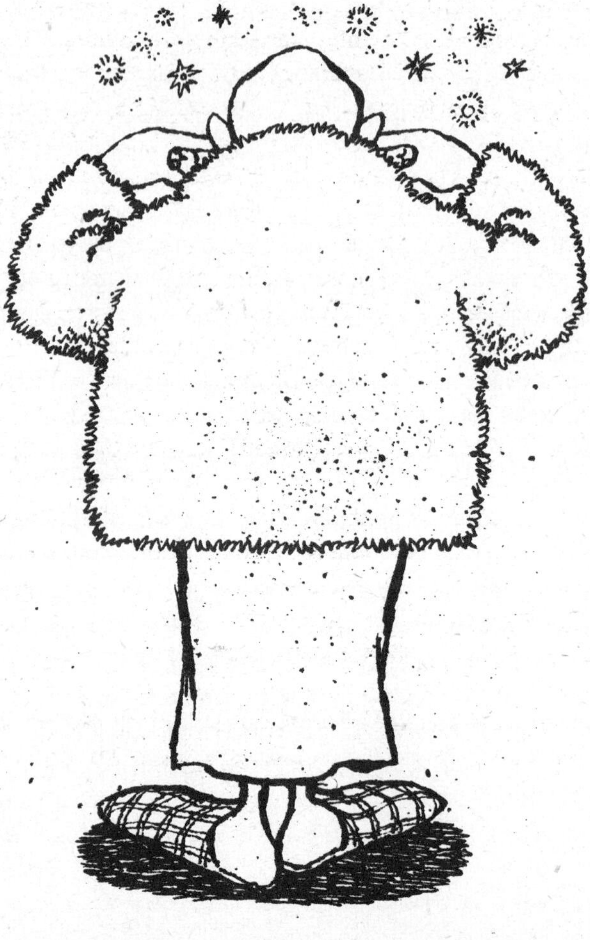

'n schönen Spaziergang in Friedrichshain. Is ne jute Idee, sagt Muttern. Und weil man ja nu in unsere entfesselte Menschenjemeinschaft ne jute Idee nich bei sich alleine horten soll, hab ick mittags ins janze Haus jeklingelt und in meine väterliche Art diesen Vorschlag die Hausjemeinschaft unterbreitet. Mann, hab ick mir in die Leute jetäuscht. Die hielten dis für einen von meine üblichen Witze. Und ab zehne jing es rund ins Haus. Krach, Jelächter, Musike und Danz mit Rundjesang, beinah so schlümm wie wir früher. Und alles jenau über unsere Wohnung, weil alle Hausbewohner sich so nach und nach bei Ladenthins versammelten, und denn macht der ja, wenn ick nich dabei bin und ihm aussteche, so richtig auf Stimmungskanone. Erst hat es mir noch 'n bißken gejuckt hochzujehn, aber nu war ick jrade dabei, mir so richtig schön zu ärgern. Und wie se nu um zwölfe auch noch mits Feuerwerk aufm Balkong anfingen, icke mein alten Jehpelz übers Nachthemde und raus aufe Straße! Aber was ick sie da mit meine Steintorstimme anjebrüllt hab, dis war nich jrade prost Neujahr!

Seitdem redete ick mit keinen im Hause mehr. Scharf nachwaschen? Is ejal, dacht ick, hab ick wenigstens meine Ruhe. Bloß so janz dis Richtige wars ebent auch nich. Jestern war Fritze Ladenthin mit ne kleine Pulle hier und machte Friedensanjebote. Er versteht mir ja, meint er, und findets selber traurig, desse die Lärmbekämpfer nirgends ernst nehmen, nich mal die hauptberuflichen in die Jroßbetriebe. Aber aus seine Praxis als Stadtverordneter weiß er, deß ne richtigjehende Aktion bloß immer denn in Jang kommt, wenn man ihr in richtigen Moment ankurbelt. Nu hab ick noch 'n bißken rumjemault und jesagt, den Radar könnt ihr schon janz jut steuern, bloß den Radau noch nicht, und du hast Silvester am lautesten jesungen. Wartense mal, ick bürscht Ihnen den Kragen ab. Und jetz bin ick mitten mang ein Jewissenskonflikt. Lärm is was Ekelhaftes, aber Krach is noch ville schlümmer, vor allem son lautloser Krach ins eigene Haus. Mit keinen mehr sprechen sollen, dis is mir nu auch wieder zu stille. Ob ick nich heut abend doch mal bei Ladenthins ankloppe, janz leise natürlich, und mir als Hauskrachbekämpfer einführe?

Frisör Kleinekorte als Strohwitwer

Nehmse Platz, Herr Jeheimrat! Was gibsn Neues aufm Bau? Wieder Nachtschicht jehabt? Na, denn können wir uns ja die Hand jeben. Oder lassense man lieber, denn im Gejenteil zu mir ham Sie bestimmt heut vormittag konnten düchtig ausschnobben und anschließend in Ruhe bein Frisör rennen, was ich von meine Wenigkeit nich behaupten dürf. Ick bin nämlich heut erst nach zweie inne Falle jekrochen, und dabei hatt ick noch nich mal den Abwasch jeschafft und mußte mit meine ollen lahmen Knochen schon um fümwe wieder auße Federn. Ach, dis wußtense wohl noch jar nich? Ick bin ja schon seit Stücker vierzehn Tage Jungjeselle, und dis heißt ebent für unsereinen heutzutage wie bei den ollen König Hamlet sein Nachtjespenst: Armer Vater, ick bin blaß wien Jeist, verdammt, die janze Nacht zu wandern oder so ähnlich. Bloß wandern wär ja halb so wild, dis würde den Herrn Jeist schon verjangen sein, wenn er so wie icke bis inne Nacht rein den kompletten Haushalt allein hätt mußten führen. Nehmse mal den Kopp 'n bißken runter. Brauchense bloß mir ankicken, ick laß denselben janz von alleine hängen!

Ohne Muttern is dis ebent jar nischt. Aber wo, die is nich auf Rentnerreise nach drüben, die würde doch ihren Ollen nich hier alleine rumkrepeln lassen, bloß damit se da in Frankfurt mal in die schöne bunte Illustrierten rumblättert bei mein Sohn, dis is ihr ville zu schweinisch. Wie wir letztes Jahr drüben waren, durftse mir unser Justav bloß immer heimlich zu lesen jeben. Was aber wieder wichtig is, weil man auf diese Weise am deutlichsten rauskriegt, was dis da drüben für morbiedere Sauigel jibt, und denn hier in Salong die Leute vons Gejenteil überzeugen kann. Nee, nee, heut is mir jar nich nach sone Jesprächsthemas. Und wenn ick schon Westen höre, damit hat doch dis janze Unglück überhaupt anjefangen. Justav wird also 'n Päckchen zu Mutterns Jeburtstag schicken mit 'n Viertel juten Jacobskaffe, 'n Stück Tolettenseife, sechs Zijarren vor mir und für jeden ne Banane. Und dis sollte gleich für Weihnachten mit sein, denn so dicke, schreibt der Junge, hat ers ja auch nich mehr. Nu wird mir doch die olle Bananenschale, wo schon ziemlich glitschig war, weil die Post solange unterwegs is, jenau neben den Mülleimer fallen. Muttern merkts nich, rutscht drauf aus ... hinten 'n bißken kürzer, wa? ... Und glücklicherweise wollte Doktor Zielke ausn ersten Stock sowieso jrade nach sein Krankenhaus fahren und hat ihr jleich mitjenommen. Ick wollt natürlich gleich mit los, aber Muttern hat jesagt: Kannst doch am hellerlichten Tage nich den Laden einfach dichtemachen, Vater, was sollen denn die Leute sagen? Dis war ja wieder mal wie üblich. Immer wenn man Herrn Kafforke braucht, hat er seinen freien Tag.

Könnense mir glauben, an den Nachmittag war ick wie bekloppt, und bei drei Kunden mußt ick nachm Blutstüller greifen, und Albert Wuttken mußt ick nächsten Tag gratis nachbehandeln, weil der nach mein Haarschnitt aussah, als ob er den Kopp schief hält. An Abend bin ick denn gleich durch den dustern Friedrichshain losjesockt und hab ihr ihre jroße Reisetasche mit dis Nötigste raufjetragen. Erst wollt ick ihr noch die andere Banane wollt ick ihr obendrauf legen. Aber dagegen sträubte sich mein Inwendigstes, und ick hab ihr denn vor Kummer schnell selber aufjefressen.

Na, Jott sei Dank wars bloß 'n kleiner Knöchelbruch, und die Ärzte hatten ihr schon verjipst, wobei die Brüder dicke Beziehungen haben müssen. Denkense, ick kriege 'n lumpiges Fund Jips, um dis Loch hier nebens Waschbecken zuzujipsen? Drei Wochen, sagt der Scheffarzt, denn könnse mit Ihre Frau villeicht schon so pöapöh 'n kleinen Spazierjang durch de Wohnstube riskieren, aber so lange werden wir ihr wohl müssen hierbehalten. Könnense sich ja vorstellen, was dis für 'n Jefühl war, wie der Schreck so bei mir nachließ.

Ick war wie im Trangschierzustand und weiß selber nich, wie ick im Blauen Affen jelandet bin. Albert Wuttke mit seine schiefe Modefrisur joß mir erst mal schto Jramm Wodka ein und meinte, dis wäre ein bewährter Antischocker. Kotletten so lassen? Dis hat man jetz sojar bei reifere Menschen. Bloß denn hatt ick aufn zweiten Antischocker jar kein Appetit mehr und war so durcheinander, deß ick aus Versehn mit den Zettel bezahlen wollte, wo mir Muttern draufjeschrieben hatte, was ick alles nich vergessen dürf. Aber den ersten Abend hab ick jar nischt mehr konnten machen. Da hab ick bloß so dajesessen und vor mir hinstimuliert. Können Sie sich jar nich vorstellen, wie dis is, wenn man nach über fuffzig Jahre noch nie länger als wie höchstens drei Tage jetrennt gelebt hat. Und denn noch die Aussicht, daß Herr Kafforke übernächsten Tag sein Urlaub antritt. Ick hab mit ihm jeredet wie mitn kranken Schimmel, deß er ihm verlegt und kann nachher sojar noch ne Woche extra kriegen. Aber der olle Bock muß sich wohl was anjelacht ham und wollt partuh nach Friedrichroda, noch dazu mit die jeborgte Botanisiertrommel von mir, weil er sich anjeblich für die Flora intressiert, dis olle Ferkel. Und wenn ick ihm nich fahren lasse, denn jeht er bei die Jewerkschaft, sagt er. Dabei isser jar nich drin. Aber was wollnsen machen? Sie kriegen doch kein Neuen.

Sehnse, nu is im Friedrichshain des Herbstes letzter jüldner Glanz

hinab von die entlaubten Äste, wie der Dichter sprecht, und bei mir zu Hause siehts auch nich ville besser aus. Einesteils mehr so seelisch, aber nich nur dis.

Zus Frühstück sitz ick nu mutterseelenalleine gleich inne Küche, da isses frühmorgens noch am wärmsten. Sonst is Muttern schon ne Stunde früher aufjestanden und hat inne Stube und in Laden Feuer anjemacht. Und denn jieß ick mir den Kaffe gleich in mein Töppken auf, da brauch ich wenigstens die Kanne nich auch noch abwaschen. Bloß, deß ick mir dabei neulich mächtig die Finger verbrüht habe. Und ehrlich jesagt, seit ick jetz immer die Kohlen selber raufholen muß, da merk ick erst, deß ick so was die olle Frau jar nich mehr zumuten kann. Mittags eß ick meistenteils Eintopf, den kann man nämlich drei Tage lang aufwärmen, außer, wenn er zu dolle anjebrannt is.

Jott, wissense, dis Leben is ebent doch janz anders als wie die Phantasie, dreist wenn die Herren Künstler sich immer einbilden, man denkt sich was aus, und was bei rauskommt, is wie ’n Spiegel und erfreut die Leser oder Zuschauer deshalb janz von Herzen. Jenauso siehste aus. Ick hab mir auch in meine unheimliche Träume oft jenug ausjemalt, wie schön dis wär, wenn man mal auf janz harmlose Weise ne Weile Strohwitwer sein könnte. Denn wär ick villeicht doch mal die Einladung von die Witwe Linnekogel aus unsere Laubenkolonie jefolgt, wo ick noch von früher kenne, wie se bei Wertheim Schlipse verkaufte, und wir nannten ihr nur die Schwarze Lucie. Mann, ham Sie ne Ahnung, wenn Se erst mal selber Ihren Kittel waschen, und bis ick den Kniff mit dis Bügeleisen erst raus hatte. Wenns denn so komisch anjesengt durch die Wohnung zieht, verjehn Ihnen alle diesbezügliche Neigungen, und denn wartens auf nischt als wie auf den nächsten Besuchstag.

Nu isses aber nich etwa so, deß man von Jott und die Welt verlassen wäre. Meine Schwiegertochter aus Halle wollt gleich herkommen, aber dis hab ick mir strikt verbeten. Nachher jeths unse Ottchen noch jenau wie mir, wenn er seine Häuslichkeit nich mehr hat, und denn bin ick womöglich noch schuld, wenn se in Buna ihren Plan nich erfüllen. Ick weiß doch, wie sensibel sone Wissenschaftler wie man Jroßer sind. Da brauch bloß was mit die Polly-Marie in die jroßen Bottiche schiefjehn, und schon kommt da statt Jummi Jrießbrei raus.

Jott, und nu rennense mir schon seit Tagen die Bude ein, Frau Ladenthin, Frau Doktor Zielke und die übrige Damenwelt hier ausm Haus, und alle wollense mir irgendwas helfen, Laden bohnern, mir zum Essen einladen, Wäsche abholen und so. Früher hätt ick mir in diese Beziehung mächtig was auf dem männlichen Scharm einjebildet, wo wohl immer noch von mir ausjehn muß. Aber nu hab ick auch mein Dickkopp. Erstens will ick mir in die Hausfrauensache auch mal gleichberechtigt vorkommen, und außerdem hab ick irgendwo inne Zeitung jelesen, deß dis mit die entfesselte Menschenjemeinschaft jar nich mehr stimmen soll. Wie ick dis Muttern jestern ans Krankenbett bejreiflich machen wollte, hatse schon wieder richtig jelacht und wörtlich jesagt, ick sei ein olles Dusseltier und hätte bloß wieder bestimmt die Hälfte kapiert. Nu ham Sie mal dis Herz und widersprechense 'n kranken Menschen. Wattensema, anne Hintertüre is Frau Ladenthin, dis hör ich ans Kloppen. Ob ick doch mal aufmache und höre, wasse will?

Frisör Kleinekorte gebärdet sich poppig

Eh, Herr Jeheimrat, setzense sich aufm Arsch! Kuckense nich wien Trabant bei Nebel! Na, nu rennense doch nich gleich wech, wenn ich Sie mal versuchsweise 'n bißken fetzig komme. Dis muß ja alles erst jeübt werden, und glaubense man jar nich, deß 'n ollen Mann wie mir die Umstellung so leichtfallen tut. Aber ick schaff mir, und wenn ick dabei ne Angelina specktoris kriege. Nee, bleibense doch mal hier! Ick hab wirklich kein Stich. Also: Nehmse Platz, Herr Jeheimrat, eh! – dis is mir wieder so rausjerutscht! Was gibsn Neues aufm Bau? Wieder ne Nachtschicht rumjerissen? Also, ick bin völlig nüchtern, dis hab ick die jungen Leute jenau abjekuckt, ick trink bloß noch Cola mitn Schuß Rotwein. Wat heißt Fasching? Dis is mein alter Kittel, aber Muttern hatn mir 'n bißken aufpoppen müssen, oder haben Sie etwa wat gejen Blumen? Da werd ick nämlich sofort zu ein zornigen alten Mann. Nee, wir können janz unjestört reden. Meine Keule, also ick meine mein Jehülfe, Herr Kafforke, der muß jetzt jeden Mittwoch zum Jitarrenunterricht, und wenn der erst son bißken klimpern kann, denn jehts hier rund. Denn muß der jatzen, und dis Haarschneiden schaff ick ooch alleene. Jott, ehrlich jesagt, inmitten vons Herze gibs einem ja ein kleinen Stich. Vor Jahren hing da noch unser Kaiser Willem anne Wand, an ihm schloß sich der große Stummfilmstar Pola Negri an. Nach fümmenfürzig war ick vorsichtig und mehr so neutral. Aber nu is ja die Reklame von Fromms Act ooch schon vom Zahn der Zeit durchlöchert, und weil man mit demselben gehn muß, hängt da nu der Frank Schöbel, und wenn die Vormittagssonne richtig draufscheint, sehnse förmlich, wat der für Jold in seine Augen und obendrein noch inne Kehle drinne hat.

Nehmse mal den Kopp 'n bißken runter! Mir soll noch eener wat von Schenneratzjohnsprobleme erzählen... Sie, da werde ick vor Wut reinewech autoritär! Von wegen in mein Alter die Jugend nich mehr verstehn – und wenn ick platze! Aber lieber hol ich tief Luft und schneid mir 'n Beispiel von den großen Olümpiker Joethe ab, wo sich auch immerfort verjüngt hat. Bloß in diese Beziehung bin ick ville altdeutscher als wie der und schaff dis auch ohne die Beflügelung von junge Meechens. Unter uns jesagt, wenn Joethe nebenbei noch 'n Frisörladen jehabt hätte, hätt er jar keine Zeit für sone Fisematenten jefunden. Denn wär er lieber fein sittsam mit sein Mutterken Christiane

nachm Rentnerball vonne Volkssolidarität losjetrabt. Da hattense ne richtigjehend jedruckte Einladung jeschickt mit freien Eintritt und ne halbe Pulle Wein. Aber da hättense Muttern sehn sollen, wie die sich jeziert hat. Ick sage noch, um ihr anzulocken, da spielnse heutzutage wieder Scharlsten wie zu unsere Zeit. Hör auf, hat se mir anjemeckert, Scharlsten und Elvira, dis stoßt mir heute noch auf! Man muß ja immer wieder staunen, wartense mal, ick mach bloß die Türe zu, also, was die Weiber für'n Jedächtnis ham. Da war ick nämlich so um zweiundzwanzig zu ein Scharlstenabend ins Haus Vaterland, aber statt mit Muttern mit Frollein Schmitt-Birelli, unsere damalige Untermieterin. Und trotzdem damals mit Elviran jar nischt passiert is, muß Muttern doch die schöne Einladung vonne Volkssolidarität in Kohlenkasten schmeißen. Findensen dis? Wie ick ihr nun endlich doch rumjekriegt habe, ick meine Muttern, da erinnerte ick mir Stein und Bein, der Ball steigt Dienstag. Wir uns also anjefeint, ick noch mit den kaffebraunen Vorkriechsanzug, und losjesockt nachs Klubhaus hin.

Natürlich hatt ick doch prompt dis Datum verwechselt. Mir zittert direkt die Schere, wenn ick dran denke. Wie wir da reinjemacht sind in den Saal, also ick dachte, mein Bette brennt. So wie da drinne muß es auf dis Bismarck-Archepipel zujegangen sein, wie wir noch unsere Kollenien hatten. Dis war kein Rentnerball, dis war ein Jugendtanz – ich weiß nich, ob mich hier einer versteht. Muttern lächelte man sehr schwach und sagte, komm, Willem, hier ham wir nischt verloren. Jedenfalls hab icks so unjefähr von ihre Lippen abjelesen, denn verstehn konntense bei dis Jedonnere Ihr eigenes Wort nich... Da drinne spielte nämlich jrade die Fünf-Sterne-Combo das Lied von den Mann, wo vom Nordpol zum Südpol zu Fuß geht. Und wie ich an den Abend noch keine Ahnung von jepflegten Biet hatte – Mann, so unjebüldet war ick mal –, da hätt ick die ihre Musike fast fürn 'n bißken zu laut jehalten. Nu dacht ick so bei mir, irjendwann müssen die ihre Akkus für die Elektrogitarren ja mal aufladen, und bis dahin bleibste stur am Einjang stehn. 'n alter Frontsoldat, wo immerhin dis Trommelfeuer von Werdöng von ferne mit anjehört hat, der macht doch hier nich schlapp. Und richtig, als ob se dis jeahnt hätten: Auf einmal warnse da vorne stille, und die jungen Leute gingen an ihre Plätze, als ob nischt jewesen wäre.

Plötzlich seh ick Ladenthins Jüngsten, und eh ick noch Maff sagen kann, hakt er uns unter und schleppt uns an sein Tisch. Ehrlich jesagt, soville Lebensart hätt ick den Bengel jar nich zujetraut, weil er ja nischt wie Schlosser inne Fabrik jelernt hat. Ick brauchte jar nich ville erklären, ick kenn ja meine Wirkung noch von früher her, wo se mir den Scharlstenkönig von Lichtenberg nannten. Und die jungen Meechens am Tisch, die fanden dis urst sagenhaft schau und poppig, deß ick in mein Alter noch mit Muttern zu sone bediente Trampelschaffe hinfinde und nich schon son vierzigjähriger Knacker bin wie ihre Pappas. Die meckern bloß immer über die neue Musike rum und beölen sich lieber über Reiner Süß oder die Kammersängerin Monika Herz. Also, inwendig hab ick ja die Zähne zusammenjekniffen und dabei laut jesagt, deß ick mehr so für die Laß-Hampel-Sänger schwärme oder für die Puddings auf DT 64. Und wenn der jroße Tenor Benjamino Shiguli noch leben würde, denn würde er nich ins Metropol singen, sondern sich lieber die Mittel-offse-Herbert-Roth-Jruppe anschließen. Unter uns jesagt: Alle Achtung! Muß ja auch nich leicht sein, sich nach so ville Jahre deutschen Mitteljebirgszaun noch auf dis englische O Solei mio zu verlegen. Sakramento, da hättense mal sehen sollen, wie meine Ausführungen bei die Leute fetzten und sie fast jar nich anstanken. Ehrlich jesagt, jedanzt hab ick an den Abend nur eine Runde, janz alleine und vor die Herrentolette, wos nich so helle war. Denn hat mir Muttern stillschweigend an Tisch zurückjeholt. Aber die Menthohlität von die jungen Leute hab ick jründlich anneliesiert und mir immerfort jewundert, deß hier jar nischt passierte, trotzdem se alle ville unsolider aussahen als wie son Ringverein inne zwanziger Jahre. So jesprächsweise hab ick erfahren, deß die nebenbei noch richtigjehend arbeiten oder studieren.

Sehnse, und seit diesen verrückten Abend poppt es mir kreuz und quer durch meine in Ehren erjraute Jehirnrinde: Eh, bloß nich als Knacker auffallen! In diesem Sinne: Jutt bai, Herr Jeheimrat! Oder : Salong, wie der Brite sprecht.

Frisör Kleinekorte schwingt weiter

Nehmse Platz, Herr Jeheimrat! Was gibsn Neues aufm Bau? Wieder Nachtschicht gehabt? Wir tref-fen uns auf je-den Fall ... villeicht klatschense jefälligst mit, Herr Kafforke! ... in Klein-ne-kor-te sein Salong noch vor dem Haar-aus-fall! Nee, bleibense ruhig sitzen, als Kundschaft brauchense nich mit rumhopsen. Jeht auch gleich wieder alles sein jewohnten Trott, ick muß Ihnen bloß noch 'n Kittel umbinden. Die neuen mit die Festivalblume drauf hat Muttern jestern leider bei Rewatexen rumjetragen. Nu is mir der halbe Glanz schon wieder passee. Wissense, was mir an unse heutige Zeit so faschiniert? Desse so schnellebig is. Dis hat einesteils sein Jutes, weil ich mir heute schon über janz was anderes ärgern kann als wie gestern, und andererseits ärgere ick mir heute beispielsweise die Platze, deß man über den guten Sachen so schnell zur Tagesordnung hinwegschreiten tut – mündestens so wuppdiwupp wie den Hannibal seine Elefantenschar über den Alpenparnässen. Wobei ick dafür sojar noch ein jewisses Verständnis dafür habe, denn damals war ebent Kriech, und da hattense keine Zeit für Danzen und pullitische Lieder. Aber heute is unse friedliche... Moment mal, rasch de Tür auf, Herr Kafforke... Frieden! Freundschaft! So-li-da-ri-tät!...

Tschuldigense, ick mach jleich weiter. Hier aufe Straße kam jrade der eine Herr vonne FDJ-Kreisleitung vorbei. Dreht natürlich rasch den Kopp wech, wie ich ihm die Festival-Losung zurufe. Jetz tut er so, als ob wir jar keine Weltfestspiele gehabt ham, aber wie wir sie neulich noch hatten, da isser eigenhändig in mein Salong reinjetreten und hat mir für meine Ignazjatiefe jelobt, mir ein Halstuch jeschenkt und mir sojar mit Jugendfreund Kleinekorte tituliert. Ick hab noch jesagt, dis Halstuch freut mir, aber weil es blau is, kann icks nich für Autojramme jebrauchen, und er soll mir lieber ein jroßes Foto von den Doktor Jahn besorgen, aber daran denkt ja heute keiner mehr. Den

Doktor Jahn wollt ick mir nämlich einrahmen lassen und in Schaufenster stellen. Dis wär doch die beste Reklame für den fröhlichen jugendlichen Geist jewesen, wo mir seit dis Festival befallen hat, und hätte die jüngere Kundschaft in Massen anjelockt. Nehmse mal den Kopp 'n bißken runter! Sehnse, in die bewegte Aujusttage war mein Laden knüppeldicke voll. Ick hatte nämlich – wattensema, hier isses noch – draußen ein Schild anjemacht, hier: »Während dem großen Festival schneide ich alle Teilnehmer kostenlos die Haare von 14 bis

18 Uhr, auch in modernsten Luck!« Mein Enkel hats mir auch noch in kubanisch und drei andere Weltsprachen übersetzen lassen, aber dis hat mir ein junger Arabier in fließendes Sächsisch als Souvenir abjebettelt. Der war in Kairo Herrenfrisör, bevor er in Leipzig studiert hatte, und ich wollt mir mit ihm sehr gerne über der Pulletick in Nahen Osten aussprechen, aber nu wurde ne reine Fachsimpelei draus, und er will mir mal ne echte Damastzehnerklinge schicken. Sonst gings ja hier sehr munter zu, dauernd Diskussionen, Autojramme, und jesungen hamse, deß die Spiegel klirrten, bloß zus Haareschneiden is man kaum jekommen. Aber nu is die janze Pracht vorbei, und man schnibbelt sich wieder in alle Jemütsruhe einen weg, und dis macht mir verrückt.

Sagense mal selber, wär dis nich schön, wenn man sone ausjelassene Stimmung und 'n bißken mehr Freundlichkeit als wie sonst bei uns ans Kochen halten könnte? Dis müßte sein wie mit die Erdbeeren, wie wir noch unsern Schreberjarten hatten. Frische jabs nur jute vierzehn Tage lang, aber da hat Muttern ebent jenug von einjeweckt, und wenn uns denn so war, wurd 'n Glas aufjemacht, und schon hatte man wieder den Jeschmack von den reifen Frühsommer aufe Zunge.

Jestern hab ick mir nu mit Robert Köppen vonne Bezirksleitung über dieses Problem unterhalten. Im Vertrauen, den verwend ick immer so als Mittelsmann zu die högsten Kreise, wenn mir wieder mal so richtig nach Mitrejieren zumute is. Ick könnt mir ja auch mit Fritze Ladenthin, unsern Abjeordneten, bereden. Aber der is bloß mehr so fürs Wohnjebiet zuständig und nich für die jroße Weltpulletick. Außerdem red ick mit den momentan überhaupt nich. Der Mann hat janz dreckich über mir und Herrn Kafforken jegrinst. Wie Muttern nämlich vorigte Woche verreist war, da hatt ick für meine Belegschaft und mir als Dienstbekleidung statt den langweiligen Kittel – und weils so heiß war – die schönen Festivalstrickohs verordnet, die mit die Regenbogenfarben und ohne Ärmel, und dazu trug ick in meine Eigenschaft als Scheff den fetzigen Strohhut, wo mir Schuhan Ramiretz, mein neuer Freund aus Havanna, verehrt hat. Na jut, Muttern hat die Sachen andern Tag stillschweigend ins Wertikoh zurückjelegt und jesagt, ick soll dis Ladenthin nich so übelnehmen, denn er jeht nu schon auf die siebzig zu. Tschuldigense, ick jeh gleich mitten Blutstiller rüber.

Ick weiß überhaupt nich, wat mang die Berliner reinjefahren is. Nu drängelnse inne U-Bahn wieder wie eh und je, und seit die sächsischen Kellner auße Ausflugskneipen wieder abjereist sind, hört man wieder ziemlich barsche Töne in unse hauptstädtische Landessprache, und am schlimmsten isses mir und Herrn Kafforken letzten Sonnahmt in Friedrichshain ergangen, wo wir mit unser bißken Singebewegung die Festivalstimmung bei die sturen Spazierjänger wieder aufflackern lassen wollten. Weil Herr Kafforke den modernen Jitarrenzaun doch nich mehr lernt, hab ich ihm lieber auf seine Vorkriechsmandoline umjerüstet und mir selber Mutterns jroßen Waschtopp umjehängt, weil der ne echte brasilianische Augustik erzeugen kann. Zuerst ham wa uns im Blauen Affen 'n Schlückchen Mut anjetrunken und uns denn mang die schönsten Blumenrabatten jesetzt. Nu kann ja mein Jehülfe nich ein einziges pullitisches Lied, und was meinense, was der loslassen wollte! Aber wir ham uns als Kompromiß auf die gefühlvolle Volksweise »Aus der Jugendzeit« jeeinigt. Nun dachten wir, die Leute bilden 'n Kreis wie einst im Aujust und schmettern ordentlich mit. Ja, Kuchen. Erst ham uns 'n paar Passanten durch Zuschmeißen von kleinere Münzen jekränkt – und was dis schlimmste is, Herr Kafforke hat es auch noch einjestochen –, und zum Schluß kam 'n Parkwächter und hat uns aus die Blumenpracht rausjejagt, Kotletten wieder schräg, wa? An den Abend hab ick mir vor Wut so doll besoffen, deß mir Muttern nich mehr aufe Straße jelassen und jleich ins Bette jesteckt hat.

Aber um wieder auf Robert Köppen drauf zurückzukommen, der hat mir wenigstens nich ausjelacht und mir sojar versprochen, deß er bei nächste Jelegenheit mal mit die högsten Kreise über alles reden will. Er meinte auch, alles kann nu nich jenauso weiterjehn wie in Aujust, schon aus ökumenische Jründe. Sieh mal, Willem, meint er, dauernd die Leute umsonst die Haare schneiden, da würdeste auch bald aufs Zahnfleisch laufen. Jut, seh ick ein, aber Freundlichkeit und jute Laune kosten nu mal jar nischt, und in diese Beziehung wart ick den Deibel wat auf die Entscheidung von janz oben. Da fühl ick mir einfach als ein Festival-Partisan, und da mach ick nach und nach noch ne janze Bewegung draus, und wenn se mir deshalb mein Laden schließen sollten. Wenn man erst mal so in Schwung jesetzt is wie icke, denn kann man jar nich anders, denn muß man einfach weiterschwingen. Und falls Sie weiter son miesepetriges Jesicht machen, Herr Kafforke, denn werd ick Sie heute nach Feierabend mal janz hart administrieren, da bleibense jeden Abend hier, üben vorn Spiegel ein verbündliches Lächeln! Herr Jeheimrat, nun sehnse wieder aus wien junger Jott. Macht zweifuffzig. Freundschaft! Nee, Trinkjeld nehm ick diesen Monat noch nich. Schreibense mir lieber Ihr Autojramm anne Wand!

Frisör Kleinekorte und die Frau an sich

Nehmse Platz, Herr Jeheimrat! Was gibsn Neues aufm Bau? Wieder Nachtschicht gehabt? Wissense, im Frühjahr, wenn so die Säfte ins Kraut reinschießen – dis mein ich mehr so botanisch –, denn is bei mir Sense mit ne geregelte Nachtruhe. Da wälzt man sich um und um, daß die ollen Sprungfedern nur so knarren. Davon wird Muttern wach und meckert mir an, was ich bloß andauernd vor mir hinzustimulieren habe. Nu bin ick ja zumündestens nachts ein verträglicher Mensch und werd Muttern nich damit vollnölen, daß sich meine Jedankenfülle inne letzte Zeit nur um ihre Wenigkeit dreht. Nachher mach ick Ihnen Birkenhaarwasser rein, sollnse mal sehn, da schlagen Ihre paar Fusseln wieder aus wie die Bäume inmitten von dis schöne Volkslied. Dis hab ich übrigens mit Muttern immer jesungen, wie se noch jung und knusprig war und ich mit ihr zu die schöne Frühlingszeit durch die Felder und durch die Auen jesockt bin. Komisch, wie schnell man sich so was abjewöhnt, wenn man erst 'n paar Jahre verheiratet is. Und da könnse sagen, wasse wollen: Dis liegt nich an uns Männer, wenn uns die Frauen mit ihre Hausarbeit dis janze Wochenende vermiesen. Na schön, jetz geben wir unse Kittel und Handtücher bei Rewatex, da klappt es ja nu einigermaßen. Aber davor, Jott, an die Zeit denk ick bloß mit ne Jänsehaut. Sonnabends gings los mit Putzen und Waschen, und glaubense man, dis schlägt den jutmütigsten Mann aufs Jemüt, wenn er dauernd seine bessere Hälfte als Reinungsdeibel rumfuhrwerken sieht. Da schmeckt einem keine Zijarre mehr, trotzdem Muttern immer sagt, ick soll mir bloß nich stören lassen. Nehmse man den Kopp 'n bißken runter.

Ick will um Gottes willen meine Frau nich schlechtmachen, ganz im Gejenteil. Wenn se nu in solche Nächte wieder einjedrusselt is, denn zieh ick mir 'n Kittel übers Nachthemde und begebe mir stüll und leise in mein Laden. Neulich hat Herr Kafforke, dis Kamel, verjessen, die

Schallesie runterzulassen. Prompt erzähltense am nächsten Abend im Blauen Affen, in Kleinekortens Salong jeht 'n Nachtjespenst um. Deß icks selber war und stumme Zwiesprache mit mein Innenleben hielt, dis merken sone Pachulken ja nich erst. Anne Seiten mach icks heut 'n bißken kürzer, wa?

Muttern hat nämlich bald ihren Fünfundsiebzigsten, und wenns nach mir jeht, würd der mündestens so jroß gefeiert wie damals unsre Hochzeit. Sie selber is zwar nich so dafür, weil se meint, son Trubel is ihr zu aufregend, und der Abwasch und so bleibt doch bloß wieder an ihr hängen, aber diesmal setz ick mir durch wie Julius Cäsar, und wenn ick selber zus Jeschirrtuch jreifen muß. Nu hab ick ihr schon andauernd belauert, wie ich ihr ne janz besondere Freude zubereiten kann. Putzelahn und so hatse jenug, Wäsche is mir zu porfan bei den Anlaß, Kleedaasche kriegtse von die Kinder. Jetz hab ick ihr schon ne Rheumadecke mit ihr zusammen jekauft, is also auch keine Überraschung mehr. Hinten jeh ick mal zwei Zentimeter höher.

Wissense, nu is mir was mächtig Persönliches einjefallen, und daran bastle ick Nacht für Nacht. Ick schreibe nämlich zu die Jeburtstagsfeier sone schöne Rede, deß sich mancher Staatsmann 'n Beispiel von abschneiden kann. Dafür war ick lange vorm Kriech schon mal berühmt, wenn wir jedes Jahr dis Stiftungsfest von unsern Jesangsverein feierten. Diesmal isses nu ville komplessierter. Es kommen ne Masse Leute, darunter auch vonne Partei, denkense bloß an Robert Köppen, Fritze Ladenthin und mein leiblichen Sohn Otto. Und deshalb dürf man mit sone Rede nich in die Privatfähre steckenbleiben, sondern muß ihr ein jewissen jeselligen Aspik jeben, und dis is in diesen Falle jar nich so einfach. Mein Sohn von drüben will nämlich auch 'n paar Tage rüberkommen. Nu möcht man als Jastgeber bei sone Feier sein eigen Fleisch und Blut nich so direkt vorm Kopp stoßen und womöglich noch mit den elektrischen Matrijalismus beballern, ick meine, spätestens um Mitternacht hab ick mir mit den Bengel sowieso inne Wolle, aber zu Anfang solls doch noch 'n bißken herzlich sein. Rezitieren muß man bei ne heutige Rede immer irgendwoher, und da steh ick wie Urians Esel jenau zwischen Bibel und Bebel, tschuldigense, ick jeh gleich mitten Blutstüller rüber. Drum hab ick mir jedacht, ick laß die Pulletik einfach ausm Spiel, gehe gründlich auf die Gleichberechtigung der Frau hier bei uns ein und steigere mir denn zu eine Lauderazzia auf die Frau an sich und janz besonders meine eigene. Denn sind nämlich mein Sohn Justav und seine Frau erst mal so perplex, desse die nächste Stunde bloß schweigend in ihr Glas kicken.

An und für sich hab ick 'n Widerwillen gejen so marzipanierte Frauen, ick meine, wenn jetz die halbe Rejierung von weiblichen Jeschlecht wär, denn würd ick mir vorkommen wie bei die Amazonenvölker. 'n Beruf soll ne jüngere Frau ruhig haben und natürlich jenauso

anständig bezahlt, in diese Beziehung bin ick nich vons alte Eisen, denn dis stell ick mir janz schön vor, wenn die Frau ebent ultimo auch ihren Knatter auspackt und ne dicke Jahresendprämie, aber wenn se überall mit dazwischenquatschen und einen Vorschriften machen wollen, da hörts auf. Vielleicht hätt ick mir vor'n paar Jahren janz jerne 'n kleinen Trabant jeleistet, aber ick wäre in meine Ehre richtigjehend zertrampelt, wenn mir son Frollein Wachtmeister belehren und noch Jeld abnehmen würde. Und trotzdem find ick marzipaniert nich halb so schlümm wie sone Edeljattinnen. Meine hat zwar auch ihren eijentlichen Beruf nach unse Hochzeit an Nagel jehängt, oder dachtense, ick hätt meine Frau als Dienstmeechen für fremde Leute rackern lassen? Aber 'n jeruhsames Leben hat se ehrlich jesagt bis heute nich jeführt. Wie der Laden noch jrößer war, saß sie anne Kasse und dazu den Haushalt, den Laden und die Kinder, und heute renntse obendrein noch bei die Volkssolidarität und kümmert sich um ältere Leute oder nimmt die Jören ausm Haus in Flege, wenn die Herren Eltern verreisen oder auf Lehrjang sind.

Neulich hat mir Robert Köppen von eine pullitische Fachschrift erzählt, darin meint der Engels, deß der Mensch sich erst von Affen wechentwickelt hat, indem er anfing zu arbeiten. Könnense mir noch folgen? Wenn ick nu mal auf Engels sein Jedankengang einsteige, denn müßte sich beispielsweise die Frau von Zahnarzt Stippekohl jenau umjekehrt entwickeln, und da würde Doktor Stippekohl schön blöde kucken, wenn die Olle eines Tages auf seine Datsche mang die Äste von Flaumenbaum rumturnen würde.

Aber sone witzigen Apperitifs kann ick mir in meine Rede leider nich leisten, denn Fleischer Meusels verkehren bei Stippekohls. Um mir nu bloß nich zwischen zwei Fettnäppe zu setzen, will ick mir alle kritischen Äußerungen enthalten, und dis is ebent dis Schwierige. Red ick bloß so über die Frau an sich, da kann ick mir selber nischt drunter vorstellen, denn hat die kein Busen und kein Hintern. Komm ick mehr so speziell, denn werd ick janz gejen mein Willen doch wieder zu pullitisch.

Ick hab mir sojar schon überlegt, ob ick nich lieber Schillerns Glocke aufsage. Die tut kein Menschen aufregen und reimt sich hinten sojar. Scharf nachwaschen?

Frisör Kleinekorte wird ein Stück größer

Nehmse Platz, Herr Jeheimrat! Was gibsn Neues aufm Bau? Wieder Nachtschicht gehabt? Jott, ick schlafe inne letzte Zeit nachtens wien kompletter Bärenzwinger, und für Muttern is dis leider ein rein augustisches Propplem. Die sagt immer, ich mach mit meine Schnarchtöne sone Schwingungen, daß uns eines Tages noch Böcklings Toteninsel vonne Wand aufn Kopp fallt und uns mit ihren mächtigen Joldrahmen platt wie ne Briefmarke haut. Aber in diese Beziehung mach ick mir jar keine dusteren Jedanken, weil ick mir in meine schicksalhafte Art sage, solange wie mir der Staat noch als staatserhaltend tituliert, laß ick mir von keinen was aufn Kopp schmeißen, und von son dickerdenten Malerfritzen schon jar nich! Herr Kafforke, machense jefälligst den Mund zu! Ihr dusseliges Jesicht beleidigt die Kundschaft, und so was duld ick neuerdings schon jar nich mehr in meinen Salong. Nehmsense mal den Kopp 'n bißken runter – Hurrejott noch mal, ick mein den Herrn Jeheimrat und nich Sie, Herr Kafforke! Stehnse doch nich rum wien Sägebügel, gehnse nach Küche und helfense Muttern beis Kartoffelschälen, solange der Laden noch so schön leer is!

Wissense, letzten Winter war ick beinah schon soweit, deß ick mein Jewerbe an Nagel hängen wollte, aber Sie als Laie und halbwegs pullitischer Mensch werden natürlich längst einsehen, deß ick in diesen Falle 'n richtigjehender Piesepampel wär und mir bis aufs Hemde schämen müßte. Einesteils war inne letzte Zeit mächtig die Rede von die anjewachsene Verantwortung, die son staatlicher Leiter in sich schlagen hören soll, also beispielsweise meine Wenigkeit gegenüber von Herrn Kafforke. Unter uns jesagt, ohne mir würde doch der Mann vor die Hunde oder zumündestens zu die PeJeHa Wellenreiter jehn. Dabei würd ick ihn in diesen Falle aufrichtig bedauern, denn bei die Jenossenschaft sind se schon jar nich inne Lage, aus so ne Lusche ne

Persönlichkeit zu züchten. Aber ick schaffs noch, und wenn ick noch zehn Jahre brauche, ihn zurechtzustuken, bis er ein Vorbild für jeden Frisörlehrling is. Moment mal! – Herr Kafforke, haltense sich nich an Mutterns Kartoffeln fest, es kommt Kundschaft, und verjessene nich, sich 'n verbindliches Lächeln ins Antlitz zu schmeißen. Mann, doch nich sone Jrimasse, als ob Se sich beis Rasieren schneiden. Is denn dis so schwer? Brauchen doch bloß dran zu denken, desse nischt Jeringeres sind als wie ein Frisör, na sehnse!

Tag, Herr Klopprogge, heute bedient Ihnen Herr Kafforke, da sind Se in besten Händen. – Tschuldigense die Abschweifung, Herr Jeheimrat, wo war ick denn stehnjeblieben? Ach, ick weiß schon: bei andernteils. Also andernteils kann ick ja jar nich in Sack hauen, wo doch die Partei janz unmißverständlich mal aufn Tisch jekloppt hat und jesagt, ohne uns Frisöre is der Sozialismus überhaupt nich möglich. Könnense mir jeistig folgen? Na, denn denkense sich mal spaßhalber uns Frisöre einfach weg. Sehnse, Sie werden richtig blaß vor Schreck. Da würde es nämlich, dis mein ick mehr so büldlich, einen Riesenknall geben, und unser janzes jeselliges Süstem würde mang dis Urmenschenstadion zurückfallen und wie die Oleanderthaler durch 'n Urwald peesen. Keine Angst, dis war bloß sone Hypophyse von mir! Ick schneid Sie gleich weiter, denn nu denk ick uns Haarkünstler wieder mitten mang unsre Zeit zurück, und spätestens in diesen Moment muß sojar Ihnen aufjegangen sein, deß unser Stand ebent nich so einfach abzuschaffen is wie die Straßenbahnschaffner oder Schuhputzer.

Wissense, seitdem fühl ick mir immer jünger. Wenns nich soville Umstände machen würde, würd ick mir sojar noch ne Damenabteilung zulegen. Aber wie ick neulich nachm Abendbrot – im Fernsehn war wieder mal nischt Jescheites –, wie ick also davon anfange, wird mir Muttern so merkwürdig über die Brille weg ankicken, deß ick man lieber stille war und mir wortlos in dis Studium von die wichtigen Dokumente vertieft habe. Bloß, denn komm ick immer wieder auf die Stelle von den Frisör. Und da konnt icks mir nich verkneifen, Muttern mal in alle Form klarzumachen, desse jar keine bessere Partie hat machen können als mit mir. Und da hatse mir jefühlvoll über die Jlatze jestrichen und ausnahmsweise noch 'n Schnäpperken rausjerückt. Die is ja nich doof und weiß jenau, mit wem se sich jutstellen muß. Wenn unse Ottchen nu nich zufällig Schemiedoktor jeworden wäre, hätts ihm dieser Tage janz schön inne Ohren klingeln müssen. Vielleicht sagt er sich doch manchmal vors Einschlafen: Wär ick Herrenfrisör jeblieben, denn hieße der Laden jetz Kleinekorte und Sohn, und ick würde bei Vatern ne ruhigere Kugel schieben. – Denn soville hab ick auch mitjekriegt: Unsre Schemiker in Buna und so, die müssen nu noch mehr ran als wie früher, und mir sollte dis jar nich wundern, wenn se die aufn nächsten Parteitag endlich mal davon verdonnern, ein Haarwuchsmittel zu erfinden, was wirklich helft. Diesmal hattense da einfach noch andre Sorgen, aber wir Frisöre sind im Kommen, dis hab ick spitzjekriegt.

Jestern hatt ick diesbezüglich sojar ein ziemlich internes Jespräch mit Robert Köppen vonne Bezirksleitung. Der hat natürlich längst jeahnt, wos langjeht. Sonst hätt er mir nich inne letzte Zeit dauernd den Jeheimtipp jegeben, deß der kleine Mann bei uns mitregieren soll. Hinterher fällt einem denn erst ein, deß er mir dabei immer scharf anjekickt hat. Er hat mir auch janz im Vertrauen verraten, desse jetz einen jelernten Herrenfrisör in die höchsten Kreise mit reinjewählt ham. Von den Mann brauch ick bloß noch die jenaue Adresse, denn weiß ick, wo ick mir hinwende, wenn mir die KaWeVau mal wieder nich rechtzeitig 'n Klempner schickt oder wenn Fleischer Meusel sein Rostbeff untern Ladentisch verschiebt.

Meuseln is sowieso in letzter Zeit ziemlich komisch, aber dis muß wohl daran liegen, deß die Partei von seine Innung überhaupt keine Notiz jenommen hat, aber ohne Fleischer kann der Sozialismus jut und jerne auskommen. Muttern sagt sowieso, inne Kaufhalle is jetz 'n ville besseres Anjebot.

Nu laß ick mir natürlich nich lumpen und versuch mir nach besten Kräften zu rewangschieren, und da hat es mir mang die vielen Dokumente besonders dis Kapitel von die Herzlosigkeit und so anjetan. Und womit fangt dis an? Die Kotletten laß ick 'n bißken dichter wachsen, dis trägt man jetz so. Dis fangt im eigenen Laden an. Schätzungsweise würd ick unter die momentanen Umstände mühelos 'n zweiten Jehülfen kriegen, und wenn ihm der Staat mitten aus die Struktur rausreißen müßte. Aber dis hat ja keinen Zweck, weil sich denn Herr Kafforke stantepeze als Abteilungsleiter aufspielen und jar nischt mehr tun würde. Und son Herrensalong muß ja mündestens so rentabel sein wie die übrige Volkswirtschaft.

Also bleibt mir nischt übrig, als bei Herrn Kafforke selber anzufangen. Da is nämlich die Rede von alle, die in Jesellschaft Verantwortung tragen. Und auch 'n Jehülfe hat Verantwortung, und wenns bloß dafür is, daß nach Feierabend der Laden anständig jefegt wird. Nu hab ick als Neuerung einjeführt, deß Herr Kafforke jeden Morgen ne halbe Stunde früher antanzt, und denn wird ein betont herzlicher Umjang mit den Kunden jeübt. Nich bloß so sterilotypische Redensar-

ten übers Wetter, von wejen! Der hat jefälligst auch mal nach die Kinder und die Arbeit zu fragen. Sie brauchen jar nich so versonnen zu jrinsen, Herr Kafforke. Ihnen werd ick schon dis höfliche und feinfühlige Verhalten noch beibringen, und wenn Se ab morgen ne janze Stunde früher kommen! Unter uns jesagt, Herr Jeheimrat, der Kerrel brauch sich doch bloß 'n Beispiel an mir nehmen, macht zweifuffzig.

Frisör Kleinekorte und die Absetzung eines Königs

Nehmse Platz, Herr Jeheimrat! Und jenießense die jroßkotzige Anrede aus vollen Herzen! Was gibsn Neues aufm Bau? Ick könnt ja auch sagen, dis intressiert mir 'n Scheißdreck, aber nee, ick fahre fort in mein geflegten Stil: Wieder Nachtschicht jehabt? Also, Sie brauchen jar nich in Panik und Zirzensik jeraten, wie der Lateiner sprecht – denn für son halbes Dutzend Stammkunden als wie Ihnen behalt ich auch weiterhin die Manieren von einen Grangsenjohr der alten Schule dabei, denn sein Herkommen kann man nu mal in sein Allerinnerstes nich ableugnen. Tschuldigense, ick mach die Kittelschnur gleich lockerer, denn ick will Ihnen ja nich strangulieren, und anne Seiten nehm ick Sie erst mal 'n halbes Fund Plüsch runter.

Wissense, man muß doch nu mal mit den Zahn der Zeit heulen und dürf sich ooch als alternder Greis nich vor dis Neue an den aufjefalteten Sozialismus wechschließen. Sehnse, wie ich mein edles Handwerk erlernt habe, noch unter Wüllem den Eroberer, da hat mir Herr Mehlhase, mein Lehrmeister, noch mit ville Jeduld und Backpfeifen ein Satz einjehämmert: Willem, du Aas, hör ick ihm heute noch sagen, merk dir eins: *Der Kunde is König!* Damals wurde noch die Jeschichte erzählt, wie ein Lehrling vom Hoffrisör Haby, also, der wird doch beis Rasieren ein Kunden dis rechte Ohr abschneiden und rasch zu den Kunden sagen: Steckenses bloß inne Tasche, Herr Studienrat, sonst schlagt mir der Meister dot, wenn ers sieht! Woraus Sie mal abmessen können, was der Kunde in sämtliche Brangschen früher für ne jewaltsame Rolle jespielt hat. Nu hab ich ja seit Jahren unter meine Kundschaft ziemlich bedeutsame Fungsjonäre, von mein Sohn, also ick meine jetz nich den Luhmich von drüben, mal abgesehn. Und unter sone Umstände kommse einfach nich drumrum, sich mit den elektrischen Matrijalismus wenigstens jesprächsweise zu beschäftigen. Nehmse mal den Kopp 'n bißken runter!

Unter uns jesagt, bin ick stinkendneidisch, deß ick mein jesetztes Alter die janzen Jesetzlichkeiten von Karl Marx und – als Parteiloser dürf ich ja bloß sagen, von den Kollegen Lenin mehr so als Schattenriß auffasse. Aber da heißt es doch, die Verwicklungen passieren immer mehr so in große Sprünge. Könnse mir noch jeistig folgen? Wackelnse doch nich so mit Ihre Rübe! Also, die Könige sind abjeschafft, weil sich Wüllem mit den kurzen Arm Anno achtzehn mit ein jroßen Sprung

nach Holland abjesetzt hat. Nu muß es ja bei uns mang die Partei- und Staatsratstheoretiker – stell ick mir zumündestens vor – schwerwiegende Kontrabassistoversen geben: Die einen, also mehr die Theoretiker, sind absolut gegen die Restaurierung von neue Könige, die andern, ick werd mir hüten, Namen zu nennen, wärmen die monarchologische Kiste auf: Der Kunde is König. Anne Seiten 'n bißken kürzer? Nu setzense sich mal in meine Lage als alleinstehender Herrenfrisör rein, da könnense doch bloß noch weinen oder die Wirksamkeit studieren wie unsere Herren Schrüftsteller.

Ick also erst mal losjesockt und mir als Kunde verkleidet. Herr Kafforke mußte mir ein lackschwarzes Lockentuppeh uffkleben, damit ick inkognito bei die PeJeHa Wellenreiter als popliger Kunde reinschneien konnte. Und nu haltense sich mal janz fest, wenn ick meine Eindrücke an Ihnen weiterreiche. Da gibs ein schnuckligen Schlager von die süße kleine Polin Maria Rhododendrowitsch, der fangt an: Drei Herrn entboten ihren Gruß. Ja, Scheiße, erstensmal grüßen die Herren Wellenreiter den Kunden jar nich. Und denn hab ich was janz Entsetzliches mußten feststellen: Die Herren Herrenfrisöre unterhalten sich nich mehr mit den Kunden, sondern bloß noch mang sich selber. Und ich sag es Sie in alle Härte, dis is dis Ende von unsern Beruf, und trotzdem müssense sich – hab ich irgendwo mal jelesen – einfügen in den grausamen Fatalismus von die Jeschichte, oder um mit Inspektor Kennjon von Kanal siehm zu reden – die alten Zeiten kehren nich wieder, also, der Kunde als König ist tot.

Sehnse, sone janz normale Verkäuferin, die hats doch jar nich mehr nötig, und ick würde mal sagen, unser jesamter Handel kämpft an die vorderste Front gejen die entmachtete Monarchie von die Kundschaft. Ick meine damit, unser Handel is jespalten in die Ewigvorgestrigen wie unse Fischfrau, die Frau Ehm, die is immer noch so rückschrittlich, die tut mir 'n Hecht ohne Gräten und ohne Flossen verkaufen und frägt mir obendrein: Wie gehts denn, Meister Kleinekorte?

Aber dis Prinzip is doch nu mal, als Kunde wird man jefälligst nich wien König, sondern wien DDR-Bürger behandelt. Also, icke geh zus Reisebüro, weil Muttern und ick nu lange jenug aufs Ausland jespart ham. Und als Berliner mit ihre Scheißsentimentalität begebense sich natürlich in dis stinkvornehme Haus des Reisens an Alex. Erst mal wird

Ihnen in den schönen Lenzmonat März vonne Berliner Zeitung weisjemacht, Sie sollten dis Reisebüro mal janz auf die Schnelle anrufen, die wissen jar nich mehr wohin mit dis ville Wasser vons joldige Schwarze Meer. Nu werd ick also Herrn Kafforke morgens nachm Blauen Affen losschicken, er soll mal anrufen und sich erkundigen. Wie er bei Ladenschluß noch immer nich zurück in mein Salong is, trab ick selber los. Herr Kafforke war zwar schon ziemlich im Tee und hatte ne dicke Rechnung auf Betriebsunkosten meinerseits, aber der Wirt, Herr Wuttke, schwor Stein und Bein, daß den janzen Tag ins Reisebüro keiner den Hörer abjenommen hat. Jut, denk ick, villeicht isses die Leute einfach zu unpersönlich, den Kunden per Draht abzufrühstücken. Ick also nächsten Tag selber los. Albert Wuttke, der dis schon kannte, meinte, nimm dir man Stullen mit. Muttern hat mir sojar 'n Glas Kartoffelsalat und 'n kaltes Kotlett einjepackt.

Wie ick nach drei Stunden endlich dranne bin, sitzt da sone blonde Jewitterzicke und quasselt sich erst mal mit ihre Kollegin über die Erinnerungen von ein Ballerlebnis aus. Ick sage in meine dezente Manier, ick will ne Pauschale Reise an dem goldigen Strand, von mir aus bis nach Zotschi oder Kappi Zunder. Sagtse bloß pampig, müssense früher aufstehn. Wie ick rausgehn will, hat mir vor Wut so die Pumpe jeknarrt, deß ich mir erst mal auf son feinen Ledersessel niederlassen mußte. Kommt sonst andres Reise-Engelchen vorbei und fragt mir, warum ick so stöhne. Die macht in den Laden bestimmt nich lange, weilse so freundlich war und mir gleich doch noch ne Reise nach Nessebar jebucht hat. Haltense mal den Kopp stille, sonst rutscht mir dis Messer ab. Also unjefähr fünf Tage vorher sollt ick kommen und mir die Reisepapiere abholen und den Knatter aufm Tisch legen.

Vorigte Woche war ick nu da, diesmal sojar mit mein altes Kochgeschirr voll Aprikosenkaltschale, weils morgens schon so heiß war. Nachdem ick mir meine ollen Plattbeine bis an Bauchnabel abjestanden hatte, sitzt da wieder son Frollein und sagt, die Papiere sind noch jar nich da, ick soll mir man morgen wieder anstellen. Da dacht ick so bei mir: Wenn de schon als Kunde kein König mehr bist, denn kannste dir auch wie ne Wildsau aufführen. Von wegen noch mal 'n halben Tag anstellen! Und da kam mir so inwendig alles hoch, was mir die letzte Zeit an Scheußlichkeiten mang unsern Handel begegnet ist, und da hab ick jetrampelt wie Rumpelstilzchen und jebrüllt; ick will die Reise jar nich mehr, und sie soll sich den joldigen Sand selber inne Haare schmieren. Sagt die doch, die Reise könnse so kurz vorher höchstens zurückjeben, wenn Se ein Attest beibringen.

Noch an selben Abend hat Muttern Doktor Zielken mußten holen, son Herzanfall hatt ick. Wie der mir ne Spritze und dis Attest gibt, meint er, bei meinen momentanen Zustand muß er mir dis bulgarische Reizklima verbieten. Dabei war dis Klima ins Haus des Reisens ville schlimmer. Sehnse, nu werd ick im Urlaub aufm Balkong sitzen, die Beine inne Waschschüssel, 'n Strohhut auf, und Muttern muß mir jeden Tag Balkansalat und Hammelfleisch machen, trotzdem es mir jar nich schmecken tut, aber dis spül ick mit bulgarischen Plüschka runter, kann ich mir ja leisten, weil ich nich nach Bulgarien fahre. Und denn denk ick mir in alle Seelenruhe aus, wie ick in Zukunft meine Kundschaft schickerniere, denn von diese große Massenbewegung kann man sich doch als moderner Bürger nich ausschließen.

Macht zweifuffzig, aber Trinkgeld nehm ick trotzdem noch.

Frisör Kleinekorte riecht den Braten

Nehmse Platz, Herr Jeheimrat! Was gibsn Neues aufm Bau? Wieder Nachtschicht jehabt? Wissense, ick werd woll meinen Schlaf erst wiederfinden, wenn der janze Wahlzauber vorbei is. Also nich desse denken, ick bin zum Wahlalligator awangsiert und muß Reden halten. Denn würd ick mir ja nischt ausstehn. Neulich trat im Veteranenklub einer auf und sollte mit uns über unsre Sorjen sprechen, sagt er. Aber denn hat er bloß ne Rede vorjelesen über die internatzjonale Lage, die Monnepolkapitalisten und die aufwachenden Neger. Wie ick mein Nickerchen beendete, war er schon wieder wech. Also eh ick den wähle, wähl ick doch lieber Patschken vonne PeJeHa, trotzdem es mir hart ankommt. Vor Stücker dreißig Jahren hat der bei mir seine Jesellenprüfung jemacht, und heute soll ick mir von son junges Jemüse rejieren lassen! Nehmse mal den Kopp 'n bißken höher!

Patschke geht jetz dauernd mit widerlich jute Laune umher und sprecht die Leute an wie der Omo-Reporter persönlich und schreibt sich alles auf, was ihr so ärgert. Is natürlich reine Pulletick vonne Partei, und dabei is Patschke nich mal drinne. Bei mir hat er sich auch erkundigt, und ick hab mir schwarz jeärgert, weil mir momentan nischt Vernünftiges zum Ärgern einfiel, was mir sonst immer ärgert. Und dabei ärgert einen doch sonst die Fliege anne Wand. Na, sagt Patschke, mit ich nich umsonst jekommen bin, kann ich mir ja vorm Wahlsonntag mal wieder die Haare beim Privaten schneiden lassen. Ick dachte, ick hör nich recht, aber jenau hier auf den Stuhl hat er jesessen. Ick bin natürlich sicher, deß er mir bloß heimlich prüfen wollte, ob ick noch für die PeJeHa tauge. Wenn er denn jewählt is, wird er brutal und frägt mir, ob ick nich doch eintreten will. Was hättense nu jemacht? Hätt ick ihm verschnippelt, wär ick als Sabotör ins Kittchen jewandert, und inne Bezett hätte jestanden: Privatfrisör verschandelt Abjeordneten! Drum dacht ick: Holzauge! und hab mir noch mehr Mühe jegeben wie der damals bei seine Prüfung. Bloß keine Treppen schneiden, dacht ick, nee sagen kannste immer noch. Und denn die Haare elejant sortiert und mitn kleinen Schißlaweng ne pikobello Tolle hingewichst. Wie ick ihm den Handspiegel hinhalte, kommt meine Rache. So, sag ick, wenn Sie mit dis anjenehme Äußere nich jewählt werden, will ich nich mehr Kleinekorte heißen! Son feinen Haarschnitt können ihm nämlich seine PeJeHa-Fritzen nich verpassen, weil sie immer bloß auf Norm rabottern müssen.

Wie ick ihn fertig hatte, sagt er: Donnerlittchen, Meister Kleinekorte, ham Sie noch ne sichere Hand für Ihr Alter. Dis hat mir nu wieder jewurmt, weil ick mir über son fachmännisches Urteil jefreut habe. Und denn wollte er noch mal wissen, ob ick so mit alles zufrieden bin und mir über reineweg jarnischt ärgere. Jott, wissense, sag ick, mein Auskommen hab ick, und denn stand ick wieder da wie doof und überlegte krampfhaft, was mir noch alles ärgert. Aber mir jing es wie son Kind, was zum Jeburtstag was aufsagen soll und auf einmal jarnischt mehr weiß. Erst wie er längst draußen war, fiel mir was ein, was mir bei uns immer schändlich ärgern tut. Bei unsere Wahlen jeht es immer so schrecklich porfan zu, oder findense nich? Bloß immer höhere Produktion und mehr Krippenplätze und besseres Jemüseanjebot und so.

Wenn ick so an früher denke, so an die Versammlungen inne Süstemzeit, da spielte denn vorher son Mann wie Barnabas von Jeetzi auf seine Zaubergeije, und wer am Wahltag zu faul war, der wurde von die Schlepper einfach mit Auto bis anne Urne jefahren. Einmal ham mir die Stahlhelmleute mit son dicken Maybach abjeholt und wollten dafür, deß ick deutschnatzjonal wähle. Da hab ick die was jehustet und Rot jewählt. Einfach bloß aus Daffke und weil sich der Fabrikant, den dis Auto jehörte, bei die Konkurrenz rasieren ließ. Heute machense dis ja anders. Kuckense mal unauffällig auf Straße! Dis Wahllokal hamse nämlich jetz jenau gejenüber von mein Laden einjerichtet, damit sich die Leute gleich die Haare schneiden lassen, wenn se nach Feierabend die Listen einsehn. Was meinense, wie dis Jeschäft inne letzten vierzehn Tage geht. Und alles bloß wegen meine lumpichte Stimme am Sonntag. Merkense nu endlich, wie raffiniert die Partei is?

Frisör Kleinekorte deckt Widersprüche auf

Nehmse Platz, Herr Jeheimrat! Was gibsn Neues aufm Bau? Wieder Nachtschicht jehabt? Ach, stehnse doch noch mal auf, wenn ick bitten dürf. Ick muß erst die Häkeldeckchen vom Sitz runterlangen. Dis war nämlich bloß – danke schön, nu könnse sich wieder hinsetzen –, bloß fürs Auge war dis jedacht und nicht für den ... Mann, wenn ick jewußt hätte, was ick mir mit die neue Schampanje alles aufjeladen habe! Herr Kafforke! Sie haben doch schon wieder verjessen, den Jummibaum abzustauben! Nee, Herr Jeheimrat, der stand sonst bei uns inne jute Stube, und Mutterns Lacktopp hab ick auch von ihr Nähtischchen in Laden rüberjeschafft. Ick laß mir doch nicht nachsagen, desses bei mir keine Kultur an Arbeitsplatz gibt.

Nu muß sich die Kundschaft natürlich dadran jewöhnen, daß man bei mir nich mehr so schnell wie sonst in die letzten fuffzig Jahre bedient wird. Entweder Kultur oder Zackzack, dis is ebent der Widerspruch, wovon ick noch janz krank werde, aber darauf zurück komm ick noch zu sprechen. Alles Jute kann man nie auf einmal beisammen haben. Dis is jenau wie mit ne Pulle Korn: Einerseits fühlnse sich wie der schöne Jriechenjüngling Adolar und möchten die Bäume man immer so ausruppen, aber anderntags hamse 'n Brummschädel wie son oller Jraf kurz nachm Ritterschlag. Und in diese Beziehung wird es unsern Staat kein Deut anders jehn, passense auf, was ich Ihnen sage.

Ick bin ja nu weiß Jott kein amusikalischer Mensch, und mit Kultur brauch mir keiner acketieren, ganz ins Gejenteil: Dis find ick sojar richtig, deß für unsere jeistigen Zentrums wie Felsenstein, Berliner Akzambel und den Kessel Buntes 'n Stücke Jeld reinjepulvert wird. Auch die Lüriker laß ick zur Not noch jelten – über irgendwat muß sich ja der Mensch nach Feierabend den Kopp zerbrechen – oder sone Romane wie »Vater Batik stimmt wieder«. Kino, Konzert und meinetwejen Öljemälde, dis laß ick mir alles noch jefallen. Aber nu macht ja die Partei vor jar nischt mehr halt. Nehmse mal den Kopp 'n bißken runter. Was ick Ihnen jetz ins Vertrauen erzähle, is kein Jerücht, dis hab ick wieder mal aus die högsten Kreise, und inne Zeitungen is ooch schon allerhand von durchjesickert, und was die Kundschaft einem so anvertraut. Sehnse, da setz ick mir denn mein Bild zusammen, und dis hat bis jetz noch immer jestimmt. Dis müssense sich nämlich so vorstellen: Da hats bei uns nu jewisse Erfolge mit die Kultur jegeben, so über lange Strecken bleibt ja so was doch nich aus. Und auf einmal is zuville Kultur da, und nu wissense nich mehr, wohin damit. Kulturhäuser ham wa schon, jebietsweise sojar Paläste, Kulturpojramme gibts wie Sand am Meer, von Kulturfungsjonäre janz zu schweigen, Kulturflanzen werden wissenschaftlich jezüchtet, und die Wohnkultur, wo wir früher janz einfach Einrichtung sagten, macht sich immer mehr breit. Könnse mir noch jeistig folgen?

Nu kommt nämlich der Punkt, wo sich die Kultur mit die Arbeit zu vermischen anfangt. Und da war mir von vorneherein so, als ob da was nich stimmt. Sehnse, und dis is nu mein Experiment, wo ick nachweise, desses kalter Kaffee is. Und weil mir keiner im jroßen Stiebel ranlaßt, muß ick quasimodo mein Salong als Versuchsfeld benützen. Haltense doch mal den Kopp stille! Früher wär ick mit Ihre paar Zotteln schon halb fertig, aber jetz werden nach jeden Haarschnitt erst mal beide Scheren mit Elsterglanz poliert, schneidense zwar auch nich besser, aber es macht mehr her. Kann ick also wählen: mehr Schönheit bei de Arbeit oder mehr Arbeit für de Schönheit, was man auch Arbeitsproduktivität nennt.

Nu is ja dis wichtigste, hat mir Fritze Ladenthin aus sein Werk erzählt, deß sich die Belegschaft wohler fühlen soll. In meinen Betrieb handelt sichs nu bloß um Herrn Kafforke, und der Kerrel nimmt leider alles wörtlich. Nehmse zum Beispiel die Handtücher. Die hat Muttern sonst einfach jetrocknet und wieder aufjebügelt. Nu verlangt aber Herr Kafforke alle nasenlang 'n frisches, blütenweiß! Und obendrein pocht er auf der Anordnung, deß die Arbeiter bloß an weißjedeckte Tische essen sollen. Für jewöhnlich kriegte er nachmittags sein Kaffepott nebens Birkenhaarwasser hinjestellt. Jut, einmal hat er den Kaffe ein Kunden aus Versehen inne Haare reinmassiert, aber sonst hats immer jutjegangen. Seit aber die neuen Maßnahmen in Kraft sind, besteht Herr Kafforke dadrauf, jeden Nachmittag in unse jute Stube an jedeckten Kaffetisch zu sitzen. Wieder zwei Kunden weniger in diese Zeit. Außerdem kleckert er immer alles rund um seine Tasse rum voll, und nu muß Muttern außer die Handtücher auch noch dauernd Tischdecken waschen.

Da hamse schon den ersten Widerspruch. Denn wenn dis überall so jemacht wird, jeht unsere Waschpulverindustrie glattwech baden, und

denn is nämlich Sense mit de Kultur – wenn erst die Kammersänger und so mitm speckigen Kragen rumrennen müssen! Und mit dis Elektrische kommts eines Tages jenauso: Auf die eine Seite soll Energie jespart werden, auf die andre kann es neuerdings an die Fabrikmaschinen jar nich hell jenug sein. Wenn schon Kultur, denn sollnse doch lieber 'n paar Blümchen aufe Drehbank stellen, aber am besten künstliche, sonst kommen die Järtnereien nich mit! Apropoß Lampen. Brauchense aber nich weitererzählen: In son Berliner Großbetrieb, wo Glühlampen und so herstellt, den Namen nenn ick lieber nich, da hamse studierte Ärzte bloß damit beschäftigt, damit die 'n Spezialstuhl für die Lampenbauerinnen erfinden. Bequem und jesund sitzen, meintense, damit fängt die Kultur überhaupt erst an. Is doch Humbuck! Kuckense mir an: Seit über sechzig Jahre steh ick sojar bei de Arbeit und bin trotz meine Plattbeene immer noch selbständig.

Und denn dieser Sauberkeitsfimmel und dis Schlagwort Umweltverschmutzung. Jut, ick hab unsern Badeofen rausreißen lassen, weil er so rußt. Seidem jeh ick alle vier Wochen mit Muttern ins Stadtbad Mitte.

Und dis Jerümpel aufm Hof unter unser Küchenfenster hab ich mit Herrn Kafforke wegjeräumt und im Dustern nachm Friedrichshain jeschafft, natürlich so hinter die Büsche, deß es keinen stört. Aber die übertriebene Reinlichkeit, könnse sagen, wasse wollen, da steckt schon wieder der Russe dahinter. Die sollen ja in Moskau jeden Wodkakorken und jede Zigarettenkippe vons Trittoah aufsammeln. Sehnse, wenn dis mit die sozialistische Indikation weiter um sich greift, denn muß Muttern außer die Treppe noch die Straße vor unsern Laden bohnern.

Und da bin ich schon bei den dicksten Widerspruch: Wenn ich mir nach alle Kulturerscheinungen richte, denn schaff ick bloß noch halb soville Kunden, und denn brauch ich kein Jehülfen mehr, und denn bezahl ich womöglich Herrn Kafforke als Kulturfungsjonär, und da frag ich Sie, wovon?! Nu stellnse sich mal vor, dis jeht die janz jroßen Betrieben jenauso. Aber da sagte mir schon ein Werkleiter, Sie wissen ja, wen ick meine, ick soll mir man keine Sorgen bereiten. In seine Fabrik wird die Kultur am Arbeitsplatz halb so heiß jegessen, wie se inne Zeitung jekocht wird, und er hat schon janz andere Sachen überstanden. Herr Kafforke, ziehnse mal dis Grammofon auf und legense die Scheißarie »Niemand liebt dich so wie ich« auf! Nee, nich die alte! – Also Richard Tauber in Ehren, aber die moderne Steno-Aufnahme von Amiga hat doch einen ville edleren Klangzaun. So, und denn zahlnse heut 'n Fuffziger Musikaufschlag. Irgendwo muß ja dis Jeld für die Kulturausgaben wieder herkommen!

Frisör Kleinekorte schwebt in höheren Religionen

Nehmse Platz, Herr Jeheimrat! Was gibsn Neues aufm Bau? Wieder Nachtschicht gehabt? Ebent hab ich grade Fritze Ladenthin bedient, und dis regt mir jetz noch auf. Müssense schon entschuldigen, wenn mir noch 'n bißken die Schere zittert. Bei Herrn Kafforken kommt dis vom Suff, aber bei mir hat dis mehr so seelische Grundlagen. Fritze hat mir nämlich mitten ins Jesicht vorgeschmissen, deß ich 'n rückwärts jewendeten Charakter habe, haltense doch mal den Kopp stille, und ich würde zuville an früher denken. Dis tut nich jut, meint er, und wir olle Zauseln sollten lieber 'n bißken mehr nach vorne kucken. Aber der hat jut reden, denn den wählnse bestimmt wieder als Abjeordneten. Mit mir hats ja nie einer versucht, also nich deß ick mir würklich hätte aufstellen lassen, dis wäre mir ville zu pullitisch, aber fragen hättense mir wenigstens mal können, ooch wenn ick nich immerzu inne Partei drinne bin wie Ladenthin.

Sehnse, nu kann ick mir ja überlegen, wie ick als Nichabjeordneter was für die Zukunft unternehme. Aus subtropische Romane und im Weltraum rumscheesen mach ick mir von Natur aus nischt. Wenn schon, denn reizt mir mehr so der füllosofische Aspik. Sind wa doch mal ehrlich: Wo liegen die Schangsen für ein selbständigen Herrenfrisör? Immer bloß andre Leute den Haarwuchs durchforsten, bis man eines Tages abnibbelt oder Jevatter Hein einen den Kamm auße Kitteltasche rauszieht, um mir mal dichterisch auszudrücken. Und da sage ich mir immer, dis kanns doch nich jewesen sind. Der Mensch muß mündestens 'n paar Fingerabdrücke auf diesen ollen Globus hinterlassen. Dürf ich Ihnen mal versuchsweise in meine diesbezügliche Jedankenwelt einweihen? Nee, Muttern, jetz will ick kein Kaffe! Deß einen die Frauen doch immer mitten aus die höheren Religionen rausreißen müssen! Tschuldigense, Herr Jeheimrat, wo waren wir stehenjeblieben?

Also, was issen dis innerliche Wesen von ein Frisörladen? Aber da kommense doch nich drauf. Haarschneiden, dis is mehr die Äußerlichkeit, wo die Kundschaft zu unsereinen hertreiben tut. Und dazu genügen sone Leute wie mein ehrenwerter Jehülfe, ich meine damit, Herr Kafforke wird seelisch ebent sein Lebtag nischt als wie ein Frisör bleiben. Bloß, nu tasten wir uns mal an den Pudel sein Kern ran. Der Kunde, zumündestens der mit 'n reichhaltiges Innenleben, kommt, weil er sich in mein Salong aussprechen kann, weil er hier dis Neueste aus die Welt von Jeist und Kunst erfahren tut. Und da krieg ich ja laufend Nachschub. Sehnse, son Mann wie Kellner Hauhechel ausm Fernsehcasino, der is mir mit seine Berichterstattung so wertvoll, deß ich ihm fürs Haarschneiden jar kein Geld abnehmen kann. Auf die Art erfahr ich schon eher als son Abteilungsleiter selber, wenn er abjesetzt wird. Da is zum Beispiel der – dis schlümme is bloß, deß ich mir keine Namen merken kann oder ihnen verwechsle –, aber jedenfalls soll der janz schön wackeln oder nächstens befördert werden, so janz jenau wußte es nämlich Hauhechel selber nich. Nehmse mal den Kopp 'n bißken runter.

Wissense, bis jetz is alles, was hier so im Laden jetratscht wird, nischt wie Zufall, und dis muß anders werden. In diese Beziehung bewege ich mir jetz auf eine janz jroße Linie zu und sage, mein Salong muß ein geistlich-kulturelles Zentrum von unse Hauptstadt werden. Hauhecheln schmeißense wegen seine Quatschigkeit sowieso eines Tages beis Fernsehn raus. Dabei hat der Mann vorn paar Jahren erst mühsam von Dramaturch auf Kellner umstudiert. Kalte Platten servieren lag ihm ebent mehr als Fernsehfülme. Aber ick halt den Mann ne Planstelle als zweiten Jehülfen offen, Haarschneiden brauch er jar nich, aber wenn mein Salong den richtigen Höhenwind kriegt, schafft Muttern dis Kaffekochen nich mehr.

Hab ick den Laden erst in Jriff, wird nämlich jeden Kunden jratis 'n Töppken Kaffe oder 'n Schnäpperken jereicht, damit er nich so schnell wieder jeht und jenug Neuigkeiten berichten kann. Dis kommt ja durch die höheren Trinkjelder wieder rein. Natürlich is der janze Einfall nich neu und leider nich mal von mir. Ick hab irgendwann mal gelesen, deß es vor über hundertfuffzig Jahre schon mal son berühmten Salong in Berlin jegeben hat, allerdings 'n Damensalong, trotzdem da auch Herren drin verkehren durften. Und der wurde jeleitet von eine jewisse Eva-Maria von Varnhagen und Enzian, und die janze hohe Welt von Jeist und Adel war sich dafür nich zu schade, und später hat ihr Oller sojar 'n Buch drüber jeschrieben, Merkwürdigkeiten oder so. Dis is ja denn später, wenn ick doch mal altershalber dichtmachen muß, auch noch drinne. Bloß momentan is mir dis alles noch 'n bißken zu mickrig. Nehmse zum Beispiel die Regieassistenten Schlinske und Fluppkat, beides jute Kunden von mir und ans selbe Theater. Sitzt Schlinske hier aufm Rasierstuhl, steckt Fluppkat den Kopp inne Ladentüre rin und sagt: Schlechte Luft, ick komm lieber morgen, Meister. Und umjekehrt, wenn ich Herrn Fluppkat bediene, müßtense mal hören, was der mir über Herrn Schlinske anvertraut. Und sone kleinliche Theaterintrigien wirds denn in mein Salong nich mehr geben. Denn dürfen die beiden zusammen hier sitzen und vor alle Leute in einen schöpferischen Meinungsstreit ausbrechen wie die Sänger aufe Wartburch, und zur Not steht Herr Kafforke mitm Blutstüller bereit.

Und überhaupt, die schöne Offenheit, die an unsere Theater herrscht, die muß mitten rein in mein neuformulierten Salong. Sehnse, der berühmte Kuriograf und Bühnentänzer Arturo Schwieger erfüllt sich nu endlich mal sein Jugendtraum und laßt als Schauspielreschissör die Puppen danzen. Und seine Olle mimt auch aufe Bühne mit, wie sich dis so in ein Familientheater jehört, soll ja nich bloß immer einer alleine die Piepen verdienen, wa? Aber dis Schöne is ebent, da kennense keine Vetternwirtschaft, und sowie die Olle dazwischenmeckert, gibt ihr Arturo Feuerwerk und ferzt ihr vor alle Leute an, sie soll endlich ihre dämliche Fresse halten. Und so was is nu mal herzerfrischend.

Ich sage immer, wir tun zuwenig für die Puplitzität von unse Schauspieler, und dabei hört man so kleine rührende Jeschichten. Probiert sich doch ein anderer Reschissör über 'n Jahr lang fast dusselich an ein Stücke von Schillern, so emsig ist der. Wie er nu denkt, endlich kann ich die Werktätigen mit Tell sein berühmten Appelschuß aufwarten, isses wieder nischt. Da wird doch den Tell, wo sich sonntags auf seine Datsche aufhält, in einen Anfall von Urwaldsehnsucht sein zahmer Affe ins Bein beißen, und schon is noch mal Essig mit die Priemjehre. Da soll sich der Reschissör so verjessen ham, deß er den Jötz von Berlichingen zitierte. Anne Seiten schräg oder grade? In die

Kunst isses lange nich so einfach wie bei dis ehrbare Handwerk, trotzdem es da jewisse Paralaxen gibt. Meister Entrich vonne PeJeHa Wellenreiter werdense doch kennen? Der laßt sich also scheiden und heiratet son jungen Feger, wo jrade mit Ach und Krach ihre Lehre bestanden hat. Soll ja alles menschlich sind, aber was meinense, was sich seitdem im Damensalong abspielt! Die Neue von Entrichen hat sone Schandschnauze, deß dauernd die Spiegel beschlagen. Die alte

Kraatzen, wo nun schon bald im Rentenalter is, hat sich neulich mal bei Muttern ausjeheult. Und dis is sone jute und beliebte Fachkraft, hat 'n paarmal den Bezirksmeister jemacht, und dis fuchst die Neue, deß sie nich selber die Nummer eins im Salong is. Nu stiftetse dauernd ihren Ollen an, deß er die Kraatzen dis Leben zur Hölle macht, und der blubbertse tatsächlich vor die janze Kundschaft an, als ob se ein dusseliges Lehrmeechen wäre, und von moderne Frisuren hättse keine Ahnung, und er weiß nich, ob se überhaupt noch tragbar wäre für die PeJeHa. Und die Kraatzen is sone jute Seele, deß se sich gejen diese Jemeinigkeiten jar nich wehren kann. Aber Muttern hat ihr jetröstet und jesagt, Agnes, machs wien Fülmstar und hau den Meister eine links und rechts, und zwar vor die janze Belegschaft. Aber dis hat Muttern verwechselt, dis mit die Backpfeife, die hat nich der Reschissör jekriegt, sondern ein Schauspieler von seine Kollegin, und dis war auch nich beim Fülm, dis war beis Theater und zwar auch bloß ne Probe. Jott, man findet sich da selber nich mehr durch. Wird höchste Zeit, deß ick mein Salong jeistig umstruktiere. Denn laß ick unter W. Kleinekorte die Aufschrift Haus der offenen Ohren aufe Schaufensterscheibe malen, oder findense besser: Haus der offenen Mäuler? Macht zweifuffzig.

Frisör Kleinekorte leistet Erste Hilfe

Nehmse Platz, Herr Jeheimrat! Was gibsn Neues aufm Bau? Wieder Nachtschicht gehabt? Jott, wissense, son oller Mann wie icke brauch ja im Frühling längst nich soville Schlaf als wie in Winter. Da bin ick immer schon janz früh raus auße Falle und kuck nach, ob der Schnittlauch auch schön spießen tut. Denn auf den kann ick ja mit Hülfe von fleißiges Jießen noch einen jewissen Einfluß drauf nehmen, ganz im Gejensatz zu Ihre Haare, wo nich mal mehr Birkenwasser den Statut quovadis zum Anhalten bringt. Vorbei is dahin und vom Winde verweht, was man nu von de letzten Wahlen wieder janz und jar nich sagen kann. An die Auswirkungen von meine Stimme werd ick wohl noch ne janze Weile zu knabbern ham. Sindse doch mal ehrlich: Da kann sich son Kandidate dreist vorstellen, und Sie denken, den Mann kennense schon jahrelang, und hinterher entpuppt sich der Mann wie son Schmetterling auf eine jrüne Wiese. Hastenichjesehn – gaukelt er mit flinke Flügelschläge auf und davon, und denn rennense mit ihre gichtige Beine hinterdrein und können nur noch ratlos mitten in dem blauen Frühjahrshimmel hinein blinzeln. Dabei frag ick mir schon wieder, ob es nich Quatsch is, deß ick an den Mann auch noch sone poetische Bülderhaftigkeit verschwende. Na, wenn Se nu noch nich jemerkt ham, deß ick von unsern stellvertretenden Kreisobermeister, den Herrn Abjeordneten Dams spreche, denn könnse in punkto Kommenalpulletick jar nich erst mitreden. Nehmse mal den Kopp 'n bißken runter!

Also Herr Dams tut sich jetz mächtig hervor, indem er die rollenden Frisiersalongs erfindet. Deß er dis machen will, hat er sojar schon vor die Wahl inne Berliner Zeitung ausjeplaudert. Bloß ick habs nich rechtzeitig jelesen, sonst hätt ick doch den Mann nie jewählt. Wissense, was der Dams sich leisten tut? Der fährt mit eine Kollegin und seinen janzen Kram mang die Kinderjärten und bedient die kleinen Jeister gleich an Ort und Stelle. Und obendrein isser dafür, daß diese Unternehmung noch ville mehr und sojar mang die Schule Schule machen soll. Nu kuckense doch nich gleich wie Herr Kafforke, wenn ick ihm über Pulletick zu belehren versuche. Ick sag ja kein Wort gejen sone rollenden Salongs. Aber der Mann hat doch nischt weiter jemacht, als wie ne uralte Idee von mir wechjeschappt. Ick wollt ja schon längst

mal mang die Kinderjärten fahren, und dis hat bloß an die Schwerfälligkeit von Herrn Kafforke jescheitert, denn bei den muß doch bloß der Rubel rollen, aber nich er selber. Außerdem kriegt er von die kleenen Mätze keine Trinkjelder, und ick selber kann doch nich wech, weil denn Herr Kafforke alleine im Laden is und die janze Innung blamiert. Von wegen neue Idee! Als junger Spund mußt ick ooch schon treppauf treppab langwetzen und die bessere Kundschaft rasieren, und von meine Wanderburschenzeit will ick man lieber jar nich erst anfangen, denn da sind wir zwar auch von Ort zu Ort, aber mehr so jetippelt. Von wejen jerollt! Höchstens mal die Frau Meisterin die Rolle drehn!

Nu bin ick ja Jott sei Dank selbst mit sone herbe Schicksalsschläge nich kleinzukriegen und denk mir höchstens mein Teil. Zum Beispiel is ja Herr Dams man bloß Stadtbezirksabjeordneter vom Prenzlauer Berg, wohingejen mein bester Freund Fritze Ladenthin was ville Höheres is, nämlich richtigjehender Stadtverordneter, und übern janzen Majistrat bestimmen dürf und zu diesen Zwecke ab und zu sojar ins Rote Rathaus, zumündest aber ins Alte Stadthaus oder so regieren tut. Und in diese Beziehung hat er hauptsächlich mit die Eingaben aus die Bevölkerung zu tun, und dis wissen leider schon vill zu ville Leute.

Nu is ja Fritze Ladenthin längst Rentner, aber glaubense man, der Mann arbeitet mehr als wie früher, wo er bloß Werkmeister war, weil er am liebsten alle Einjaben gleich selber verfolgt. Sehnse, und dis find ick jar nich richtig, denn schließlich soll sich doch, wenn ick mir nich irre, son Abjeordneter mehr so um die Kommenalpulletick kümmern, aber nich um Einjaben und son Krimskrams. Tschuldigense, dis mit den Krimskrams dürfense Fritze nich weitererzählen, da wird er gleich fuchsteufelswild. Neulich hat er mir nämlich erzählt, da war in irgendeinen Ort – mein Namensjedächtnis wird ooch immer klappriger –, also, da war son Bürjermeister, der hat auf die Einjaben in seine Jemeinde immer jeantwortet, die Leute sollen die Staatsmacht nich mit ihren janzen Krümelkeese belatschern, denn die meisten Sachen erledigen sich von selber. Nu hamse den ollen Schweden einfach nich wiederjewählt. Was soll der arme Kerrel nu machen? Etwa ne Einjabe, deß er doch jerne Bürgermeister sein möchte? Aber dazu wär ick mir in diesen Falle auch zu fein. Außerdem wär ick wohl als Bürjermeister schon ' bißken zu alt.

Wissense, was ick beinah jeworden wäre? Ratense mal! Abjeordneter! Die hätten mir bloß aufstellen müssen. Aber ick fürchte, Herr Kafforke hat mir mit seine Schandschnauze so inne Gejend rumgetratscht und überall erzählt, sein Scheff is 'n oller Quatschkopp, desse nu ebent doch lieber Meister Dams rausjebracht ham. Is ja ejal, wenigstens sind wir Frisöre überhaupt mal wieder dabei. Was nu mir betrefft, entschädige ick mir ja für diese Wahlniederlage auf meine janz indiwelle Art und Weise. Ick kenn ja nu meine Stammkundschaft, und den Rest vonne Straße lauert Muttern beis Einkaufen ab. Auf die Manier erfahren wir immer janz haarjenau, wer hier irjendwelche Nöte oder – wenn Se wollen – auch Proppleme hat. Und nu jeh ick jeden zweiten Abend in Blauen Affen, wo mir Albert Wuttke zu diesen Behufe sojar die Vereinszimmer reservieren tut. Und dis hat sich schon janz schön rumjesprochen. Erst mal fang ick janz harmlos mit ne Schkatrunde an, und denn quatschen wir wie janz von selber, wasses hier so inne Straße und so jibt. Denn wissen die Leute janz jenau, deß ick ja mit Fritze Ladenthin dicke befreundet bin und fragen mir, ob sich sone Einjabe lohnen würde. Denn hör ick mir alles in Ruhe an und sage meistensteils nein, weil dis nämlich alles bloß Lappalien sind und Fritzen bloß von seine Pulletick, wo er nu mal nich lassen kann, abhalten würden. Beispielsweise der Buddelplatz vorm Kinderjarten. Da kann ick doch Fritzen glatt zuvorkommen, indem ick neulich sage: Also, da bringt ihr ans Wochenende Spaten und Schippen und so mit, und so wahr, wie ick hier stehe, Sonntagnachmittag war dis alles erledigt, und wir konnten sojar noch 'n Bier im Blauen Affen trinken. Und jenauso wars mit die Schneebeseitigung. Wenn ick man ooch nich mehr selber so wurackern kann – als Spiritusdirektor steh ick noch lange meinen Mann. Wir sind ja schon son richtiger dufter Jeheimclub von olle Zausels im Blauen Affen und sagen uns immer – janz im jeheimen –, selbst ist der Mann. Aber hängenses bloß nich bei Fritze Ladenthin anne große Glocke. Der grinst sowieso schon immer so komisch, wenn er mir sieht, und der soll nich grinsen der soll sich jefälligst auf den wirklich pullitischen Einjaben beschränken, denn dafür ham wir ihm ja jewählt.

Is man bloß schade, deß Herr Kafforke wieder aus der Reihe hat mußten danzen. Jeht doch der Kerrel mit ne Einjabe zu Fritzen, deß ick in die letzten Jahre nie 'n Betriebsausflug mit ihm orjanisiert habe. Man jut, deß ick mir so jut mit Fritzen verstehe. Der hat die Einjabe nämlich jar nich erst an Staatsrat weiterjeleitet, sondern is janz auf die Jutnachbarliche direkt bei mir jekommen. Und denn laß ick natürlich mit mir reden und bin kein Unmensch. Also kurz und jrün: Wenn der Lenz uns nu würklich jrüßen laßt, denn wascht es mir ja nu kein Mairegen mehr ab. Aber dis werd ick Ihnen denn haarklein erzählen. Macht zwofuffzig.

Frisör Kleinekorte und die Wodkaflasche

Nehmse Platz, Herr Jeheimrat! Was gibsn Neus aufm Bau? Wieder Nachtschicht gehabt? Was kuckense denn immerfort nach der Fitrine? Also, wenn Se in die Annahme begriffen sind, da fehlt was, denn kennse mein Laden beinah schon jenausojut als wie icke. Aber nu machense mal 'n Punkt! Dokter Dralles Birkenhaarwasser hat da nie und nimmer jestanden, ick bin direkt beleidigt über ihre schlechten Ortskenntnisse. Na, Mann, da war doch jahrelang die historische Wodkapulle ausjestellt. Sagense bloß, die Jeschichte hab ick Sie bisher von vornenthalten? Dabei hab ick sojar schon Herrn Kafforke erwischt, wie er die janz dummdreist anne Kundschaft weiterposaunt. Und dabei hat der Mann – unter uns gesagt – überhaupt keinen Sinn für dis dramatische Element.

Nee, also die Flasche – womit ich jetz keineswegs Herrn Kafforke meine – is eine wichtige Requisite mittenmang Vater Kleinkorte seine autobibliografischen Memoralien und hat immer mehr so an die schlümmen Zeiten von fümmenvierzig erinnert. Da hattense mir doch noch kurzfristig in Volkssturm mobiljemacht. In letzter Minute sollten wir ollen Zausels und Hinkebeine mit Jagdflinten und Küchenmessern den Russen taktvoll darauf hinweisen, deß er wenigstens noch 'n kleines Stücke vons Jroßdeutsche Reich zu erobern verjeßt. Aber ick war ja schon damals ein Fuchs und sagte mir: Willem, wenn du jetzt ins Gras beißen tust, wirst du später nicht mehr im Palast der Republik Kaffe trinken können.

Wie ick nu klammheimlich übern Hof mein Anwesen wieder erreiche und mir jrade ausmale, deß ick mir mit 'n weißen Lappen man doch lieber als offene Stadt erkläre, kluckt doch ausjerechnet Ortsjruppenleiter Stieselack in mein Laden und sagt, der is vons deutsche Volk beschlagnahmt. Er wartet bloß noch, deß die SS 'n Befehlsstand draus macht. Wird ja auch höchste Zeit, sag ick, der Russe is nämlich schon aufe Prenzlauer Prommenade. Nehmse mal den Kopp 'n bißken runter! Nee, ick mein jetz Ihnen, wegen die Haare. Auf diesen Bescheid wird mir doch Stieselack ne Panzerfaust in der zitternden Hand drücken, meinen Kittel und dazu noch meinen juten Feluhrhut vom Haken ruppen und kallewitt ab übern Hof – Verstärkung holen. Bei die Jelegenheit isser gleich bis über die Elbe jewetzt. Denn hat es erst einmal jerumst, und da kam irgend son Koffer von die Panzers durch die Schallesie jerauscht, wenigstens 'n Jranatsplitter wars bestimmt, und zerwichste meinen schönen Spiegel, so was kriegense heute jar nich mehr, und ick kam mir vor wie sechzehn vor Werdöng und steckte erfahrungsgemäß gleich die Rübe untern Frisiertisch. Deshalb hab ick auch jar nich mitjekriegt, wie Muttern 'n frischen Kittel an Besen jeknüppert und sich mit unsern Laden ville eher erjeben hat als wie der Jeneralfeldmarschall Keitel mit seinen.

Wie es denn noch mal jebummert hat, war dis schon der kleine Iwan, so einer mit janz kurze blonde Stoppelhaare. Dis hat mir mächtig irretiert, weil ick immer dachte, blond sind bloß die Jermanen und höchstens noch die Schweden. Und dabei vergaß ick, deß ick mir immer noch krampfhaft an die Panzerfaust festhielt. Sie brauchen jar nich so dusselig grinsen, Herr Kafforke, sonst plaudre ick mal aus, deß sie heutzutage sojar noch vor Jewitter Schiß haben. Nachm ersten Schreck hab ick mir als juterzogener Mensch bekannt jemacht und mir vorjestellt, Sie wissen doch: Jefreiter Kleinekorte, im Felde unbesiegt. Mann, war der Junge albern und hat bloß dauernd über mir jelacht, aber dis waren wohl damals mehr so die Nerven. Jedenfalls hab ick völlig ehrenvoll kapituliert und durfte sojar meine Rasiermesser behalten, wohingejen se Fleischer Meuseln sein jroßes Hackebeil vorsichtshalber doch wechjenommen hatten. Unser kleiner Iwan is noch 'n paarmal bei uns jekommen und hat uns Speck und Wurscht aus Fleischer Meuseln seine heimliche Hamsterkammer jebracht und sich mächtig mit mir jestritten, dauernd über die verfluchte Pulletick. Aber ick hab ihm Bescheid jestochen und jesagt, wenn der Deutsche sich immer so aus die Pulletick rausjehalten hätte wie ick, denn hätts überhaupt keinen Kriech jegeben. Eines Tages fuhr er denn wieder nach Hause bei seine Kleine nach Odessa, und zum Abschied hat er mir die Wodkapulle jeschenkt und jesagt, die dürf ick erst aufmachen, wenn ick anfange, selber 'n bißken pullitisch zu denken. Jott, dis war nich mehr der erste Wodka, denn immer wenn die Offiziere kein deutsches Jeld hatten, hamse mir fürs Haareschneiden mit 'n kleines Fläschken honneriert, bloß die hab ick meistens aufn Schwarzen Markt für Fressalien verscherbelt. Aber die eine einzige Pulle, die blieb eisern stehen, erstens als Erinnerung und außerdem, weil ick auch mein Stolz habe und fürn Schluck Wodka noch lange nich auf Pulletick umschwenken würde.

Also nich, deß ick was gejen den russischen Menschen und seine

jroße russische Seele hätte! 'n bißken unheimlich warense mir ja inne erste Zeit immer noch, schon weil se ihren ollen Machorka lose inne Manteltasche hatten und ihre Papirossi aus Zeitungspapier drehten, bloß damit sojar der Rauch noch nach Pulletick schmeckt. Aber wie denn dis Alexander-Ankzambel nach Berlin kam und außer ihre eigenen schwermütigen Weisen janz und jar unpullitisch Röslein auf der Heiden anstimmte, merkte ick natürlich sofort, deß der Russe ein richtigjehendes Herz für die inneren Werte sowie Jesangeskunst hat...

Ne Weile hatt ick ja noch lange dran zu knabbern, weil se unse Ottchen in sein Kriegsjefangenenlager hintern Ural jänzlich negativ beeinflußt hatten. Die und kein andrer hat ihm doch den Floh mit dis Studieren ins Ohr jesetzt. Ohne den Russen hätte der heute längst sein Frisörmeister jemacht, und ick könnt mir endlich zur Ruhe setzen. Aber als Schemiedokter in Buna hat ers ja auch janz nett. Dauernd reist der Bengel inne Weltjeschichte rum und hält Vorträge vor die Wissenschaft, diese Woche sojar wieder in Moskau. Sprecht jetz auch noch fließend auf Russisch, und dabei hat er inne Pantinenschule in Deutsch immer ne Vier jehabt. Ach so, die Pulle. Die hab ick neulich in ein schwachen Moment doch aufjemacht, wie mir die Stammkunden für umsonst den Laden renoviert ham, aber deshalb bin ick noch kein Stücke pullitischer jeworden. Und deshalb hab ick Otton die leere Pulle mit nach Moskau mitjegeben, da soll er mir wieder echten russischen Wodka reinfüllen lassen, und denn kommtse wieder in der Fitrine. Herr Kafforke sagt ja, ick hätt einfach ins HO ne neue kaufen sollen, aber sindse da sicher, ob der da haarjenauso russisch is wie der direkt aus Moskau? Und wer heimlich inne Dienstzeit Pfefferminzlikör trinkt wie ein jewisser Jehülfe, der hat ebent keinen Sinn für historische Weltereignisse. Macht zweifuffzig.

Frisör Kleinekorte im Banne der Philosophie

Nehmse Platz, Herr Jeheimrat! Was gibsn Neues aufm Bau? Wieder Nachtschicht gehabt? Jott wissense, dis Baugeschäft treibt ja in unse Stadt die schönsten Blüten, und ich hab es den Staat schon längst verziehen, desser mir so allmählich die traulichen Ecken aus meine Jugendzeit mit seine Neubauten verbubanzt hat. Nehmse zum Beispiel den berühmten Salong vom jroßen Haby, Hoffrisör Seiner Kaiserlichen Majestät. Einfach wegjerissen fürs Lindenhotel, und die letzten alten Ziegel vom Winde verweht. Sieht ja soweit alles janz manierlich mit die Neubauten aus, jedenfalls von außen, haltense doch mal den Deez stülle, sonst verschnüpple ich Ihnen, aber trotzdem isses bei uns selbständige Herrenfrisöre anders als bei die Bauarbeiter. Stell ich mir jedenfalls janz schlümm vor, wenn bei uns alle neeselang 'n Kunde anjepeest käme und zu mir sagen würde: Meister, Ihr Herr Kafforke hat mir Treppen jeschnitten! Und denn müßt ick Herrn Kafforken seine Schluderarbeit für umsonst ausbügeln. Oder der schneidt Sie die Kotletten erst links zu kurz, denn nimmt er rechts 'n Stücke weg, ooch wieder zu ville, denn wieder links, rechts, links, rechts, da könnense sich vorstellen, wie Sie als Kunde mit ne kahle Geije nach Hause gehn.

Insowiefern bin ick doch janz froh über die kleinen Berufsunterschiede, ick meine, was die bauen, steht mündestens für die Ewigkeit. Was unsereins vermurkst, is in vierzehn Tage wieder nachjewachsen. Dis is überhaupt dis Schöne an dis janze Dienstleistungsjewerbe, also beispielsweise wir Frisöre oder die Post und Schemische Reinigung. Der Ärger is meistenteils von kurzer Dauer, mal verfliegt er, und mal steigt er wieder mächtig auf wie der Vogel Felix aus seinem Aschkasten. Nehmse mal den Kopp 'n bißken runter! Apropoß Post, nee, ick stottere nich.

Die Witwe Obermeier aus Nummer fürzehn hat jetz 'n neuen Untermieter, ein jewisser Hugendubel, der kommt auch immer nachm Blauen Affen sein Bierchen trinken, ein stüller, feiner Mensch und arbeitet aufs Bahnpostamt, fertigt die Pakete ab und sortiert die Packwagen oder umjekehrt. Nu wär ja an einen vonne Post an sich noch nischt Besonderes, hinten 'n bißken kürzer, wa? Aber Hugendubel is außerdem jelernter Füllosof, dis heißt, er hat darauf mal richtigjehend studiert, bloß nich zu Ende, denn meinte er nämlich, die Herren Professoren machen da ville zu ville Theorie draus, und darum hat er bei der Post anjefangen. Da kann er janz praktisch arbeiten, sagt er, und als Füllosof wird man bei de Post immer besser. Nur beis Fernmeldewesen würd er selbst fürn Hunderter mehr nich hinjehn, weil dis nich seine füllosofische Richtung is. Er ist nämlich von zu Hause aus mehr so für den elektrischen Matrijalismus, wohingejen, sagt er, mang die janzen Wähl- und Telefoniersüsteme, weil er doch dauernd Stimmen hört, bloß nich die richtigen. Kotletten schräg oder grade?

Aber um wieder auf Hugendubeln zu kommen, der lernt mir jetz son bißken wissenschaftliche Füllosofie. Sehnse, man denkt doch immer, wenn man denkt, denn kann man schon denken. Nehmse zum Beipsiel Herrn Kafforke, der denkt jarnich oder höchstens, wie er schnell nach Hause kommen kann, damit er seinen Kurzi auf Kanal siehm nich verpaßt. Dis richtige Denken muß jenauso jelernt sein wie Haarschneiden oder aufs Bahnpostamt durch bloße Schnuppern rauskriegen, welche Sorte Westkaffe in die Pakete drin is. Und Hugendubel meint, beis Denken dürf der Mensch sich nich auf ein höheres Wesen verlassen, nich mal auf sein Abteilungsleiter, denn was issen, wenn der jrade mal nich denkt? Nehmwa Birke oder mit Schwefel?

Ich sage ja auch immer, der Mensch denkt, und der liebe Jott hätte sich beis Lenken schon mündestens vier Stempel jeholt. Wenn nu Hugendubel anfangt, ins Detalch zu jehn, denn wirds ja komplessiert. Beispielsweise Bewußtsein, da gibs mehrere Arten von, denn jeder Mensch is nu mal verschieden. Ick hatte meins beispielsweise mal völlig verloren, wie mir sechzehn son französischer Jranatsplitter umjewichst hatte. Als ick wieder zu mir kam, hatt ick 'n völlig neues Bewußtsein, nämlich, daß Kriech ziemliche Scheiße is. Aber heutzutage brauchense ja ein noch ville neueres Bewußtsein, also mehr so pullitisch, und da hab ick immer jedacht, dis bestimmen die vonne

Partei. Aber nu hat mir Hugendubel beijebracht, daß dis Sein dis Bewußtsein bestimmt. Also nich sein Sein, also Hugendubeln sein Sein mein Bewußtsein, sondern umjekehrt, um mir mal verständlich auszudrücken: Wenn also Ihr Kopp Ihnen ihr Sein is und die Haarwässer die verschiedenen Bewußtseine, denn bestimme ick, welches Haarwasser, Moment mal, dis haut ja ooch nich hin. Also mal anders rum, wenn einer bei de Post sich nach ne Sauftour auspennt, statt die Eilbriefe auszutragen, dann hat er zwar ein Sein, nämlich sein seins, aber Bewußtsein hat er jar keins. Dis hat nu wieder einer, wo zuerst an die andern Leute ihr Sein denkt und sich beispielsweise mit Neuerervorschläge macht wie Hugendubel. Und so einer hat nu wieder disselbe

Sein wie die andern, aber ein höherjelegenes Bewußtsein. Manche Leute haben auch ein Bewußtsein, und davon redense andauernd, aber ihr Sein so mütten im Alltag is mehr so Schein, und daraus entwickelt sich, könnt ick mir vorstellen, dis Bewußtschein. Aber darüber muß ick erst noch nachdenken. Dis is nämlich jenauso ne füllosofische Frage wie die, warum dis Telefon überhaupt noch fungsionieren tut. Scharf nachwaschen? Erzählte mir neulich 'n Stammkunde – wattense mal, ick mach bloß die Türe zu, Muttern brauch nich alles hören –, also, da hat ne junge Dame, die bisher so in die traditionsreiche Gejend vom Bahnhof Friedrichstraße, also die hat jetzt Telefon und wenn einer anklingelt, und sie is grade besetzt, denn flötetse diskret in der Muschel: Keine Nummer unter diesem Anschluß.

Macht zweifuffzig!

Frisör Kleinekorte
und das zwölfköpfige Damoklesschwert

Nehmse Platz, Herr Jeheimrat! Was gibsn Neues aufm Bau? Wieder Nachtschicht jehabt? Sindse man froh, desse mir überhaupt noch in meinen Laden antreffen. Nee, nich jesundheitshalber – in diese Beziehung hab ick ne eiserne Instituzjohn. Wat heißt hier, ick seh schlecht aus? Dis hat janz jesunde Ursachen. Grinsense nich so albern, Herr Kafforke, sonst denkt der Kunde noch, Sie machen sich über Ihren Scheff lustig. Wissense, ick hab mein Jehülfen anjewiesen, ab und zu ein verbindliches Lächeln aufzusetzen. Aber üben soll er jefälligst, wenn keiner im Laden is! Dis war nämlich janz schlimm, was der Mann in letzter Zeit die Kundschaft mit seine miesepetrigen Züge ins Jesicht belästigt hat. Andrerseits muß mans ja als Mensch zu Mensch verstehn, wie einen zumute is, wenn man nach all die Jahre hier ausn Laden raus soll. Jing mir jenauso, bloß ick freß ebent mein Kummer in mir rein und mime mehr so auf den lachenden Bajatzo. Nehmse mal den Kopp 'n bißken runter! Denn erzähl ick Ihnen, auf was für ne infamigte Art man mir zur Strecke bringen wollte, bloß weil ick immer noch selbständig bin. Also, Doktor Zielke hier über mir war die Fünfzimmerwohnung langsam zu jraulig, wo doch nu die Kinder alle ausm Haus sind. Da hat er sich mit seine Frau auf dis Häuschen inne Berge verzogen und den Stadtbezirk die Wohnung zur Verfügung jestellt. Und da oben aufs Rathaus muß mir wohl jemand nich jrün sein, weil ick aufe letzte Wahlversammlung über unsern Jemüsekonsum jeschumpen hab. Sehnse, und prompt kam der rächende Bummerang in Jestalt von ein zwölfköpfiges Damuckelschwert anjeflattert, um mir mal klassisch auszudrücken. Aber nu will ick kein Unmensch sein wie heutzutage die Berliner Theater, da kommse doch, hab ick jehört, bloß noch als halbnackichte Jriechen an und sagen Jedichte auf, damit die Leute nich gleich merken, wat jemeint is. Also, da bin ick eher auf altdeutsche Art jradezu. Sehnse, ick könnt ja ooch sagen, den ollen

Zeus sind Stücker 'n Dutzend kleene Halbjötter außen Helm jeflitzt und ham sich auf mein Ollümp breitjemacht. Sag ick aber nich, denn in Wirklichkeit handelt sichs man bloß um die Familie Börnicke, wo se in Doktor Zielkens Wohnung einjewiesen ham, und die ham jenau zehn Kinder ham die. Zuckense nich so, sonst verschnipple ick Ihnen. Wat meinense, wie unser janzet Haus zusammenjezuckt hat, wie son Jötterbote, ick meine Fleischer Meusel die Kunde jebracht und obendrein vor Schadenfreude jelacht hat wie der Herr Fuchs in Märchenwald! Dis war man schon 'n kleines Erdbeben, weil es so was in die letzten sechzig Jahre hier noch nie jegeben hat, jedenfalls nich ins Vorderhaus. Die Kinderreichen, so wie Köppens oder Jüttners, die wohnten nämlich früher nur nach hintenraus und waren immer arme Leute.

Sehnse, damit jing es bei Börnickes schon los. Ick sage zu Muttern, so war reist bestimmt mit 'n Leiterwagen an. Aber Muttern war nich so sicher, und wie die Leute kamen, stand dis janze Haus hinter de Jardinen, und ick sagte noch, haltet die Fenster zu, damit die Federn aus die ollen zerschlissenen Betten nich so inne Wohnungen fliegen. Von wegen! Wie se die beeden Möbelwagen ausjeladen hatten, sagt Frau Klapproth zu Muttern, dis jeht nich mit rechte Dinge zu. Entweder sindse ins Lotto rausgekommen, oder der Kerl is 'n Interschoppschieber. Zwei Fernseher, einen für sich und einen für den Aufenthaltsraum der Kinder, müssense sich mal vorstellen – schon sone wissenschaftlichen Ausdrücke! Und pikobello Möbel, dis is ja dis schlimme, deß dich die jungen Leute bei uns alle paar Jahre auf neu renovieren müssen. Nu fragt man sich natürlich, wovon, und wie se bei uns kloppten, ob wir sie 'n Handfeger borgen – ihren hatte Klapproths Dackel konfessiert und war mit losjesaust –, da werd ick doch in meine dezente Art fragen, was der Börnicke so macht und ob er vielleicht jelernter Kinderjärtner is. Nee, sagte er, er is man bloß Schlosser, was mir schon etwas milder stimmte, wo man ja selber weiß, wie schwer mans als Handwerker heute hat. Aber Börnicke is nich mal selbständig, sondern volkseigen. Hab ick sojar Verständnis für, denn mit zehn Jören hätten se ihm sowieso über kurz oder lang verstaatlicht. Hinten 'n bißken kürzer, wa? Und nu hamse außerdem vom Staat jewisse Vorteile, weil sich der Staat sagt, die Zehne kosten ville weniger wie unsere Fußballelf, und womöglich kommt bei Börnicke eines Tages mehr bei raus.

Ja, sehnse, nu stand es natürlich für mir felsenfest, aus unsern Laden jehn wir raus und suchen uns 'n neuen. Is doch klar, wenn einen zwei Dutzend Beene Tag und Nacht aufm Kopp rumtrampeln, denn kriegense Beulen aufm Jeist, und unser feines Haus, wo inne zwanziger

Jahre sojar 'n Marjarinejrossist inne Belleetaasche jewohnt hat, die Herrlichkeit mit die Kokosläufer aufe Treppe und so is sowieso vorbei. Muttern meinte aber, wir sollten erst mal abwarten. Und denn isse raufjemacht und wollt die Leute unsere alte Jardine schenken, damit mans vonne Straße nich gleich sieht, daß nu hier die Kinderreichen wohnen. Aber wie se Frau Börnickes Dederongstohrs jesehn hat, hatse sich 'n bißken scheniert, ooch wegen die zwölf Paar Hausschuhe, wo wie de Soldaten aufm Korridor jestanden haben. Da schwante mir schon Schlimmes, Muttern, sag ick, die Leute sind raffeniert, die wollen uns allesamt aufs Kreuz legen. Und so kam es denn auch. Tagsüber, ick bin bald verrückt jeworden, konnt mir kaum noch aufn einfachen Haarschnitt konzentriern, so hab ick jehorcht. Nischt! War die erste Zeit 'n jutes Jeschäft für mir. Was meinense, wie ville Kunden von die PeJeHa zu mir überwechselten, bloß weil se hören wollten, wie mir die Kinderreichen drangsalieren. Nischt! Ick kam mir richtigjehend blamiert vor und dachte, wenn se sich doch een eenziget Mal richtig kloppen würden. Nischt! Dis schlimmste war der Feierabend. Da saß ick janz verängstigt inne Küche und sagte immer zu Muttern, paß uff, gleich muß es losjehn. Nischt! Dis war richtig unheimlich, wie se einen mit ihre Lautlosigkeit seelisch kleinjemacht ham. Jut, mal bläkte 'n Kind, ooch ihre jroße Stereotruhe wummerte ab und zu 'n bißken. Aber sonst: Nischt! Muttern hat schon über mir jegrinst, und wie se mein Zustand nich mehr mitansehn konnte, hat se mir dis Jeheimnis der Stille entlüftet: Die Kinder, sagtse, Vater, die sind besser erzogen wie unsere zwee Bengels damals, da darf jar nischt einreißen, da nimmt einer aufn andern Rücksicht. Wie ick wissen wollte, wie se zu diese kühne Hüppothenuse kommt, meint se, weil se schon 'n paarmal bei der Börnicke Kaffe jetrunken und für die Pullover von die Kleenen Maß jenommen hat, wo se die Familie stricken helfen will. Na, ick hab mir zurückjehalten, denn Börnicke hat ja ooch schon dis Treppenjeländer und die Flurbeleuchtung in Ordnung jebracht und mein Heißwasserdingsda repariert – bis jestern waren mir die Leute einfach zu unheimlich. Juten Tag und juten Weg, dacht ick. Aber jestern nachmittag war er dran und sagte, er bittet um Verständnis, seine beiden Ältesten jeben 'ne Partie, und es könnte etwas laut werden. Aber wenns zu sehr stört, sagt er, kommse mit Ihre Frau einfach rauf und feiern mit.

Na, nu kam ick endlich mal auf meine Kosten. Nu warense Jott sei Dank ma zu hören, am lautesten der Frank Schöbel und El Konto passee und so. Gejen zehne hab icks vor Neujier nich mehr ausjehalten, hab mir Muttern jegriffen und Treppe rauf. Und dis war mein Unheil. Ick weiß bloß noch, daß ick mir mit Alfongs, also Börnicken, duze und versprochen habe, seine janze Jungs die Haare jratis zu schneiden. Aber Muttern hat mir heute morgen bloß anjefaucht. Ick wäre der einzige, der sich wien Pachulke benommen und immerzu rumgegrölt hätte, Argonnerwald um Mitternacht und so. Und ick könnt von Glück sagen, daß die Leute son Zartjefühl hätten. Was sojar stimmt. Muttern hat mir vor Wut keen Frühstück jemacht, und wenn mir Jitti, also Frau Börnicke, nich 'n Topp Kaffe und 'n Rollmops jebracht hätte, denn wär ick schon einjegangen.

Macht zweifuffzig.

Frisör Kleinekorte reformiert die Kriminalität

Nehmse Platz, Herr Jeheimrat! Was gibsn Neues aufm Bau? Wieder Nachtschicht gehabt? Quatsch, dis sind doch keine Zebrastreifen, also Sie können sich jar nich vorstellen, aber jeder Kunde frägt mir, warum ich meine Schaufensterscheibe so verunstaltet habe. Dabei handelt es sich in diesen Falle mehr so um eine Jestaltung, und zwar um eine erzieherische. Aber is ja kein Wunder, desses keiner aufm ersten Blick bejreift. Wär ich ein Theater statt 'n solider Herrensalong, denn würd ich Muttern neben die Ladenkasse setzen und ihr Programmhefte verkaufen lassen. Aber statt dessen muß ich mir dis Maul fußlig reden, damit jeder kapiert, was ich meine.

Also diese senkrechten Streifen aufs Glas, ick hab Herrn Kafforke gleich jesagt, er soll sich beis Pinseln eine Latte bedienen, damits keine Rosinuskurven werden, also diese senkrecht jemeinten Streifen bedeuten ein Jitter. Wackelnse nich so mitm Kopp, sonst verschnipple ick mir! Und dis is ne Spezialmaßnahme von wegen die Krimmenaletät, welche bei uns inne Gejend die rosigsten Blüten treibt, warum ick ihr nu auf meiner Art bekämpfen tue, denn alleine schafft es unse Pulleßei jar nich. Nu is neulich schon ein Schlaukopp jekommen und meinte, ich will mit diese Bemalung ein einbruchsicheres Jitter wie Jubelier Kronauge stimmulieren, aber der Kunde hatte jar nich kapiert, deß man die Krimmenaletät nur mit Erziehung und, wenn dis nischt helft, mit Züchologie beikommt. Sehnse, um mein klein Laden jehts doch jar nich, da könnt ick einfach die Schallesie runterlassen. Man muß ebent ville mehr an der Alljemeinheit denken. Darum tu ick mein Jeschäft die janze Nacht erleuchten, und wenn denn nachts son paar Raudis vorbeikommen und Autos knacken oder Leute hauen wollen, denn sehnse bei mir dis Jitter und besinnen sich sofort, wo se denn landen werden. Und auf diese Methode hab ick bestimmt so manchen Korpus delikati im Keim verhindert, um mir mal juristisch auszudrücken.

Ick hab mir neulich mal mit Hauptwachtmeister Knoll vons Revier unterhalten, und der äußerte janz unverblümt, desses jar nich so sehr mein Jahrgang is, was ihnen die Koppschmerzen bereitet, sondern mehr so bestimmte junge Spunde ausm Wohnjebiet. Darum war er zu mir auch noch janz friedlich und sagte, ick soll nich janz so laut O du schöner Westerwald singen, wenn ick nachts ausm Blauen Affen nach Hause komme. Und meine Trillerpfeife hat er stillschweigend einjezogen, wie es inne Amtssprache heißt. Die hatt ick nämlich meinerseits von son zwölfjährigen Lausebengel einjezogen, der immer vor mein Laden jetrillert hat. Und was diese Einzieherei betrefft, bin ich mal ausnahmsweise nich mit die Staatsmacht einverstanden, denn ick wollt ja damit bloß trillern, wenn ick verdächtige Jestalten sehe, und von weiten, so als Süllolette gejen mein Schaufenster, is mir ebent Hauptwachmeister Knoll verdächtig vorjekommen. Nehmse mal den Kopp 'n bißken runter!

Sehnse, ick kann mir doch nachts kein Knüppel mitnehmen, nachher fällt einen mal son Strolch an, und man haut in seine Raasche zu hart zurück, und denn is man selber noch der Dumme. Jrade an den Abend hatten wa im Blauen Affen mächtig über die Jugendkrimmenalität diskutiert, war auch mal janz intressant, einen Vertreter von die junge Schenneratzjohn zu Worte kommen zu lassen. Aber nach die dritte Lage hab ick Fleischer Meuseln jeraten, sein Kleenen doch lieber nach Hause zu schicken. Der is ja für seine fuffzehn schon janz schön helle und meinte janz trocken, von sone Bartkratzermumie wie mir läßt er sich keine Vorschriften machen. Aber Vater Meusel hat ihm rasch noch ne Schachtel Milde Sorte spendiert, bloß damit er jeht. Nee, Herr Kafforke is heute zu Hause, den hab ick nämlich ein Lesebuch für Jiu Jitschi gekauft, man weiß ja nich, ob nich doch mal son jetarnter Raudi hier im Laden auftaucht. Zuerst hat Herr Kafforke nachmittags direkt im Salong jeübt, aber seit den einen Kunden beinahe dis Waschbecken aufe Zehen jelandet is, jeb ick Herrn Kafforken lieber ein Nachmittag frei zus Üben.

Aber um wieder auf Meuseln sein Jüngsten drauf zurückzukommen, da hats ja der Vater auch nich leicht. Brauchense ja nich weitererzählen, aber neulich mußte Meusel wegen den Bengel sojar zur Pulleßei hin. Die hatten ihm nämlich erwischt, wie er mit zwei Freunde von sich 'n Rückspiegel von ein fremdes Motorrad abschrauben wollte. Ging ja noch jut mit ne strenge Ermahnung, und sein Papa hat er jesagt, klauen wollt er nich, bloß mal borgen für sein eigenes Moped. Zum Klauen hat er auch jar kein Jrund, weil es ihm sein Oller hinten und vorne reinsteckt. Aber stellnse sich mal vor, Sie schenken Ihren Jungen son Moped zur Jugendweihe, und jeben ihm denn bloß zwanzig Mark Taschenjeld, dis reicht nich mal für Bier und Zijaretten. Und denn wundern sich die Herren Eltern, wenn die Lümmels krumme Touren machen, um sich Benzinjeld zu verschaffen!

Ick bin heilfroh, daß meine zweie schon lange aus Haus sind, denn

als heutiger Vater befindense sich doch andauernd zwischen Schiller und Kalypso und wissen nich, an welchen Felsenhügel Ihr Erziehungskahn strandet. Lassense die Jugend allen Willen, denn jehts Ihnen wie – nee, ick machs lieber wie die Berliner Zeitung und nenne keine vollen Namen –, also wie Zahnarzt St. Der hat seinen Jroßen immer spendabel behandelt. Wenn der mit seine Mitschüler ne Partie feiern wollte, sagte Stippekohl, selbstverständlich bei uns za Hause, da hab ich euch wenigstens unter Kontrolle, und denn jabs nur Sekt, weil Bier ja bloß Bauarbeiter und Herrenfrisöre trinken und der Filius sowieso was Besseres werden sollte. Bloß nu klappts damit nich so janz, denn fürn Jahr hamse ihm erst mal nach Torgau verfrachten und ihm ne Schippe inne Hand jedrückt, wie ick vermute, eine mitm besonders langen Stiel, damit er nich so dichte anne Arbeit rankommt. Die Stippekohlen is natürlich fix und fertig, nich so sehr wegen den Jungen, vor allem, weil nu alle Leute über sie reden, beinah noch mehr als wie damals, wo sie im Selbstbedienungsladen mit die Flasche Konjack erwischt worden is.

Hinten 'n bißken kürzer, wa? Tja, da waren die Bengels in Mahlsdorf in eine Laube einjebrochen, ham sich zwei flotte Nächte mit son paar Miezen jemacht und hinterher die Bude in Brand jestochen, um die Spuren zu verwischen. Der dumme Bub, hat die Stippekohlen jejammert, hätt er doch alles zu Hause haben können. Aber da sagt er ihr im Anjesicht der hohen Jerichtsbarkeit: Bei euch za Hause war dis mir zu scheißvornehm, ick wollt mir lieber mal selber verwürklichen. Die Kotletten machen wa wieder schräg, wa?

Nu könnse natürlich auch in die andre Extremität zurückverfallen, nämlich so, wie dis in meine Jugend war. Een Muckser von mir, und Vatern schnallte sich den Hosenriemen ab. Inne Schule: ein Jesangbuchvers nich jelernt, gleich ließ uns der Pauker den heiligen Jeist übern Arsch tanzen. Und inne Lehre jabs oft mehr Dresche als zu fressen. Bloß nu erzählnse mal so was heute ein Jugendlichen. Hüten werd ick mir. Wenn ick Pech habe, isses jrade ein Jurastudent, der nächstens selber Richter wird. Nich mal vons bloße Äußerliche könnse heute noch auf dis Inwendige von ein Menschen drauf schließen. Früher haben die Janoven an Alex wenigstens noch Ringerhemden und Schiebermützen und Augenklappen jetragen. Sehnse, und so was würd ick heute zwangsweise wieder einführen. Stell ick mir beinah noch würkungsvoller als wie Kittchen auf Bewährung vor. Also, Bauleiter Dingsda, Sie wissen schon, wen ick meine, nich den mit die Einbauküchen, nee, den mit den Waggon Zement – meinense, den würdense in son Aufzug noch ins Ermelerhaus oder in 37. Stock vons Stadt Berlin seine Jelder verjubeln lassen? Macht zweifuffzig.

Frisör Kleinekorte entdeckt das Mittelalter

Ei, nehmt nur Platz, gnädiger Herr Ritter! Was für ne neue Kunde tut man vermelden von Eure Burg? Wieder mal dis Nachtjespenst kichern jehört? Wollet es einem schlichten Bader jar nimmer verargen, wenn er 'n bißken auf altdeutsch rumquasselt, staunse, wa? Nee, dis is keene neue Masche, jedenfalls nich von mir, und so richtig hab ich ihr sowieso noch nich drauf. Ich geb mir aber tüchtig Mühe und hab sojar die ollen Ritterromane von Julius Wolff und so von Hängeboden runterjekramt. Dis muß derselbe Julius Wolff sind, der später die berühmte Schuppenpomade erfunden hat, wos jetz leider bloß noch im Westen gibt.

Sehnse, ick hab mir zu alle Zeiten jesagt, man muß mitte Zeit mitjehn, aber zu bestümmte Zeiten, wo ick jar nich mehr so gerne dran denken tu, wars ja denn höchste Zeit, deß mit die großen Zeiten Sense war. Da mußte man denn mächtig wetzen, um sich vor den jroßen Zeitgeist schleunigst noch zu retten. Und wie ick fümmenvierzig mit meine Plattbeene beim Volkssturm wegjerannt bin, hab ick jewissermaßen 'n persönlichen Weltrekord aufjestellt. Später hab ich mir mächtig abjestrampelt, damit ich den Anschluß an der neuen Zeit nich verliere. Und da kam ick mir ofte jenug wie bei son Steherrennen vor: Vornewech die donnernde Maschine von unser Staatswesen, und hinterher icke als kleiner Herrenfrisör mit mein Vorkriechsdrahtesel. Nehmse mal den Kopp 'n bißken runter!

Sehnse, nu komm ich bei meine bülderreiche Ausdrucksartundweise leider mehr so in sportliche Jefülde, und damit is man bei jewisse Kunden heutzutage jar nich mehr ab Diät, wie der Brite sprecht. Darum bin ick im Moment dabei, mir versuchsweise in die Nußdrascheewelle, oder wie dis Zeuch heißt, einzuleben. So richtig schmeckt mir dis jar nich, aber es gibt Kunden, mit die könnse über nischt andres mehr reden. Also: Nußdraschee, dis is so ähnlich, als ob Se ihre Uhrzeiger dauernd rückwärtsnuddeln, bloß damit es wieder wie zu Jroßvaters Zeiten is, und denn wundernse sich eines Tages, wenn der Wecker nich mehr klingelt. Muttern meint ja, dis is nischt andres als ne dusselige Modeverrücktigkeit.

Nu befaß ich mir ja bekanntlich mit Pulletick jrundsätzlich nich, zumündestens nich mit ausjesprochen pullitische Pulletick. In diese Beziehung les ick bloß die Zeitung, wegen die andere Hälfte Kunden, mit die man auch mal was anderes zu bereden hat, wie beispielsweise dis Weltjeschehn als Janzes, und sone Kunden ham komischerweise jar kein Sinn für Nußdraschee. Mein Freund, Fritze Ladenthin, den Abjeordneten mein ick, der sagt, dis is nischt wie Firlefanz ausm Westen, womit se da die Leute vonne Probleme weglocken wollen. Aber nu bin ick ausnahmsweise doch mal pullitisch jeworden und hab ihm mit sein eigenen elektrischen Matrijalismus auf der Matte jestreckt: Kick mal, Fritze, sag ick, die da drübm ham ja momentan so dicke Sorgen, deß ihnen die allerschönste Nußdraschee nich mehr jucken kann, nämlich den Ärger mit dis Erdöl. Wenn einer 'n kalten Arsch hat, weil dis Heizöl villeicht bald bloß noch drippelt, denn hat er jar keinen Sinn mehr für Petroleumlampen und so. Aber weil se bei uns den Ärger nich haben, können sich bei uns manche Leute jetrost die Sehnsucht nach Opas Zeiten leisten, vor allen, wenn se ihnen nich mehr eigenhändig kennenjelernt ham so wie icke. Anne Seiten schräg oder grade?

Da kenn ick welche, die ham bloß noch olles Jerümpel in ihre Komforzwohnungen und mußten aus Platzgründen sogar ihre Einbaumöbel zerhacken. Nehmse zum Beispiel den großen Mimen Krause-Zernackel, der in Fülm und Fernsehn meistenteils so kühne Helden und Arbeiterführer von früher macht, der müßte doch eigentlich von früher die Schnauze jestrichen voll haben, aber ins Gegenteil, der kriegt dis Maul jar nich voll von sone Antiketäten. Danach isser hinterher wie der Deibel hinter de armen Seelen, und ick glaube, mit die würd er sich auch noch sein Rockockokohseckertär mit jarnieren, wenns arme Seelen mit altes Blattjold belegt zu kaufen geben würde. Und wissense, was der neulich zu mir sagte? Dis wär ne dauerhafte Wertanlage für schlechte Zeiten. Da muß ick wohl son bißken antik jekickt ham, der Mann fing richtig an zu stottern. Also, mit die schlechte Zeiten meint er nich jesellschaftsmäßig, sondern ein Schauspieler kann ja mal in eine Krise reintreten, aber fünf Minuten später war er schon wieder raus aus seine Krise und schümpte wien Rohrspatz, weil ick ihm anne Seiten so mülletärisch jeschnippelt hatte. Tschuldigense, sag ick, ick habs jut jemeint und wollt Sie ein Joldene-Zwanziger-Luck verpassen.

Nu bin ick Krause-Zernackeln als Kunden los, aber dis wurde auch högste Zeit, denn der Mann hatte Herrn Kafforke schon zweimal heimlich jefragt, ob er nich lieber als Battler zu ihm kommen will. Wartense mal, ick geh gleich mitm Blutstiller rüber.

Mein Jehülfe und Battler! Wenn – denn hätte dis allenfalls mir zujestanden, weil ick zur Not noch die Manieren von ein Grangsenjohr habe, aber nich bei ein Krause-Zernackel, den eitlen Fatzken. Da müßte schon son echter englischer Lord ausm Montagsfülm kommen, sehnse, und wenn Se sich die meisten Montagsfülme und noch Schwabes Rumpelkammer ankieken, da soll sich man der Westen jar nich so dicketun, denn da bin ick mir jar nich so sicher, ob wir nich mit die Nußdraschee angefangen ham. Und wenn Se so die Annongsenseiten in unse Zeitungen lesen, denn hamse manchmal den Eindruck, deß die DDR so langsam wieder ein Volk von Sammler und Jäger wird. Da machense Jagd auf Zinnhumpen, auf Rejulatoren, schweinische Postkarten, olle Eiseröfen und womöglich noch die Schlüpper vonne Königin Luise. Und in manche Illustrierte wird die Leute noch Ratschläge jegehm, wie se ihre vier Wände am schnellsten in ein Wohnungsmuseum verwandeln können.

Und nu überlege ick dauernd, wie man rückwärts und trotzdem mit die Zeit geht. Aber da bin ich ja ein Fuchs und merke janz jenau, ville weiter als so Stücker fümfhundert Jahre kommt der beste Sammler nich nach hinten. Und dadrum werd ick die Bande alle übertrumpfen, indem ich mir mehr so in der alten Ritterzeit, also ins turmhohe Mittelalter zurückschangele.

Wenn mal im Laden Flaute is, denn muß Herr Kafforke seine Mandoline umhängen, und wir üben beide den höfischen Minnajesang: »Rosemarei, Rosemarei, schon sieben Jahre ich nach dir schrei, aber niemals kommste vorbei zu ein kleines Tandaradei!«

Nee, Herr Kafforke is nich momentan, der spitzt jrade im Keller ne Bohnenstange als Lanze an, denn will ick ihm noch ne Jas-Trockenhaube von 1890 – ne Leihjabe aus Frisörmuseum – überstülpen, und denn laß ick ihm von zwei bis drei als mein Schüldknappen vorm Laden Wache schieben. Leider konnt ick Muttern nich dazu bringen, sich mit ihren Brautschleier und ne spitze Karnevalsmütze aufm Balkong zu stellen und Herrn Kafforke gar holdselig herbeizuwinken wie die Olle aus Schüllern sein Handschuh. Was meinense, was wir für Zulauf

hätten! Aber Muttern sagt, Nußdraschee is nischt wien üblet Jeschäfte, und insofern sind Herr Kafforke und meine Wenigkeit die letzten Ritter vom Friedrichshain, und wenn dis keine Furore macht, probier icks nächstens als Hermann der Etrusker und stell sämtliche Jummibäume und Fleischerpalmen als Teutoburger Wald ins Schaufenster. Scharf nachwaschen? Macht zween Gulden, Pardon, ick meine zweifuffzig.

Frisör Kleinekorte und die Selbstbedienung

Nehmse Platz, Herr Jeheimrat! Was gibsn Neues aufm Bau? Wieder Nachtschicht gehabt? Am besten, Sie stehn gleich wieder auf und jehn zwei Schritte nach links. Da hängen die frischen Kittel, bindense sich gleich einen um, und hinterher stellense sich den Stuhl in die gewünschte Weise ein. Kamm und Schere sehnse vor sich liegen, und denn fangense gleich an. Quatsch, ick leide nich an Rheuma, ick mach bloß auf modern und stuckeriere mein Laden auf Selbstbedienung um. Na, nu lassense man schon, an einen alten Stammkunden soll man sich nich mit Experimente vergreifen, sonst geht es Ihnen noch so wie neulich mein Sohn, den Schemiedokter. Wenn er seine ollen Eltern in Berlin besucht, denn laßt er sich meistens was Besonderes einfallen. Diesmal wollte er mit uns nachs Ermelerhaus piekfein essen fahren. Nehmse mal den Kopp 'n bißken runter!

Unterwegs fallt ihm ein, desser nich mehr jenuch Benzin in sein Wartburch drinne hat. Also ran anne Tankstelle inne Prenzlauer. Aber da is nu auch schon Selbstbedienung. Ick versteh ja nu jar nischt davon. Unse Ottchen hat nu mächtig an den Schlauch mit die Zappenpistole rumjezuppelt, bis da endlich wat rauskam, und denn lief es so schnell und über sein juten Anzug, deß ick rasch meine Zijarre ausgemacht habe – da hätte ja dis jrößte Unglück passieren können. Zum Schluß hat er sich noch mit die Hände den Schweiß vons Jesicht jewischt, und der Schlauch muß woll zimmlich dreckig jewesen sind. Jedenfalls hamse ins Ermelerhaus jesagt, Leute mit Berufskleidung dürfense nich reinlassen. Zuerst wollt ick 'n Mordskrach schlagen, aber Muttern meinte, dis is hier wirklich 'n jutes Restorang, nich sone Selbstbedienungsfresse, wo der Dreck und Speck von die letzten Jäste noch auf die Spree-à-la-carte-Platte kleben tut, und unsern Bengel war sowieso die Laune versaut.

Anne Seiten nehm ick 'n bißken raus, wa?

Da sind wir ebent nach Hause jefahren, und Muttern hat uns Stullen jemacht und selbsteinjelegten Brathering dazu. In diese Beziehung is Muttern noch janz von die alte Schule, nich etwa, deß jeder selber an Kühlschrank jehn dürf – Muttern macht jeden sein Abendbrotteller eijenhändig zurechte. Die Selbstbedienung, meintse, verdirbt alle juten Sitten, und im Jrunde hat der Kunde fürs selbe Jeld die janze Arbeit alleine, auch wenn se die Leute dis Gejenteil einreden wollen. Wie Otton und icke ihr grade noch von die Fortschritte von unsern Handel und Wandel überzeugen wollen, kloppts draußen. Steht Fritze Ladenthin da und murmelt völlig verstört, se ham ihm die neue Schrankwand jeliefert. Wat denn, sag ick, du freust dir woll jar nich? Jeliefert, meint er, aber nich aufjebaut. Die Männer konnten man jrade noch im Wechrennen dis Trinkjeld auffangen und Fritzen zurufen, mach dir man ne frohe Bastelstunde, Opa! Wackelnse doch nich so mitten Kopp, nee, ick meine Ihnen, Herr Jeheimrat!

Oder glauben Sie etwa, der Möbelkunde hätte nich auch sein Recht auf Selbstbedienung? Und bedient waren wir würklich nach drei Stunden, wie wir Fritzens Schrankwand noch immer nich zusammenjefummelt hatten. Da paßte nämlich nur jeder zweite Stecknüppel, und die Schrauben waren entweder zu lang oder zu kurz. Fritze wollte schon die Axt ausm Keller holen, aber ich bin ihm jrade noch in Arm jefallen und hab jesagt, wenn er Feuerholz braucht, soll er man lieber in Wald fahren. Da hat der Förster bestimmt 'n paar hundertjährige deutsche Eichen zur Selbstbedienung stehn lassen. Denn zahlt der Bürger Eintritt, kriegt 'n kleines Hackebeilchen inne Hand jedrückt und dürf nach Herzenslust losdreschen.

Aber bei Ladenthin isses noch gutjegangen. Ick hab an andern Tag Herrn Dabberkau zu ihm hinjeschickt, der is jetzt bei de Post, weil er als Tischler nich jenuch verdient hat. Bei de Post verdient er zwar auch nich ville, aber er schont seine Kräfte und kann nach Feierabend die Leute noch Regale bauen oder ihnen die Schrankwände richtigmachen. Die Nüppel mußte er alle von Hand nachdrechseln, mit Trinkjeld kostete dis fuffzig Mark – ohne Essen und Trinken, aber dafür hat er intressant erzählt. Die Selbstbedienungspostämter sollen ein sagenhafter Erfolg sein, da sparense nich bloß die Postanjestellten, da sparense sojar die Postkundschaft ein, weil se damit die meisten Leute dis schöne alte Posterlebnis völlig verekelt ham. Und in die Außenbezürke isses noch ville schöner. Da kriegense kein Päckchen mehr, sondern bloß noch 'n Schlüssel mit ne Nummer. Und denn könnense abends im Dustern mitte Taschenlampe lossocken und Jeheimdetektiv spielen, bis Se endlich rausjekriegt haben, in welche Boxe der jute Osterhase vonne Post die Eier verstochen hat. Ich sage zu Dabberkau, ihr macht euch die Arbeit noch ville zu komplessiert. Am besten, ihr stellt auf den jroßen Parkplatz vorm Ostbahnhof lauter Busse hin, wo nach Leipzig, Rostock oder Pankow fahren, und denn kann jeder seine

Briefe oder Pakete gleich selber an die richtige Adresse bringen. Dis ham wir auch schon erwogen, meint er, aber es scheitert an die Auslandssendungen. Wenn einer nach Moskau oder nach Neu-Dehli schreibt, denn hat sein Betrieb zuville Ausfallstunden. Tschuldigense, dis is bloß 'n Kratzer, ick jeh gleich mitten Blutstüller rüber.

Unter uns gesagt, dis is jar kein Argument, da brauchense bloß die Maschinen inne Betriebe unterdessen auf Selbstbedienung laufen lassen, aber so weit isses woll noch nich mit die Automaten. Wissense, es wird ja immer dienstliche Leistungen geben, wo ebent nich wie ne Maschine funksjonieren, oder können Sie sich vorstellen, daß eines Tages inne Kaufhalle ein Roboter anne Kasse sitzt und fragt: Hamse nich zwei Mark siebenunddreißig passend? Und denn noch zehn Minuten ohne heißzulaufen wartet, bis son olles Muttchen die Fennige aus ihr Portmonneh jekratzt hat. Wenn ick Automaten höre, kommt mir sowieso die Jalle hoch. Fahr ick mitte S-Bahn. Alle Schalter zu. Alle Automaten kaputt. Bis auf einen, und in den muß ick 'n Fuffziger reinstecken statt zwanzig Fennige – oder schwarzfahren, aber dis hab ick mein Leben lang noch nich jemacht. Aber soll ick nu die Reichsbahn dreißig Fennige schenken? Nee, also was mach ick? Statt drei Stationen fahr ick sechse und wieder zurück bis Zentralviehhof, aber wen seine Zeit kostet die Selbstbedienung? Den Kunden seine.

Und dis grassiert immer mehr um sich. Herr Kafforke kriegt neulich 'n Rappel und will als ältere Jugend auch mal einen flottmachen. Ich sage noch warnend, hütense sich vor die heutige Tanzmusik, Sie brauchen nich etwa denken, die Musiker hängen die Instrumente samt Klavier irjendwohin, und denn kann jeder, wem der Radau nich paßt, sich selber seinen Walzer oder Tango spielen. Quatsch, sagt er, ick jeh doch in Clärchens Ballhaus, da isses noch richtig mit Jespräche und so. Andern Tags kommt er völlig zerknittert in Laden. Da war nämlich auch schon Selbstbedienung, aber bloß für die Weiber, nämlich verkehrter Ball.

Wenn icks mir so richtig überlege, is die Idee doch nich so verkehrt, mir mit mein Herrensalong an den Zug der Zeit ranzukoppeln. Ick lege alles hin, was zus Haareschneiden jehört. Herr Kafforke setz ich anne

Kasse, weil er sowieso ’n bißken langsam is. Die Trinkjelder kommen in eine Extra-Zahlboxe, und ick laß mir Industriefernsehn legen. Denn kann ich in Ruhe inne jute Stube auf Soffa sitzen, ’n Töppken Kaffe trinken und auf mein Manitou beobachten, wie sich der Kunde in Laden lauter Treppen schneidet. Macht zweifuffzig. Und bei Selbstbedienung jenausoville, denn die Post und der Minol machens ja auch nich billiger!

Frisör Kleinekorte im Zeichen des Wassermanns

Nehmse Platz, Herr Jeheimrat! Was gibsn Neues aufm Bau? Wieder Nachtschicht gehabt? Diesmal frag ick jeden Kunden gleich vornewech! Nehmse ne Koppwäsche, oder nehmse keine? Also, jut, aber haltense mir nich für kleinlich, bloß ick mache zur Zeit mehr so in die wissenschaftliche Planung von Prozesse. Herr Kafforke, kuckense nich wien Auto! Für Ihnen is dis natürlich viel zu hoch, bedienense jefälligst Ihren Kunden und verschnippelnse ihm nich die Kotletten, sonst komm ick mir wieder vor wie dis Wohnungskombinat, indem deß ick alle Murksereien nacharbeiten muß, und hinterher drippt et trotzdem noch durch die Decke durch, reschpektive der Kunde sieht aus wie son jeruppter Broiler. Tschuldigense die Abschweifung, Herr Jeheimrat, aber zwischendurch muß man ja immerhin mal son bißken leiten, sonst rutscht einen der Betrieb zwischen die Beine mang wech.

Nehmse mal den Kopp 'n bißken runter. Wissense, der Staat als solcher is mir ja in diese Beziehung ne Nasenlänge voraus, indem er sich den Schampanjenbetrieb so ziemlich abjewöhnen will und seit diesem Jutachtenparteitag von Honeckern jetz mehr so in Richtung konfitürliche Arbeit marschiert, dis heißt in meine Auslegung: Kinder, überschlagt euch nich, wir wissen, wat wir wert sind, und nu lassen wa uns von jar keen ins Bockshorn jagen und machen erst mal in Seelenruhe unsere Arbeit. Na jut, für die Jroßbetriebe mag ja da wat dran sind, aber unsereiner is nu mal in diese Beziehung etwas konservativ, und die janze Wasserkiste regt mir nu mal maßlos auf. Wissense, dis Schönste an unsern Beruf is nu mal der Spiejel, denn in denselben seh ick janz jenau, deß Sie jar nischt kapiert ham. Aber da sag ick nur ein Wort: Wasser!

Dis is ein züchologischer Trick von mir. Frag ick nämlich jeden Stammkunden: Woran denkense bei dis Wort Wasser? Sagt mir beispielsweise ein ehemaliger Minister – der Mann kommt aus reine Anhänglichkeit zu mir, seit er damals noch 'n kleiner Mann in den Schulbücherverlag Wissen is Macht war –, also, der sagt mir auf meine Testikelfrage: Ick denk an Venedig und die Jondollijehre und an meine jroßen Aufjaben als Botschafter da unten, aber dis nur nebenbei. Denn war da neulich ein anderer Prommenenter bei mir, der schwärmt mächtig für Jorkin, und der soll früher sojar mal selber Herrenfrisör jewesen sind, aber ick jeb ja nischt auf Jerede, und der dachte sofort an seine berühmte Inschenierung Wasser Schellesnoffa – janz im Gejensatz zu Fleischer Meuseln, dem nischt anderes einfiel als der Montagsfülm mit Hans Albers: Wasser für Kannitverstan, aber der Mann is sowieso kunstmäßig jesehn ein Parnause und soll sich man lieber darum kümmern, deß er in sein Kaßler nich so ville Salzwasser reinspritzt.

Wenn ich mir dagejen mal echt über der Kunst selbstverständigen will, greif ich viel lieber auf Hauhecheln zurück, Sie wissen doch, den Kellner vons Adlershofer Fernsehn. Jott, der Mann hat doch von Natur aus schon ne janz andre Beziehung zus feuchte Element. Er bedient nämlich in die Adlershofer Wanne, so nennense da dis dortige Kneipenetablissemang, was ja wiederum kein Wunder is, denn da soll ja mancher schon baden jegangen sein. Hauhechel meinte nu janz arglos, deß noch ville zu ville Wasser mang unsre Fernsehdramatik is. Zuerst kam ick jar nich dahinter und dachte, der redet nur von Kluck um Punkt achte hintern Strom. Jott, wer nimmt dis schon wörtlich, aber in Warnemünde bin ick schon selber jewesen, sozusagen leibhaftig, wie man in Fernsehkreisen spricht, aber da fahr ick nich wieder hin, weil ich im Gejensatz zu andere Leute die janze Umweltverschmutzung noch ernst nehme.

Sindse doch mal ehrlich, kenn Sie ein Menschen, wo sich nich abzappeln tut, inne Hochsäsong anne Küste zu fahren? Nehmse beispielsweise Warnemünde. Da schmieren sich 'n paar dausend Leute von oben bis unten mit Sonnenöl ein, und denn schreinse, die Meere rufen, und stürzen sich mitten in die Wogen, und schon hamse die reinste Ölpest, als ob son Tanker ausjeloofen is. Weil ick nu nich an die Verjiftung von die kleinen Wasserpiepmätze schuld sein will, fahr ick bloß noch ins Jebürge.

Nu könnse natürlich fragen, wieso ick plötzlich so auf Wasser mache. Da könnt ick Sie von vornehinein dialektisch zu Boden diskutieren und sagen, ich bin mitten ins Zeichen vom Wassermann reinjeboren, aber an Ihr wissenschaftliches Grinsen merk ich schon, Sie nehmen sone uralte Lehre wie die Astrolojie jar nich für ernst, also red ick lieber janz offen. Vorigte Woche kam hier ein Laufkunde vorbei, und der war von Berufs wegen Wasserbewirtschafter und sah schon janz alt aus. Der Mann zuckte janz schmerzlich zusammen, wenn ick bloß den Wasserhahn aufdrehte. Sie, seitdem weiß ick Bescheid und erinnere mir sojar an mein Rillijohnsunterricht: Duster wars, und nur den Herrn sein Jeist schwebte über den Wassern oder so ähnlich. Dabei brauchte der Herr noch jar nich so sauer auf seine Schöpfung kicken, denn die Industrie hatte er ja nich mitjeschöpft.

Sehnse, und in dis Jespräch mit diesen Experten is mir erst mal klarjeworden, was dis Wasser überhaupt für 'n Schatz is. Die jroßen Dichter waren da schon so ziemlich aufm laufenden. Schon von Joethe übte mit sein Zauberlehrling harte Kritik an die Wasserverjeudung, obwohl der bei all sein Schenie noch jar nicht ahnen konnte, wie jewisse Industriebetriebe eines Tages unsre Telsperren versoßen würde. Ick meine, die Leute, wo sich wochenends in die Gejend vonne Schoppau tummeln, dis sind ja nich alles Rheumakranke, wo ein Moorbad jebrauchen können. Ick laß die Haare mal heute trocken, denn da spar ick schon wieder 'n halben Liter. Früher hat mal der Kaiser jesagt, unsere Zukunft liegt auf dem Wasser, aber wie er denn nach Holland rüberjemacht is, hat er doch den Landweg bevorzugt. Daran sehnse wieder, daß es den Menschen nischt einbringt, wenn er sich mit dis feuchte Element anlegt. Nehmse zum Beispiel Lortzings berühmte Oper Undine. Jott, da meint es sone kleene Quellnümpfe so jut mit den Ritter, aber der will partuh nich auf ihren Onkel Kühlungsborn hören, und darum jeht er nachher ebent Wasser saufen.

Wissense, seit ich den Wert des Wassers entdeckt habe, komm ick mir ja wien Rufer inne Wüste vor, wo dermaleinst auch sprudelnde Wildbäche von die Atlasfelsen runterjesprudelt sein sollen, bevor den blöden Hannibal seine Elefanten alles leerjesoffen ham. Aber ick für mein Teil jeh mitm Beispiel vornewech und bade höchstens noch alle vierzehn Tage und jräm mir mächtig, wenn ick sehe, wie mit dis kostbare Naß rumgeaast wird. Sollnse mal ruhig so weitermachen, denn wird die Menschheit eines Tages ihr täglich Brot in Form von staubiges Mehl mitm Löffel zu sich nehmen, und wenn Sie mal was Menschliches passiert, gibs bloß noch ne Staubwolke!

Aber nu soll man ja rechtzeitig an morgen denken. Deshalb knoble

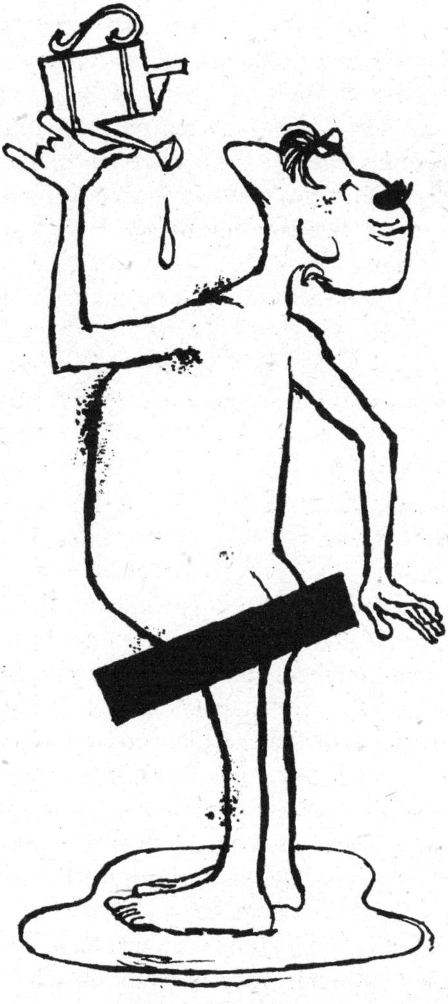

ick zur Zeit an eine Einjabe an unsern Oberbürjermeister. Der soll nämlich mal versuchsweise die Spree, solange es ihr noch jeben tut, auf kleine Kanäle ins Stadtzentrum verteilen. Wenn nämlich rund um den Alex bloß noch Segelboote verkehren, is gleichzeitig dis janze Verkehrsproblem jelöst, und der Großstadtmensch lebt wieder ruhiger. Scharf nachwaschen? Aber bloß noch mit reinen Alkohol, denn dis Wasser is mir zu schade. Macht dreifuffzig.

Frisör Kleinekorte und die Bummerlohs

Nehmse Platz, Herr Jeheimrat! Was gibsn Neues aufm Bau? Wieder Nachtschicht gehabt? Jott, man wird doch noch fragen dürfen, ohne deß dis jeder heutzutage verkehrtrum auffaßt. Wie ick son junger Spund wie Sie war, da bin ick nich jrade 'n Kostverächter jewesen. Und dabei hats noch nich sone jroßzügige Jesetze zum Schutz des Mannes jegeben wie heute. Können Sie sich jar nich mehr vorstellen, wie man da Tag und Nacht in dreierlei Angst jelebt hat, erstens vor die Pulletick und zweitens wegen die Existenz und drittens wegen die Alimente. Und was is heute, da kuckt man doch furchtlos in der nahen Zukunft wie auch fernerhin, was mir betrefft ja sowieso. Aber wenn ick an son Frühjahrsabend vor mir hinstimuliere, aufn Hof hört man die lauen Säfte so richtig in die olle Linde reinsteigen, und der kleene Starmatz findet auch noch keine Ruhe auf sein Wipfel – wissense, denn denk ick wie son Revolutzjonär mangs Fernsehn: Willem, du bist zu früh jeboren. Nehmse mal den Kopp 'n bißken runter!

Wenn ick nämlich 'n Ende jünger wär, denn könnt ick mir als kleiner Jewerbetreibender so mit volle Lungen zwischen den duftenden Busen der jütigen Mutter Natur erholen und hätte auch mein eigenen Bummerloh aufs Seejrundstück. Aber nu jehts mir wie mein ehemaligen großen Namensvetter. Der war ja auch bei die Verteilung der Kollenien zu kurz jekommen, hat er jesagt und anschließend dafür jesorgt, deß ick mein Steckschuß abkriegte. Und mit ne Farm in Kamerun, wo er mir versprochen hatte, wars Essig. Konnt ick mir jrade noch ne murklige Laube in die Schreberkollenie Feierabend leisten. Da war man auch anne frische Luft und hatte nach fümmenvürzig wenigstens sein Kohlrabi und seine Karnickel. Sehnse, und nu kommt der elektrische Matrijalismus daherjeschritten und wird mir doch, vorn paar Jahren isses auch schon her, erklären: Dis Laubenjelände wird jebraucht für neue Hochhäuser und so. Nu hat ick damals schon mein

Reißen und hab jar nich erst ville Sperenzchen jemacht. Was wollnse denn auch dagegen sagen, wenn einen die Natzjonale Front dis einen so schön erklärt: Die jroße Fläche wird jetz bloß von ein paar Dutzend Bohnenzüchter und so jenützt, und statt dessen sollen da mal 'n paar dausend Mann mit Kind und Kegel sowie Fernheizung wohnen. Nee, würklich, nich desse denken, ick hab was gejen unser schönes, neues Berlin. Dis is doch so richtigjehend wie der Vogel Felix ausm Aschkasten wieder aufjestiegen. Und wie der nu so hochjemacht is zu die lichten Höhen, tschuldigense, ick komm nu mal von mein alligatorisches Sümmbild so schnell nich wieder los, da sind gleich noch ne janze Masse Felixe mitlosjeflattert, gleich bis an Stadtrand und ... nu sperrnse nich Maul und Nase auf, Herr Kafforke, ick red gleich wieder

deutsch. Also eigentlich hamwa zwei Stadtzentrummer, eins ins Stadtzentrum direkt und dis andre mehr so anne Petrifehrie. Nu könnt ick natürlich noch deutlicher werden und sagen, da ins Randjebiet is dis janze Baumaterijal wieder auferstanden, was beis Zentrum ofte jefehlt hat. Oder was denken Sie, auf welche Art Fleischer Meusel, Maurer Klapproth, aber ick will jar keine Namen nennen, wie die sich ihre Bummerlohs am See ham hinklotzen lassen? Wackelnse doch nich so mitn Kopp, Sie als schlichter Naherholer wie Sie und ich, wir ham ja ein reines Jewissen.

Jott, andrerseits isses natürlich was Feines, son Stücke Jrün ganz für sich und dadrauf son schmuckes Häuseken. Irgendwo steckt dis nu mal in den Deutschen drin, weil wir schon in jraue Vorzeit nie son Hirten- und Reitervolk waren wie andre Natzjonen. Wie sprecht denn schon der jroße von Joethe: Mann, son Gewimmel möcht ich sehn, auf eignem Grund und Boden stehn! Also, der hätte doch seine helle Freude, wenn der mal sonntags 'n Stück raus aus Berlin und sich am Schwiebelsee umsehn würde. Wie ick noch jung war, konntense da mit Ihre Kleene vor Einsamkeit dis Jraulen kriegen. Und heute steht da Bummerloh an Bummerloh, einer immer noch schöner wie der andre – und so jeschickt in der Uferlandschaft hineinjefügt, deß nich ein einziger Anlieger mehr durch jrölende Wanderburschen jestört wird, wenn er aufe Natursteinterrasse sein Mittagsschläfchen hält. Kotletten wieder schräg, wa?

Ick hab mir letzten Sonntag mit eigne Augen konnten überzeugen. Wuttke junior, der jetzt den Blauen Affen von sein Pappa übernommen hat, war so anständig, Muttern und mir mal mit rauszunehmen. Sie, aber da is nischt mehr mit Hühner oder jrüne Bohnen, nur Tulpen und Rosen von drüben. Und nich halb soville Komfort wie in seine Wohnung, der Fernseher ne Nummer kleiner, 'n janz einfacher Holzkohlegrill und 'n Kamin, der is mehr so englisch und nennt sich deshalb Feierzeit. Aber glaubense man, son Mensch hat auch seine Sorgen. Dis Nebenjrundstück is noch unbebaut, und da würden mündestens drei Massivbummerlohs samt Schwimmingpaul hinpassen, soll auch jenug Anwärter jeben.

Aber nun hamse da beim Rat des Kreises 'n janz Scharfen, der gibt die Leute einfach keine Baujenehmigung. Und Wuttke hat ihnen schon jeraten, sich auf dis neue Jesetz zu berufen. Da verlangt doch der Staat, des jetz noch ville mehr Bummerlohs, sojar für Sommer und Winter gleichzeitig jebaut werden sollen. Aber der vom Kreis legt dis nu so aus, deß dis meistenteils bloß für kinderreiche Arbeiter jüldet. Und nu frag ick Sie, soll ick beispielsweise mein Laden dichtemachen, mir mitte Schüppe bein Straßenbau melden und obendrein Muttern noch vier kleene Nachkömmlinge zumuten, bloß damit se mir 'n Einfamilienhaus bauen lassen? Und dreist, wenn ick diese Strapazen auf mir nehme, jehts mir nachher wie Wuttke, der nu beinahe sein janzes Jeld umsonst reinjesteckt hat. Wissense, was auf dis Nachbargrundstücke hinkommt? Ein Pionierferienlager. Könnense sich ja vorstellen, was den Mann von seine üdüllische Sonntagsruhe noch bleibt.

Nu hat er erstmal ne Einjabe jemacht, er wäre ja als HO-Jaststättenleiter immerhin auch 'n verantwortlicher Staatsfungsjonär. Aber ick glaube nicht, desser damit durchkommt. Dis heißt, Robert Köppen meint nee, und dis wäre auch janz in Ordnung. Nu stell ich ihm die Fangfrage: Zu Bummerloh kann man doch auch Datsche sagen, und dis is nämlich russisch, und nu will ick erst mal wissen, was du als Partei noch dagejen hast? Meint Robert: Erstens is Rußland ville jrößer, da fallen die paar Datschen längst nich so auf wie an unsere verstoppten Seenufer. Und außerdem hat er nich mal was gejen Datschen, wenn se Bummerloh heißen. Bloß dürfense die Alljemeinheit nich den Blick auf Wasserfläche und die Besitzer nich den Blick aufe Zukunft verbauen. Klingt jut, wa?

Bloß in Wuttkes Falle stimmt dis janz und jar nich. Der weiß janz jenau, was er nächstet Jahr will: nämlich ein noch jrößeren Schwimmingpaul als wie unser Fensterputzer Puppe hinter sein Bummerloh. Unter uns jesagt, 'n bißkchen revolutzjonär fühl ick mir doch noch: Seit Sonntag geb ich im Blauen Affen kein Pfennig Trinkgeld mehr.

Frisör Kleinekortes Kuckloch zur Ewigkeit

Nehmse Platz, Herr Jeheimrat! Was gibsn Neues aufm Bau? Wieder Nachtschicht jehabt? Ja, ja, nachts muß es sein, wenn Jütlands Sterne strahlen, laßt von Joethe seinen traurigen Prinzen von Dänemark sprechen. Wissense, mir is schon den janzen Morgen über so melanklöterich aufe Seele, und dagejen helft nich mal 'n doppelter Boonekamp. Draußen in Werder blühn die Bäume, und in mein leiset Jemüt blüht ein Hauch von die Verjänglichkeit allen Fleisches. Villeicht kommt dis bloß daher, weil Muttern jestern den Jullasch hat anbrennen lassen. Sehnse, wenn man soville Jahrzehnte wie ich diese Profossion ausjeübt hat, denn steht man am Ende jewissermaßen auf den Duzfuß mit Freund Hein und auch den dusteren Fährmann Karo, wie der Grieche sprecht. Haltense mal den Kopp 'n bißken grade!

Beide schwingen wir ein Schneidwerkzeug, ick die Schere und er die Sense. Bloß, bei meine Kunden wachst es nach, und bei seine Kunden blühn nur noch die Pelarjonien aufen Hügel. Sie brauchen jar nich so grinsen, Herr Kafforke, oder denkense, Sie sind unsterblich? Als Kind hab ick in Rillijohnsunterricht noch die schöne Strophe mußten lernen: Tod, wo is dein Stachel nun? Aber seit vorigten Montag weiß ick nich bloß, wo er is, sondern sojar, wie der Stachel heißen tut. Könnense jeden erzählen, mit er sich rechtzeitig auf sein selig Ende einstellt und sich bei Lebzeiten noch die Platze ärgert. Der Stachel heißt nämlich TRANSVITA und is dis Beerdigungsinschtitut inne Schornheimer Straße. Aber dazu muß ick ausholen wie der mit die Sense, wie er unsern ollen Meister Grundgeyer heim in dis Schattenreich jesenst hat. Vorne 'n bißken kürzer, wa?

Grundgeyer war nu schon anne neunzig, aber immer noch 'n kregles Kerlchen. Sein Laden hat er schon seit 'n paar Jahre dicht jemacht, weil ihm die PeGeHa Wellenreiter nich mehr richtig entfalten ließ. Kurz vor sein Ende kam er noch mal in Blauen Affen aufm Bierchen und hat sojar noch dreißig Fennig im Schkat jewonnen. Bei diese Gelejenheit ließ er mir sein letzten Willen wissen und überjab mir dis Jeld für seine Beerdigung. Weltanschauungsmäßig war er mehr son Freijeist wie icke. Deshalb bat er mir persönlich, auf die Trauerfeier in meine bekannte Art son paar zu Herzen jehende Worte an ihm zu richten und auch sonst alles in die letzten Wege zu leiten. Nehmse mal den Kopp 'n bißken runter! Mir war ordentlich schwummrig zumute, aber weil ick Grundgeyern schon seit Stücker vierzig Jahre kenne, sagte ick mit tränenerstickter Stimme zu und bestellte mir gleich noch 'n Doppelten. Seine letzten Worte an mir lauteten nich wie bei den jroßen Olümpiker: Mehr Licht! Sondern: Paß aber denn auf, desse uns nich bescheißen, Willem, sonst klopp ick von innen an Sarch! Dadrunter konnt ich mir erst hinterher was vorstellen, aber da war Grundgeyer inzwischen schon friedlich entschlummert.

Muttern is ja nu in diese Beziehung ville praktischer als wie icke und hat die janzen Wege und so belaufen. Sie können sich jar nich vorstellen, wie schwer dis is, bisse die Behörden und die übrige lebende Welt davon überzeugt ham, deß eener wirklich dot is. Wat meinense zum Beispiel, was die Hauswartsfrau fürn Theater jemacht hat, weil Grundgeyer seine Kohlenkarte verbummelt und nich mehr rechtzeitig bei ihr abjegeben hat. Auf seinen letzten Weg, meinte Muttern, kann keiner irdische Heizjüter mitnehmen. Dis intressiert ma nich, sagt die Olle, Ordnung muß sein. Schließlich hat ihr Muttern unsere jejeben, und darüber is Herr Kafforke mächtig sauer, weil er nu Grundgeyers Keller ausräumen muß, damit unsere eigenen Kohlen wieder stimmen. Die Kotletten ruhig 'n bißken auslichten, wa?

Was nu dis Beerdigungsinschtitut TRANSVITA betrefft, so ham die weit und breit den Ruf von ein solides und privates Unternehmen. Privat stimmt. Aber ick jeh mal chronisch vor. Frau Schluffmus, die Scheffin, jeht dauernd in Trauer und sprecht mit ne Stimme, als ob se gleich selber abkratzen will, und jedes dritte Wort von die is Pinetät. Kommse man mit rauf in mein Privatkontor, meint se, hier mang die Urnen schnürt es die Hinterbliebenen immer so die Kehle zu. – Na, da kommse sich doch gleich wie 'n Vorzugskunde vor, wenn se bei ihr auf Soffa sitzen neben ein Kissen mit »Ruhe sanft«. Ick wurde erst hellhörig, wie se fragte, ob der selig Verblichene vermögend war, und wat wir denn so anlegen wollten. Also, unter uns jesagt, für 'n anständigen Dod hatte Grundgeyer vorgesorgt, aber seine letzten Worte wollten mir nich ausm Sinn raus. Und denn wackelte die Schluffmusen mit ihren Kopp und sagte, mit Särge für Private sieht es momentan janz schlecht aus, aber weil der Verblichene auch selbständig wäre, hätte sie noch 'n Eichensarg für elfhundert unterm Ladentisch. Jott, was wollnse da machen? Tischler Hasselhorst, der auch mit aufm Friedhof war, faßte sich hinterher bloß an Kopp und meinte janz pinetätlos, bei die Dreihundertmarkkiste müssen denn wohl die Beschläge aus Platin

jewesen sind. Aber nu frag ick Sie, wer hat denn dis Herz und tut dis alles kontrollieren? Und weil ick nu endlich wieder runter wollte von dies olle Soffa, bezahlte ick brav auch noch die übrigen Kosten: Sarchschmuck, Kapellenschmuck, Einsargen und Träger ettzetterapeepee. Mit Musike wars schon schwieriger, weil sich Grundgeyer jewünscht hatte, deß man ihm zu juter Letzt sein Lieblingslied – Hinaus in die Ferne, fürn Sechser fetten Speck – zu Jehör bringt. Aber in diese Beziehung war bei die Schluffmus der Ofen mit die Pinetät aus. Der Harmoniumspieler sagtse, hat sein festes Reporter drauf, und wenn nu jeder käme. Hinten muß ick noch ausrasieren. Weil die janze Beerdigung so teuer war, deß wir noch zujezahlt ham, kam mirs nu ooch nich mehr drauf an. Ick also Herrn Kafforke zwanzig Mark spendiert und ihm schon zus erste Bejräbnis morjens losjeschickt. Unsers war denn Nummer vier. Ehrlich jesagt, ick lobe meinen Jehülfen selten, aber als Friedhofsdetektiv hat er seine Sache jut jemacht. Dabei sind wir dahinterjekommen, deß die Schluffmus den Blumenschmuck vonne Kapelle gleich viermal verkauft hat, und der war noch frisch jenug fürn nächsten Tag. Bei den Sarchschmuck hab ick ihrs denn versalzen. Den hatten die Träger vorm Runterlassen schon unauffällig beiseitejelegt. Da hab ick ihn jegriffen und laut ausjerufen: Mein letzter Jruß – ein Blütenmeer. Und hab dis schöne Jesteck aufm Sarchdeckel geschmissen und hinterher gleich sieben Hände voll Sand. Hättense mal die Schluffmus sehen sollen, wie die Pinetät aus ihr olles Vogeljesichte verschwand, wo se sowieso schon stocksauer auf mir war. Nämlich wegen diesen Herrn Schadolske.

Dis war schon vorm Kapellentor. Stellt mir Frau Schluffmus son grämlichen Raben vor: Herr Schadolske, der Trauerredner. Wat denn, sag ick, is ja nett von Ihnen, aber ick hab kein Redner bestellt, wat zu sagen is, sag ick da drinne. Wird der Kerl doch kiebig und fragt mir nach meine Rednererlaubnis. Drauf ick, janz bescheiden: So wat hab ick nich, aber der Dote war 'n Freund von mir. Sagt die Schluffmusen: Herr Kleinekorte, es ist üblich, wenn kein Pfarrer, dann muß ein freiweltlicher Trauerredner dem Toten das letzte Geleit sprechen. Nee, erwiderte ick – nu schon beinah mit Steintorstimme –, Herr Grundgeyer hatte ausdrücklich mir verlangt. Nu hättense mal den Kerl sehen sollen, der fing richtig an zu trampeln, wissense, so wie Rumpelstilzchen, und krähte los: Er laßt sich doch von ein Amateur wir mir nich um sein Broterwerb bringen, und ob ick wüßte, deß pro Beerdigung fünfundzwanzig Eier für ihn dranhängen? Und wenn ick ihm diese Leiche nicht lasse, jeht er bis zum Staatsrat.

Muttern war janz blaß jeworden und flüsterte: Willem, mach kein pullitischen Schkandal aufm Friedhof! Auch die andern Trauergäste redeten beruhigend auf mir ein, deß man sich nich gegen dis Übliche stellen dürf. Da hab ick mir ebent während die Feier draußen aufe Bank jesetzt, ne Zijarre geraucht und mehr so in Jedanken stumme Zwiesprache mit mein juten alten Freund Grundgeyer jehalten, sozusagen durch mein eigenes Kuckloch in der Ewigkeit.

Aber seit den Tag mach ick mit Muttern jeden Morgen Frühjümnastik und esse besonders ville Vitamine, denn solange wie dis sone Firmen wie TRANSVITA gibt, kann man sichs als reputierlicher Mensch jar nich leisten, in Ruhe abzunibbeln. Muttern hat mir übrigens schon anjemeckert, ick soll die Kundschaft nich dauernd mit dis Thema Dod vollnölen. Aber da mach ick mir jar nischt draus. Wo dis jetz so in Mode kommt, will ick doch nich janz hinter unsere neuesten Schriftsteller und Fülmleute zurückbleiben.

Frisör Kleinekorte schwört Rache

Nehmse Platz, Herr Jeheimrat! Was gibsn Neues aufm Bau? Wieder Nachtschicht gehabt? Was den Bau betrifft und seine sojenannten Nachfolgearbeiten, die kriegense jetz janz schön anne Hammelbeine. Brauchense bloß mal Maurer Klapprothen zu fragen, aber lassenses lieber, der wird sonst gleich krötig. Der is jetz in sone Art Innenverputzerbrijade, und nu immer feste druff, rabotta, rabotta. Trotzdem die neuen Kästen Fernheizung ham – bei Klapprothens rauchte der Schornstein. Was ich immer an die Trinkjelder merke. Aber nu hamse neulich ein janzen Block nich abjenommen, weil die Wände teils wie Rauhputz und teils wien nackichter Hintern aussahn. Und da muß die janze Truppe, also dis is, als wenn Sie früher inne Schule nachsitzen mußten, bloß deß Klapproth ebent nich sitzt, sondern putzt. Und dis verstimmt den Mann, weil er son emfündsames Jemüt hat, beinah noch emfündsamer als wie die Mieter, die da einziehn sollten.

Anderseits sehnse daran janz deutlich, daß sich der Staat nich mehr jerne auf die Nase rumtanzen laßt, nich mal von seine eigene Leute. In diese Beziehungen hab ick mal wieder interne Informationen aus die högsten Kreise. Wie ick neulich Robert Köppen vonne Bezirksleitung hier aufm Stuhl hatte, lief mir wieder so richtig die Jalle über. Mal janz ehrlich, Robert, sag ick, wie oft wird der kleine Mann bei uns richtigjehend angeschissen! Jehste in Laden, kaufst was, packstes zu Hause aus, und schon hamse dir irgendein Tinnef anjedreht. Kickt er mir jroß an und meint: Warum laßten dir dis jefallen, Vater Kleinekorte. Wie ich noch designierend die Achseln zucke, jenauer jesagt, die linke (in die rechte hab ick Rheuma), langt er in seine dicke Parteiaktentasche und überreicht mir ein jedrucktes Schriftstück, Die Rechte des Käufers. Soll ick studieren, statt bloß immer nachm Schkat in Blauen Affen zu rennen. Nu denk ick wunder, was der mir fürn Jeheimmatrijal anvertraut hat. Aber Kuchen, nischt mit Topp Sigrid oder so. Für Einsfuffzig kann dis leider jeder in Buchladen kaufen. Nehmse mal den Kopp 'n bißken runter.

Die vom Handel sind doch nich dusselich, die bemächtigen sich doch so ein wertvolles Dokument ville eher als wie die arglose Kundschaft, und denn treffense ihre Gejenmaßnahmen. Nu werdense villeicht fragen, wassen für welche, wo doch der Staat janz klar und eindeutig sagt, wie der Handel zu spuren hat, wenn er die Kundschaft beispielsweise ne anjeschlagene Sammeltasse angedreht hat oder 'n Klavier, wo bloß die weißen Tasten richtig klimpern tun.

Nu kauf ick mir zwar auf meine ollen Tage kein Klavier mehr, aber ick könnte mir lebhaft vorstellen, wie mir da der Handel bekämpfen

täte. Erstens kann ick laut die Broschüre Nachbesserung verlangen. Bloß, dis wär mir zu riskant, weil ja der Verkäufer meistens kein jelernter Klavierbauer is. Denn fummelt der 'n bißken dran rum, denn jehn auf einmal alle schwarzen Tasten, nur die weißen nich mehr. Zweitens kann ick die Leute mit ne Preisminderung rankriegen. Bloß da müßte ick ja 'n Hammer ham. Laß mir 'n Fuffzigmarkschein inne Hand drücken, hau ihm in Blauen Affen aufm Kopp und denk mir denn beseligt: Laß doch die ollen doofen schwarzen Tasten ruhig klemmen. So blau! Also besteh ick drittens auf Ersatzlieferung. Da kicken die mir jroß an und sagen treuherzig: Die nächsten Klaviere kommen erst in einem Jahr. Und ick kann denn solange aufm Kamm blasen. Statt dessen komm ick se mit meine Jeheimwaffe. Die sojenannte Kaufpreiserstattung. Dis freut den Handel nämlich am wenigsten. Da jeht man einfach hin, knallt dem Verkäufer dis Klavier, also mal bildlich jesprochen, aufn Ladentisch und sagt, ick will mein Jeld wieder.

Also, Rechte hamse jenug, aber recht kriegense nich immer. Manchmal sagt der Handel, schickense den Kram doch einfach an den Hersteller, wir ham keine Schuld. Und wer darauf reinfällt, der schreibt sich die Pfoten wund, und die Brüder melden sich einfach nich. Nu erzählnse aber um Jottes willen die Sache mit dis Klavier nich weiter, womöglich klappts da zufällig besser.

Jenaujenommen is die janze Reklamationskiste mehr was für jüngere Leute, die bessere Nerven ham. Und weil der Laden jrade leer is, werd ick Ihnen mal die neue Methode verraten, die ick neuerdings praktissiere. Die is nämlich so unkomplessiert, deß ihr sojar Herr Kafforke kapiert. Ich nenne ihr: Vorbeugen is besser als reklamieren. Es heißt nämlich, der Kunde soll vor den Kauf jenau die Ware prüfen. Zu diesen Behufe hab ick mir also ein kleinen Fahrradanhänger mit elejante Jummibereifung jeleistet. Na ja, schließlich kann ick die janzen Prüfjerätschaften nich im Rucksack transportieren. Zum Beispiel: Muttern will Blumen kaufen. Da jeh ick vorher nach de Post, ruf die GeHaGeh an und erkundige mir jenau nach die jültigen Blumenpreise und Maße. Denn hab ick mang meine Ausrüstung ne Schiebelehre und 'n Zollstock, damit meß ick Nelken oder so jenau nach Umfang und Länge, bevor ick mir zum Kauf entschließe.

Für Möbelstücke hab ick mir ne Wasserwaage anjeschafft. Und fürn

Konsum benutz ick 'n Fuchsschwanz, mit dem ick montags immer dis Brot auf seine Eßbarkeit kontrolliere. Den Hammer brauch ick für die Salztüten. Wenn se beim dritten Schlag an eine Stelle mürbe werden, kann mans nachher auch in Salzstreuer kriegen. Man kann aber auch Pech haben. Neulich hab ick aus Versehn 'n Jurkenglas von zehn Fund jetroffen. Da hat der Konsum seinerseits bei mir reklamiert. Und dabei mußt ick auch jleich die Milch in Tüten noch bezahlen. Seit die mal sauer war, nehm ick vorher immer erst ne Probe mit ne kleine Medezinerspritze, und davon werden die Beutel gleich undicht, sone Qualität is dis. Aber seitdem kauft Muttern nich mehr in unsern Konsum ein, und nu ham wir beinah 'n Kilometer bis zur Kaufhalle zu laufen, weil se mir mit mein Prüfwagen nich inne Straßenbahn reinlassen. Kotletten schräg oder grade?

Im Moment arbeit ick ja wieder voll in mein Beruf, nich so sehr wegen die Witterung. Aber der Fahrradanhänger hat ooch ne Macke, den muß ick erst reklamieren jehn. Also mach ick unterdessen mehr so Innendienst. Dis heißt auf deutsch: Ick hab mir alle Kunden aus Handelskreisen jenau jemerkt, und die schieb ick sofort an Herrn Kafforke ab. Und denn überred ick ihnen zu ein Messerformschnitt, weil den Herr Kafforke noch nie beherrscht hat und die Leute völlig verschimpfieren tut. Und denn sollen mal die staubigen Kunden kommen und reklamieren wollen! Da stell ick mir stocktaub stell ick mir da und sage: Ick weiß jar nich, wovon Sie reden. Machense doch ne Einjabe! Aber eh sich bei uns einer mit son Schriftkram behängt, lauft er doch lieber mitn Kopp wien Kater rum.

Aber auf einen jewissen Handelskunden laure ick schon seit 'n Vierteljahr. Namen spielen keine Rolle. Dieser Herr Verkaufsstellenleiter von der ... na, is ja auch ejal, der hat mir mit sein Erzeuchnis so verladen, deß ick ihm eigenhändig unters Messer nehme. Und denn rutscht mir mein Barbierdegen so urjewaltig aus, deß dis Ohr nur noch lose runterhängt. Und denn muß er bein Doktor. Und wenn ders ihm denn aus schirurgische Jründe vollends runterruppt, soll er sich tüchtig wundern. Denn bei die Mediziner jibt es Jott sei Dank noch keine Jesetze, deß man irgend ne vermurkste Sache reklamieren dürf.

Frisör Kleinekorte als Fußballfan

Nehmse Platz, Herr Jeheimrat! Was gibsn Neues aufm Bau? Wieder Nachtschicht gehabt? Sie müssen schon entschuldigen, wenn ick heute noch son bißken verknubbe bin, aber ick hab ne janz miserable Nacht hinter mir. Und nu steh ick auch noch seit heute früh mit meine Plattbeine alleine im Laden. Herrn Kafforke, mein Jehülfen, bin ick wahrscheinlich los. Und Muttern sagt, dis hab ich mir selber zuzuschreiben, weil ich sone beschissene Katerpulletick betreibe. So was, sagtse, führt nämlich zu eine sojenannte Flugaktion der Arbeitskräfte, und am Ende, sagtse, fliegt Herr Kafforke doch noch auf die PGH Wellenreiter mit ihren stinkfeinen Neureichsalong. Na, jestern isser jedenfalls erst mal auf die Fresse jeflogen, hähä! Und dis kam alles von den verdammten Sport.

Jetz werd ick Ihnen erst mal den Kittel umbinden ... aua! Tschuldigense, aber mit son halbausjekugelten Arm is dis ja nich so einfach. Nu denkense womöglich noch, ick hab mir volkssportlich betätigt und mit Herrn Kafforke sone Art griechisch-böhmischen Ringkampf ausjetragen. Nee, nee, dis jeht alles auf dis Konto von den König Fußball. Aufm Fußballplatz selber jeht man ja normalerweise in mein jesegnetes Alter nich mehr. Ich beschränke mir mehr so auf Fernsehen, und dis auch bloß, weil man vor die Kundschaft nich wie Mullenken Doof dastehn will. Jaja, sag ick neulich zu Klempner Bumsmeier vonne PGH Spiralnebel, der Schorsch Buschner muß sich endlich was einfallen lassen mit unsere Nationalmannschaft. Wenn er sich weiter auf sone lahmen Opas wie den Rüdiger und den kleinen Rudwaleit stützen tut, sind wir bei die nächste Weltmeisterschaft in Spanien ooch wieder Neese. Da jehört ebent junges Blut rein, sone jugendlichen Flitzer wie Löwe oder Vogel oder der berühmte Kapitän Sigusch. Nehmse mal den Kopp 'n bißken runter!

Da hat mir Bumsmeier auf meine Rheumaschulter jehauen und janz laut jelacht. Weißte, Opa Kleinekorte, sagt er, du bist nich mehr aufm laufenden. Du brauchst Nachhilfeunterricht. Mittwochnachmittag findste dir mitn freischjewaschenen Hals in Köpenick anne Alte Försterei ein. Da spielt Eisern Union gejen die Feifen von Dynamo Dresden, und wenn unsere Jungs die müden Sachsensäcke aufhauen wie ne Groschengeije, denn siehste mal unsern wahren Fußballjeist pulsieren.

So janz jeheuer war mir bei meine Zusage nich. Ick hatte schon die merkwürdigsten Dinger von da draußen jehört, aber erzählen können die Leute ville. So was soll man lieber eigenhändig im Augenschein nehmen. Ich werd mir also meinen Jehülfen greifen. Herr Kafforke, sag ick, seit Jahren bin ich wie ein Vater zu Ihnen, da werden Sie mir morgen zum Fußballfeld begleiten. *Wohin?* frägt der. Zu Eisern Union, sag ick. Darauf faßt der sich bloß an Kopp und meint, ich hätte wohl 'n kleinen Mann ins Ohr, und er laßt sich doch nich dis Jackstück vollhauen. Jut, erwidere ich, denn muß ich als stattlicher Leiter dieses Salongs eine Weisung erlassen: Ich ernenne Ihnen hiermit zu meinen Gorilla oder, wenn Ihnen dis anjenehmer klingt, zu mein persönlichen Geleitschutz.

Muttern war jrade zu ihr Kaffekränzchen jegangen. Wenn die unsere Vorbereitungen jesehn hätte, wären wir schon jar nich heil ausm Laden rausjekommen. Ich selber schmiß mir von oben bis unten in Leder, also die Kluft aus meine frühere Motorradfahrerzeit: Staubkappe, lange Lederjacke und Schnürstiefel, dazu einen langen rotweißen Flatterschal. Wie ick mir so im Spiegel bekickte, wirkte ick mündestens fuffzig Jahre jünger, vor allem mit die umjehangene Hupe von meinen Old-Eimer. Herr Kafforke erschien dagegen in ein mehr so unauffälligen Detektiv-Habilitus mit Schiebermütze, Scheckfeife und ein jroßkarierten schwarzjelben Sakko. Sicherheitshalber spendierte ick für jeden von uns ne Pulle Lichtenberger Doppelkorn. Na ja, im ersten Weltkriech ham wir vor son jroßen Sturmangriff auch immer ne Extraration jekriegt. Nee, Sie brauchen keine Angst ham, jetz zittert mir die Hand nich mehr.

Hinzu sind wir mit ne Taxe jefahren. Der Schofför plierte uns 'n bißken komisch an, wie ich als Fahrziel janz lässig Wuhlheide hervorbringe.

Nich doch lieber nach Wuhl*jarten,* inne Klapsmühle, frägt er anzüglich, Sie, dis sieht im Moment janz schlecht mit Jehirnersatzteile aus. Erst wollt ick mir ja mit den Mann anlegen, aber denn hab ick ihm in meine stille, feine Art janz von oben herab belehrt: Erstens heißt es jetz Wilhelm-Griesinger-Krankenhaus, zweitens ham Sie nich über unsern Jehirnzustand zu befinden und wenn wir zehnmal Regenwürmer im Blumentopp haben, und drittens fahrense nich wie ne jesengte Sau, ick will nämlich noch hundert werden! Tschuldigense, is bloß 'n kleiner Kratzer, ick sage ja, die Messer von drüben schneiden ebent besser.

Vor dem Stadium anne Alte Försterei Hümmel und Menschen! Und eine Fröhlichkeit! Und die lustigen Transpirente und Schlachtjesänge! Dis stimmte mir hoffnungsfroh. Es heißt ja, böse Menschen haben keine Lieder. Ich sage noch zu Herrn Kafforke, unsere Schutzhelme werden wir woll jar nich brauchen. Wir hatten uns nämlich für alle Fälle jeder ne leichte Trockenhaube ausm Laden mitjenommen. Bumsmeier ham wir in dis Jedränge leider nich entdeckt. Der muß schon vorher in eine Kneipe hängenjeblieben sein. Auf einmal seh ick, wie se am Einjang die Kunden absuchen nach jeistliche Jetränke. Da zeige ich geistesgegenwärtig auf Herrn Kafforke und sage zu den Ordner: Der Herr hier hat ne Pulle in seine Innentasche. Schönen Dank, sagt der Ordner, und Herr Kafforke war seinen Korn los. Wie er mir nu drinne Vorwürfe macht, hol ick meine Flasche raus und sage nur: Holzauge! Besser mit List und Tücke eine jerettet als wie jar keine. Und denn nahmen wir erst mal 'n Schluck auf den Schreck.

Von dis Fußballspiel selber ham wir kaum was mitjekriegt. Wir standen ziemlich einjekeilt und vor uns son paar lange Lulatsche, deß wir jar nischt sehn konnten außer die ihre Hemden, wo Hertha BSC draufstand. Ja, ja, dacht ick mir janz stolz, sone Anziehungskraft übt unser Fußball auf die Touristen von drüben aus. Bis die sich mal umdrehten. Da erkannte ick in die jungen Menschen die Truppe aus unsere Straße, wo im Blauen Affen Lokalverbot ham. Und da bin ick janz still jeworden. Aber dis war ooch verkehrt. Jetzt knufften uns die Kerle hinter uns in Rücken und fragten, ob wir taubstumm sind oder verkleidete Bullen. Da ham wir vor lauter Angst janz laut mitjebrüllt: Haut die Sachsen mang die Haxen! Und dis war noch dis Harmloseste!

Dazu hab ick wien Irrer meine Hupe bedient, so deß mir heute noch die Hand wehtut. Zwischendurch ham wir von wildfremde Männer mußten Schnaps trinken.

Wie denn endlich Halbzeit ausjefiffen wurde, ham wir uns aus die windige Gejend verzappt und sind nach die andere Seite rüber. Diesmal ham wir, um nich aufzufallen, gleich als erste losjebrüllt: Jeden doofen Sachsenarsch – blasen wir jetz unsern Marsch! Hatten wir jrade erst jelernt. Zuerst wunderte ich mir, deß keiner in unsern machtvollen kleinen Sprechchor einstimmen wollte, denn war ick auch schon mein rotweißen Schal los. Aber Unmenschen waren die Dresdner bestimmt nich. Nachdem wir unsern Schnaps spendiert hatten, ham wir festjestellt, deß der Dörner ein Klasselibertiner is, und janz kräftig mitjerufen: Berliner Großfressen! Dynamo wird Siecher! Union in die Liecha!

Und dis hat uns son Spaß zubereitet, deß wir beim Rausjehn jar nich merkten, wie wir schon wieder ins falsche Lager jerieten. Aber der Schnaps war einfach zu warm jewesen. Herr Kafforke in seine schwarzjelben Schreckfarben fing als erster 'n Ding ein, stand aber gleich wieder auf! Mann! So schnell hab ick den noch nie wetzen sehn. Von wegen Geleitschutz! Ick selber kriegte von hinten meine eigene Trockenhaube aufjestülpt, denn wurde mir schwarz vor Augen. Ich kam erst wieder zu mir, wie zwei Pullezisten meine Personalien feststellten und meinten: Det olle Männeken is nischt wie besoffen! Ich konnte grade noch murmeln: So was sagt man nich. Für Ihnen bin ich allenfalls eine hülflose Person!

Denn hamse mir mitn Funkwagen abjefahren, aber nich aufs Revier – nee, ville schlimmer: direkt nach Hause bei Muttern! Und was *die* gejen mir randaliert hat, dagejen sind die Krawallheinis von Union noch die reinsten Thomanerknaben. Macht zweifuffzig!

Mutter Kleinekorte schmeißt den Laden

Nehmse Platz, Herr Jeheimrat! Was gibsn Neues aufm Bau? Wieder Nachtschicht gehabt? Wundernse sich man nich, wenn Se heuete statt dem berühmten Meister Kleinekorte bloß ne olle Frau mit Kamm und Schere rumfuhrwerken sehn! Man kann et doch die Kundschaft nich entjelten lassen, det unse Vatern am hellerlichten Vormittag noch mitm Ölkopp und völlig verknubbe int Bette liegen tut.

Son bißken bin ick ja selber schuld. Jestern abend tagte nämlich im Vetreanenklub der Festausschuß für det Jahr der Frau, aber mir war so schwach aufe Beine von det ville Einwecken und obendrein noch Jroßreinemachen im Laden. Da hab ick jemeent, jeh du man statt mir hin, Vatern, reden kannste sowieso ville besser als wie icke. Ick konnt natürlich nich ahnen, det er hinterher noch im Blauen Affen versackt. Laut Fleischer Meuseln hat mein Willem da einen Toost nachm andern auf unse lieben Frauen ausjerufen. Denn will er partuh immer noch mit die jungen Leute von sechzig mithalten, und det vertragt er nu mal nich mehr. Wie er denn so heute früh jeschnarcht hat und nich mal mitn nassen Lappen wachzukriegen war, hat er mir ooch wieder leidjetan. Da hab ick mir so überlegt: Immer wenn et dicke kam in unser langes Leben, denn habe ick als schwaches Weib ja doch det Pannier erjreifen jemußt. Nehmse mal den Kopp 'n bißken runter und wackelnse nich so, denn janz sone sichere Hand wie Vatern hab ick nich.

Wissense, manchmal sag ick mir, die jroßen Zeiten vom Herrensalong Willem Kleinekorte sind man längst passee, und wozu schindet man sich in dem Alter noch mit diesen mickrigen Laden hier rum? Wir ham zwar noch unsen Jehülfen Kafforke, aber den Mann is der joldene Boden vons Handwerk nich mehr heilig. Der laßt sich höchstens noch drei Tage inne Woche hier sehn, und denn frisiert er die Kunden ooch noch mitm halben Arm. Die übrige Zeit jeht er Wohnungen malern und Fenster putzen, und alles schwarz. Der Kerrel is bloß noch hier, mit er ein Arbeitsverhältnis nachweisen kann und seine Sozialversicherung hat. Ick hätt ihm längst jezeigt, wo der Zimmermann det Loch jelassen hat, aber Vatern weigert sich da stantepeze. Dem is doch bloß wohl, wenn er inne Kneipe von seine Belegschaft redet und einen hat, den er mal vor die Kunden so richtig anferzen kann. Dabei is Herr Kafforke son raffiniertes Aast, det er sich proforma allet jefallen laßt. Aber hinter den Meister sein Rücken macht er sich über ihm lustig.

Nu werd ick Ihnen hinten noch ausrasieren, und denn weiß ick eigentlich nich, wie ick Ihnen noch jewaltsam verschönern soll. Ick versteh überhaupt nich, wie sich mein Mann immer so lange an sone schüttere Frisur wie Sie festhalten tut. So jefallense mir ville besser als mit die Fisematenten, wo Vatern mit Ihnen veranstaltet. Ein Mann in Ihre Jahre soll ebent mit Anstand seine Glatze tragen und ihr nich mit sone fusseligen Sardellenbrötchen tarnen. Die werd ick mal einfach wechsäbeln, damit machense doch bei die Frauen heutzutage keinen Eindruck mehr. Na, bitte, jetzt hab ick erst mal Ihren wahren Typ entdeckt, Ihr wirkliches Immisch sozusagen. Und damit beenden wir die Protzedur, und Sie leisten mir lieber noch bei bei ne Tasse Kaffe Jesellschaft – soville Jahre, wie Sie nu schon Stammkunde sind. Ick weiß doch janz jenau: Vaterns Redensarten hamse sich immer aufnotiert und im Eulenspiegel reinjedruckt. Und von mir hamse nie so richtig zur Kenntnis jenommen, und ick lege auch jar keinen Wert auf Ruhm und Ehre. Unter uns jesagt, manchmal hab ick mußten jrinsen, wenn sich mein Willem auf sein kleinen Bierbauch jekloppt hat wie der historische Korsarenkaiser Napolium und so jetan hat, als wäre er eine Berühmtheit oder – was noch schlimmer is – ein Orijinal. Janz im stillen hab ick mir jefragt – nehmse mit Zucker oder mit Sahne? –, wat wär wohl aus Kleinekorten jeworden, wenn ick ihm nich immer wieder im rechten Moment ans Schlafittchen jekriegt hätte? Und dabei hab ick seinerzeit nischt wie die Dorfschule in Pietzkau besucht. Der Pastor hat immer jesagt, ick wäre ein Naturtalent und müßte dringend auf die hohe Schule, aber wie sollt ick denn?

Wir waren achte zahause. Und mit vierzehn, nach de Konfirmation hamse mir den Reisekorb jepackt und ab in Stellung! Ick habs noch janz jut jetroffen, wie ick als Dienstmeechen zu Frisörmeister Mehlhaase nach Berlin kam. Die Alma und die Ottilie aus Pietzkau sind bald in schlechte Jesellschaft jeraten und ham sich ooch ziemlich lange in dieset Jewerbe behauptet. Immer pieckfein und in Lack und Klack. Aber fümmenvierzig war denn ooch der Lack runter. Da konntense froh sein, det se als Trümmerfrauen noch die Schwerarbeiterkarte kriegten. Dagejen hab ick doch beinah det jroße Los jezogen, wie ick bei Mehlhaasen mein Willem kennenjelernt hab. Nehmse mal noch 'n Stücke, is Selbstjebackener!

Man schreibt ja heute inne Zeitung – wartense mal, ick langse mal vom Haken –, hier, hab ick mir anjekreuzt: »Die Ehe ist heute nicht

mehr eine Versorgungseinrichtung, sondern eine Möglichkeit für die bestmögliche Entfaltung der Persönlichkeiten und Anlagen beider Partner.« Klingt janz manierlich, wat? Trotzdem hab ick mir nie als den versorgten Teil jesehn, denn jesorgt hab meistenteils ick für die Familie. Immer wenn ihm so nach Tamerlan war, und det war reichlich ofte, denn hat Willem den dicken Maxen merkiert und is ausjegangen, aber ohne mir. Und ick hab dajesessen mang die beschissenen Kinderwindeln und bitterlich jeheult und jedacht: Wenn de jetz wenigstens sowat Ähnlichet wie 'n Beruf hättest, denn könnte der Kerrel seine Puppenlappen nehmen und sich am besten gleich int Warritee einquartieren! Damals, inne zwanziger Jahre, hatte er ein wahrhaftiges Täterätee mit unse Untermieterin, eine jewisse Schmitt-Birelli, und die hat nich nur für Jeld – jesungen, wie er heute noch behauptet. Sie, da war ick drauf und dran, mir scheiden zu lassen. Aber denn hatten wir alle beede Schiß vor die Anwaltskosten. Ick jieß Ihnen nochmal zu.

Ick versteh nich, warum se bei uns soville Sums drum machen, det die Scheidungsquozjenten in Steigen sind. Det liegt bestimmt daran, det sich die Frauen nich mehr soville jefallen lassen wie wir früher. Mit die Gleichberechtigung – det brauchense aber nich inne Zeitung eindrücken lassen – kommt et mir manchmal vor wie mit die Haarwuchsmittel: Ick hab noch keinen Glatzkopp jesehn, der seine Lockenpracht wiederjewonnen hat, und ick kenn auch keine Frau mit Beruf und Kinder, die ooch nur halb soville Freizeit hat wie ihr Jötterjatte. Da kannse noch so dicke Fungsjonen ham – die Hausfrau und Mutter wascht ihr kein Regen ab, auch keine Illustrierte, und die »Für Dich« schon jar nich. Aber eins hat sich bestimmt jeändert: Bei uns haun die Frauen wenigstens aufm Putz, wenn die Kerle sich als Herrn der Schöpfung aufspielen wollen. Wär ick man bloß fuffzig Jahre jünger! Denn würd ick den Herrn Frisörmeister da aus seine Forzmulle rausleuchten, det er denkt, sein Bette brennt. Aber wat macht man? Kaum sind Sie raus, da bring ick ihm 'n Brathering und sein Töppken Kaffe. Aber wenn er denn anfangt, wie son Eisbär mitm Kopp zu schaukeln, denn soll er mir mal Rede und Antwort stehn, wat er im Veteranenklub für konschtruktiefe Vorschläge für die Feier zum Jahr der Frau zu machen jehabt hat! Wat Ihren Kopp betrefft, den hab ick heute jratis jeschnippelt.

Inhalt

Frisör Kleinekorte

Frisör Kleinekorte seift wieder ein

ISBN 3-359-00380-2

3. Auflage

Lizenz-Nr.: 540/136/89 · LSV 7001
Umschlagentwurf: Karl Schrader/Wolfgang Theiler
Printed in the German Democratic Republic
Gesamtherstellung: (140) Druckerei Neues Deutschland, Berlin
620 514 0

00740